구조와 핵심으로 보는

하이라이트 성경1

| 구약편 |

하이라이트 성경 구약편 1

지은이 임용섭
펴낸이 김명식
펴낸곳 (주)넥서스

초판 1쇄 발행 2013년 12월 15일
초판 4쇄 발행 2014년 2월 5일

출판신고 1992년 4월 3일 제311-2002-2호
121-840 서울시 마포구 서교동 394-2
Tel (02)330-5500 Fax (02)330-5555

ISBN 978-89-6790-642-9 04230
978-89-6790-641-2 (세트)

www.nexusbook.com
넥서스CROSS는 (주)넥서스의 기독 브랜드입니다.

답답했던 성경이
시원하게 읽힌다

High light Bible 1

| 구약편 |
창세기~열왕기

구조와 핵심으로 보는

하이라이트 성경

임용섭 지음

넥서스CROSS

이 책은 기본적으로 평신도들도 이해할 수 있는 구약 개관입니다. 신학적인 논쟁보다는 본문 중심으로 구조와 흐름을 이해하고 핵심 주제를 파악하는 데 주안점을 두었습니다. 또한 단순히 각 권에 대한 부분적인 개요가 아니라 성경 전체가 '하나님 나라'와 '언약 신학'을 중심으로 진행되는 것을 보이고자 하였고, 그래서 각 성경의 전후 문맥과 상호 연결을 중요하게 다루었습니다. 비록 학문적인 논쟁을 직접 소개하지는 않았지만 신학적인 작업의 기초 위에서 구약성경을 바르게 다루어 한국 교회에 하나님 말씀의 부흥이 일어나는 데 크게 일조할 것입니다.

_박희석 교수(총신대학교 부총장 겸 신학대원장)

신학교에서 짧은 시간 공부를 마치고 목회 현장에서 오랜 시간 뒹굴다 보니 느끼는 어려움들이 있습니다. 한 가지는 신학교에서 배운 기초 지식과 열정이 3년 정도가 지나면 바닥이 난다는 것이고, 또 한 가지는 신학교와 목회 현장과의 괴리감입니다. 신학을 성도들의 신앙생활로 풀어내고 적용시키는 것은 보통의 내공이 아니고서는 쉽지 않은 일이었습니다. 그런 면에서 구약을 관통하는《하이라이트 성경》은 구약 신학을 실천 신학과 연계하고, 신학교에서 들을 수 있는 깊이 있는 내용을 성도들의 입장에서 쉽게 이해하고 적용할 수 있는 눈높이를 맞춘 책으로 보석 같은 선물입니다. 성도들에게는 성경 읽기에 새로운 눈을 열어 줄 것이며, 목회자에게도 구약의 퍼즐을 새롭게 맞춰 볼 수 있는 귀한 도구가 될 것입니다. **_김영삼 목사(성남 금광교회 담임)**

이 책은 하나님 나라를 핵심 주제로 구약성경 39권의 핵심 내용을 쉽게 정리한 안내서입니다. 이전에 확실한 이해 없이 성경을 읽어 가던 이들이 이제 이 책과 더불어 성경을 읽으면 그에 대한 이해가 심화되고 증폭될 것입니다. 좋은 안내자는 모든 정보를 다 제공하는 것이 아니라, 목적지에 도달하는 데 꼭 필요한 정보만을 정확하게 제시하는 자입니다. 이 책이 바로 그러한 안내자입니다. 이러한 확신에 근거하여 본서를 기쁨으로 추천하는 바입니다. 이 책을 읽는 모든 독자가 성경에 대한 자신감을 회복하고 성경의 맛을 알고 누리고 나누기를 바랍니다.

_유상섭 목사(창신교회 담임, 전 총신대학교 교수)

이 책은 마치 예수님이 가나 혼인 잔치에서 베푸신 기적처럼, 처음 포도주보다 더 나은 포도주와 같습니다. 임 교수님의 이전 성경 개관에서 신학적 깊이가 더해지고, 그럼에도 더 쉽고 일목요연하게 〈창세기〉부터 〈말라기〉까지가 잘 정리된 구약성경 개관서입니다. 이 책을 통해 하나님 말씀의 깊은 맛을 체험하며, 다시 한 번 말씀으로 굳게 세워질 한국 교회를 기대합니다.

_이재성 목사 (신원예닮교회 담임, 예장순장총회 부총회장 겸 성경신학대학원대학교 신약 교수)

이 책을 통해 구약성경 각 권의 주요 내용과 전체 흐름을 이해하는 데 큰 유익을 얻을 수 있습니다. 또한 성경의 중심 주제가 '하나님의 나라'라는 관점에서 구약성경 전체를 설명하고 있기 때문에 구약의 맥을 잡을 수 있습니다. 내용 이해에 용이한 문체를 사용하고 있는 것도 본서의 장점이며, 요약 도표나 삽입된 자료들은 독자의 이해에 큰 도움을 줄 것입니다. 하나님의 말씀을 사모하지만 어렵다는 생각에 성경읽기를 주저하는 분들에게 꼭 추천하고 싶습니다.

_조휘 교수(아세아연합신학대학교 구약학 교수)

성경을 처음부터 끝까지 정독하기는 쉽지 않습니다. 구약은 특히 고루하게 느껴지고 이해하기 어려운 부분도 많기 때문에 더 그렇습니다. 신학교를 마치고 목사가 되는 시점에서도 구약성경이 쉽지 않아서 저는 구약을 제대로 이해하고 성도들에게 쉽게 가르치는 주의 종이 되리라는 포부를 가지고 유학길에 올랐습니다. 쉽지 않은 기간이었지만 보수적이면서도 세계적으로 인정을 받으시는 훌륭하신 스승들 특히 박사 논문을 지도해 주신 밴게메렌(W. VanGemeren) 교수님의 가르침을 받으면서 광대한 구약의 세계에 눈을 뜰 수 있었습니다.

성경의 큰 그림이 보이며 그것을 통해 하나님이 어떤 분이신지, 또 그분이 어떻게 그의 나라와 의를 이루어 가시는지 알게 되었습니다. 인간의 끝없는 반역 속에서도 여전히 세상을 사랑하시고 포기하지 않으시며, 신실하게 당신의 언약을 이루어 가시는 하나님, 마지막에는 독생자 예수를 이 땅에 보내셔서 죽도록 내어 주시기까지 하나님 나라를 이루시고, 지금도 이루어 가시며, 장차 완전히 이루실 그분의 열정적인 사랑과 선하신 뜻을 확실히 볼 수 있었습니다.

그러한 가운데 저의 관심은 어떻게 하면 이 말씀을 성도들에게 쉽게 전달할 수 있을까 하는 것이었습니다. 그래서 목회 현장에서 직접 교재를 만들어 가며 성경을 가르치고 말씀의 은혜를 나누었습니다. 그러다 조국에 돌아와 신학교 교단에서 구약을 가르쳤습니다. 그때도 저의 관심사는 학생들에게 지나치게 소모적인 학문적 논쟁보다는 성경 본문과 씨름하며 말씀의 깊은 의도와 의미를 찾도록 돕는 것이었습니다. 그렇게 해서 학생들이 "구약이 이렇게 재미있는 줄 몰랐다."고 반응하며 구약의 말씀을 이해하는 것을 볼 때 저 자신도 무척이나 기뻤습니다. 또한 기회가 닿는 대로 그 말씀의 은혜를 교회의 현장에서 직접 가르치며 함께 나누었습니다. 말씀에 갈급해 하는 신실한 성도들이 성경의 큰 그림을 통해 말씀을 더 깊이 이해할 때 말씀의 사역자로서 정말 큰 은혜와 보람을 느낄 수 있었습니다.

그렇게 강단과 교단에서 나눈 은혜의 말씀을 책으로 옮겨왔습니다. 제가 직접 나눌 수 있는 현장의 범위를 넘어서 말씀을 사모하는 분들에게 안내자가 되고자 하는 마음 때문입니다. 이 책을 통해 누구라도 성경을 쉽게 이해할 수 있도록 노력했습니다. 또한 오래 기억에 남을 수 있도록 가급적 단순화하고 체계적으로 정리했습니다. 그러면서도 성경의 세세한 부분까지 놓치지 않고 전달하려는 욕심도 부렸습니다.

물론 아직도 말씀을 대할 때마다 새 은혜를 부어 주시고 새롭게 깨닫게 하시는 것을 보면 여전히 더 배우고 더 깨달아야 할 것이 분명합니다. 그래서 성경을 "달고 오묘한 말씀"이라고 하나 봅니다. 그래도 다양한 삶의 현장에서 말씀을 붙잡고 씨름하는 분들에게 한 길라잡이가 되기를 소망하며 겸손하게 이 책을 내놓습니다. 목회지나 선교지에서 수고하는 사역자들에게는 말씀의 은혜를 나누기 위한 도구로 쓰였으면 좋겠습니다. 신학도들에게는 성경의 밑그림을 그리는 입문서가 되었으면 좋겠습니다. 그리고 누구보다도 하나님을 사랑하며 그의 나라와 그의 의를 구하는 삶을 살기 위해 말씀을 사모하는 많은 성도에게 하나의 안내서가 되기를 바랍니다.

끝으로 제가 이 자리에 서기까지 숱한 어려움과 아픔 속에서도 참고 견디며 헌신적으로 뒷바라지해 온 아내 박경이와 우리의 사랑스러운 네 자녀 경건, 사랑, 화평, 승리에게 고맙고, 항상 기도해 주신 어머니에게도 감사를 드립니다. 그리고 이미 많은 성경 개관서가 나와 있음에도 불구하고 이 책의 가치를 알아주시고 출판해 주신 (주)넥서스의 김명식 목사님과 예쁘게 책을 만들어 주신 크로스팀에게 감사를 드리며, 아울러 이 책을 위해 추천하고 격려해 주신 스승님들과 동역자들에게도 감사를 전합니다.

말씀의 사역자
임용섭

교재 활용법

1. 장기적인 계획을 세우십시오.

이 책은 성경을 진지하게 통독하고자 하는 분들에게 도움이 되도록 만든 것입니다. 구약성경의 장르와 내용 구분을 따라 5부로 구성되어 있습니다. 각 파트는 4과로 구성되어 있어 기본적으로 한 주에 1과씩, 한 달에 1부씩 진행하면 좋습니다. 형편에 따라 일정은 조정할 수도 있을 것입니다. 다만 장기적인 계획을 세워 꾸준하게 성경과 교재를 병행하여 읽으시기 바랍니다.

2. 차례대로 읽으십시오.

이 책은 우리가 가지고 있는 성경의 순서를 따르고 있습니다. 현재 성경의 배열 역시 중요한 의미를 가지고 있다고 믿기 때문입니다. 입맛에 맞게 역사적으로 재구성하여 읽기보다는 성경의 전후 문맥에 따라 그 구성과 흐름을 살피면 전체의 그림을 볼 수 있는 것은 물론 부분에 대해 보다 깊이 있고 확실한 의미를 발견할 수 있을 것입니다.

3. 빠짐없이 읽으십시오.

성경에는 족보나 명단과 같이 읽기 힘들고 어려운 부분도 있습니다. 하지만 그것들이 의미 없이 그 자리에 있지는 않습니다. 이 교재는 그런 부분들까지 읽을 수 있도록 그 명단이나 목록의 의도가 무엇인지, 그 안의 구조가 어떻게 되어 있는지 등을 설명하려고 했습니다. 지루한 부분이라도 포기하지 않고 그 의도와 구성을 파악하면서 읽는다면, 빨리 가면서도 그 깊은 의미를 놓치지 않고 성경을 읽을 수 있을 것입니다.

4. 비교하며 읽으십시오.

구약의 〈열왕기〉와 〈역대기〉 혹은 신약의 사복음서는 같은 사건을 다양한 시각에서 다루고 있습니다. 이렇게 다른 관점에서 기록된 성경을 통합해서 한 가지 사실을 알아내려고 하는 것은 바른 읽기가 아닙니다. 그것은 같은 재료를 가지고 양념과 조리법을 달리하여 독특하게 요리한 것을 섞어서 잡탕을 만들어 버리는 것과 같습니다. 각각의 성경은 성령의 감동으로 기록된 책이므로 그 나름의 의미를 있는 그대로 각각의 성경이 전달하려고 하는 의도를 이해해야 합니다. 서로 비교하면서 읽는 것은 각각의 강조점과 독특한 관점을 파악하는 데 도움이 됩니다.
구약의 시가서나 선지서 그리고 신약의 서신서를 읽을 때도 마찬가지입니다. 각각의 성경은 다른 상황 다른 주제를 다루고 있지만 별개의 책들이 아닙니다. 거기에는 공통적인 맥락이 있고, 또 각각의 독특한 기여를 통해 공동의 신학적인 메시지를 전달합니다. 그러므로 각 성경을 읽을 때 개별적인 내용과 주제를 볼 뿐만 아니라, 서로 비교하면서 그 전체적인 구성과 흐름을 염두에 두고 읽을 필요가 있습니다.

5. 교재와 성경을 병행하여 읽으십시오.

이 책은 성경을 읽을 수 있도록 돕는 길잡이입니다. 이것은 위대한 예술 작품을 감상하도록 돕는 안내서와 같습니다. 안내서 없이도 작품을 감상할 수 있지만, 안내서를 잘 활용하면 작품의 진가를 이해하는 데 도움이 될 것입니다. 안내서 읽기와 작품 감상을 병행하듯이 이 책과 성경을 함께 읽으십시오. 이 책은 성경 전체를 대단원에서부터 소단원에 이르기까지 단계적인 단원 구분을 한 다음, 각 단원의 핵심 내용과 주제를 정리하였습니다. 그러므로 교재를 통해 단원 구분과 구조, 그리고 내용 전개의 흐름을 간략하게 살펴보고 그 다음에 성경을 읽으면서 그 깊은 의미를 탐구하시기 바랍니다.

6. 도표를 잘 활용하십시오.

각 단원의 큰 그림을 쉽게 기억할 수 있도록 곳곳에 도표가 정리되어 있습니다. 각 단원의 도입 부분에서 전체 내용을 구조적으로 정리하였습니다. 그러므로 위에서 말한 바와 같이 각 성경을 읽기 전에 도표를 통해 먼저 구조적인 큰 틀을 파악하도록 하십시오. 본문에 대한 설명이 마치고 각 과의 마지막에는 핵심 단어를 도표로 다시 정리했습니다. 앞에서부터 차례로 핵심 단어를 되새기면서 차근차근 구조적인 흐름을 암기해 가면 마지막에는 전체 구조가 자연스럽게 머리에 남게 될 것입니다.

7. 목적에 맞는 교재를 사용하십시오.

이 교재는 인도자용과 학습자용으로 구분되어 있습니다.

학습자용은 성경 구절을 직접 적기도 하고 빈 도표를 채우면서 정리를 할 수 있으므로 더 활동적으로 교재를 쓸 수 있습니다. 또한 여러분이 성경에서 얻은 감동이나 깨달은 지식을 난외 여백에 기록하여 둠으로써 다음에 성경을 통독할 때 더 큰 은혜를 받을 수 있을 것입니다. 단지 수동적으로 책에서 지식을 얻는 것이 아니라 능동적으로 여러분이 책을 만들어 가는 것도 큰 의미가 있습니다.

인도자용은 난외 여백에 관련된 중심 성구들을 비롯해 경우에 따라 더 깊이 다루어야 할 내용들이 있습니다. 그러므로 성경 통독반 인도자라면 난외의 내용까지 미리 충분히 숙지해서 참여자들을 인도해야 할 것입니다. 난외주는 기본적으로 다음과 같은 내용을 담고 있습니다.

† 생각해 보세요 본문의 의미를 다른 각도에서 생각해 보거나 보충하여 설명하는 것입니다.

† 짚어 두세요 말씀의 더 깊은 의미나 혹은 전체 구속사에서 핵심적인 요소를 짚는 것입니다.

† 적용해 보세요 본문의 의미를 실제 삶 속에서 적용하거나 교훈을 찾기 위한 것입니다.

† 기억하세요 성경의 다른 부분 혹은 신약의 성취와 관련된 사항을 새겨보는 것입니다.

성경통독학교 학습 지침

1. 통독 과정을 함께 하십시오.

말씀을 묵상하면서 하나님과 일대일의 인격적인 관계를 갖는 것은 아주 중요합니다. 그러나 동시에 말씀의 은혜를 공동체 안에서 함께 나누는 것에도 많은 유익이 있습니다. 더구나 혼자 성경 통독을 결심해서 처음에는 열심히 하다가 중간에 멈춰 버리는 경우가 많지 않습니까? "빨리 가려면 혼자 가고, 멀리 가려면 함께 가라."는 말을 기억하십시오. 교회 안에 성경 통독 과정이 있다면 함께 참여하고, 혹시 없다면 담임 목회자의 허락을 얻어 몇 사람이 함께 일정을 맞추어 통독하는 것이 유익합니다.

2. 결단하고 헌신하십시오.

이 교재는 4과씩 5부로 구분되어 있습니다. 처음부터 끝까지 모든 과정을 마치면 좋겠지만 그렇지 못한 경우에는 적어도 4과로 된 1부를 마칠 수 있도록 결단하고, 시작한 것은 빠짐없이 그리고 끝까지 마치십시오. 1부와 2부는 구원 역사의 기본적인 틀을 세우는 과정이므로 차례대로 함께 마치는 것이 좋습니다.

3. 교재와 함께 성경을 읽으십시오.

이 교재는 성경을 대신하는 책이 아닙니다. 구조와 핵심을 파악하여 성경을 이해하도록 돕는 길잡이입니다. 통독 학교 과정에 참여한다면 성경을 미리 읽어 가는 것이 좋습니다. 이 교재 각 과의 앞부분에 있는 간략한 설명 그리고 구조와 요점을 미리 읽어서 대략의 흐름을 파악한 다음 성경을 미리 읽고 공부에 참여하십시오. "아는 만큼 보이고, 아는 만큼 들립니다." 공부를 마친 후에 혼자서 성경을 다시 정독하면서 내용을 깊이 있게 음미하십시오.

4. 큰 흐름에 집중하십시오.

이 교재의 목적은 성경 통독을 하면서 하나님 나라를 거시적으로 보는 것입니다. 그러므로 함께 공부하는 자리에서 큰 흐름을 이해하는 데 집중하시고 부분적인 질문이나 논쟁은 삼가십시오. 궁금한 것은 수업 후에 따로 질문하거나 다른 자료를 찾아보도록 하십시오. 또한 성경에는 우리의 구원에 필요한 말씀은 충분하게 기록되어 있지만 모든 것을 다 기록한 것은 아니라는 것을 기억하십시오. 그러므로 성경이 가는 데까지 가고 멈추는 데서 멈추십시오.

5. 도표를 활용하여 구조를 체계적으로 기억하십시오.

각 단원을 시작하면서 도표를 보고 전체의 구조를 먼저 이해하도록 하십시오. 단원 공부가 끝난 후에는 각 과의 마지막에 핵심 단어 정리가 된 도표를 채우면서 차례로 암기해 보십시오. 도표를 보지 않고서도 큰 단원부터 중간 단원 그리고 소단원에 이르기까지 기억하도록 반복 학습을 하십시오.

Contents

개요

성경은 드라마 같은 책

성경은 잘 짜인 '드라마'와 같습니다. 허구라는 말이 아니라 시작부터 끝까지 통일된 흐름이 있고 그 안에 여러 요소가 서로 잘 연결되어 있다는 의미에서 그렇습니다. 성경은 각각 다른 저자에 의해 다른 배경에서 기록된 66권으로 구성되었지만 이것은 단순하게 여러 단편을 모아 놓은 수집물이 아니고 성령의 감동으로 기록된 한 권의 하나님 말씀이기 때문에 성경 각 권은 서로 연결되어 있으며, 통일성이 있습니다.

드라마 비유를 좀 더 활용하자면, 이 드라마의 총감독은 하나님입니다. 모든 것을 처음부터 계획하시고 진행하시고 완성하십니다. 이 드라마의 주인공은 예수님이고 성령님은 연출을 담당합니다. 삼위일체를 논하자는 것이 아니고 역할을 비유하는 것입니다. 연출 담당은 감독의 의도가 잘 드러나도록 배우들을 지도하는 것이기 때문에 성령님은 사람들을 감동시키시며 역사의 진행을 이끌어 가십니다. 감독과 연출이 드라마를 만드는 데 중추적인 역할을 하지만 관객들의 눈에는 보이지 않습니다. 주인공이 가장 눈에 띄는 것처럼, 우리 눈으로 볼 수 있도록 육신을 입고 오신 예수님이 이 드라마의 주인공입니다. 그래서 모든 성경이 예수님에 대해 증거하고 있습니다(요 5:39).

성경의 중심 주제는 하나님 나라

성경이 펼쳐 보이는 드라마의 주제는 "하나님 나라"입니다. 성경은 우리에게 하나님 나라를 계시합니다. 그래서 성경을 통해 하나님 나라를 아는 것이 아주 중요합니다. 예수님은 공생애 기간 동안에 '하나님 나라 복음'을 전하는 일을 최우선으로 하셨습니다(눅 4:43, 8:1; 행 1:3). 또 여러 비유로 하나님 나라에 대해 가르치셨고(막 4:30), 제자들을 보내신 목적도 하나님 나라를 전파하게 하시려는 것이었습니다(눅 9:2). 사도 바울도 이 대열에 합류하여 하나님 나라를 증거하는 사역을 했습니다(행 19:8, 28:31).

예수님과 제자들이 하나님 나라를 증거한 것은 환상이나 신비적인 체험으로 어떤 낙원을 보고 와서 그런 곳이 실재한다고 간증하는 형태가 아닙니다. 사도 바울은 셋째 하늘에 이끌려간 체험이 있었지만 그것을 하나님 나라라고 말하지도 않았고, 더구나 그 체험이 자기 자랑이 되지 않도록 거기에 대해 더 말하지 않는다고 했습니다(고후 12:1~6). 하나님 나라는 그런 것이 아니기 때문입니다. 바울은 로마에서 "아침부터 저녁까지 강론하여 하나님 나라를 증언하고 모세의 율법과 선지자의 말을 가지고 예수에 대하여 권하더라"고 했습니다(행 28:23). 한마디로 구약성경의 말씀으로 하나님 나라와 예수에 대한 복음을 전했다는 것입니다. 그러므로 우리는 신약성경은 물론이고 구약성경을 통해서도 하나님 나라와 예수 그리스도를 제대로 알고 또 다른 사람들에게 이 복음을 전해야 합니다.

하나님 나라는 하나님의 통치가 이루어지는 곳

하나님 나라는 '하나님의 통치가 이루어지는 곳'입니다. 이것을 좀 더 세부적으로 살펴보려면 일반 정치에서 말하는 나라의 3대 요소 즉 영토, 국민, 주권을 대입해 볼 수 있습니다. 즉 하나님 나라는 주권자이신 하나님(王), 통치를 받는 하나님의 백성, 그리고 그 백성이 살아가도록 주어진 땅으로 구성되어 있습니다. 여기에서 왕이신 하나님과 백성은 일종의 '언약' 관계로 결속됩니다. 즉 백성은 왕을 존중하고 그의 말씀에 순종하며, 왕은 자기 백성이 그 땅에서 평안하게 살도록 통치하고 보호합니다.

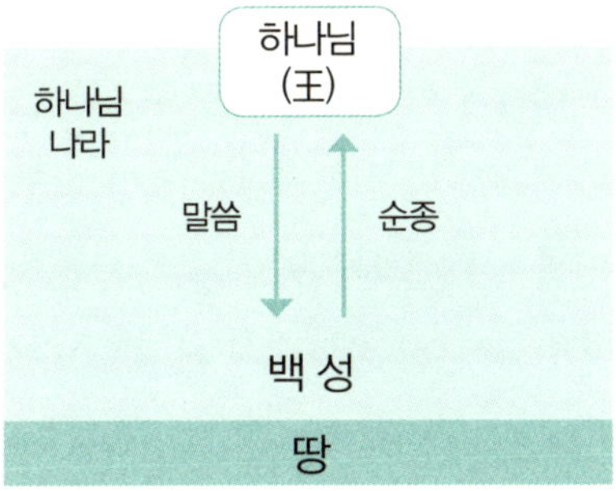

하나님 나라의 역사

이런 기준에서 봤을 때 하나님이 이 세상을 창조하신 사건 자체가 하나님 나라의 시작입니다. 주권자이신 하나님이 세상을 무(無)에서 유(有)로 창조하셔서 통치 영역을 만드셨고, 사람을 비롯해 모든 피조물을 만드셔서 하나님의 통치 아래 살게 하셨습니다. 에덴동산을 하나님 나라라고 하는 말들이 있는데, 이것은 세상과 눈에 보이는 실재를 저급하게 생각하는 이원론의 영향에서 나온 결론입니다. 즉 이 세상은 악한 것이므로 하나님 나라는 세상과 다른 곳에 있는 어떤 이상낙원이라고 생각하는 것입니다. 그러나 세상이 악하게 된 것은 타락 이후입니다. 성경의 증거에 따르면 하나님이 세상을 선하게 창조하셨고 모든 것이 하나님 보시기에 좋았습니다. 그러므로 에덴동산만 하나님 나라가 아니고 창조된 모든 세상이 하나님 나라로 시작했습니다. 여기에서 에덴동산은 땅위에 있는 하나님 성소로서 중앙 정부 혹은 왕궁이 있는 수도(首都)와 같은 곳입니다.

하나님 나라에서 인간은 특별한 역할을 가지고 있습니다. 하나님이 사람을 특별히 그의 형상대로 창조하셔서 그들에게 모든 피조물을 다스리도록 통치권을 위임하셨기 때문입니다. 그러나 사람은 절대적인 주권을 갖는 것이 아니라 여전히 하나님의 권위 아래 있어야 합니다. 다시 말해서 인간은 모든 다른 피조물에 대하여 하나님의 대리 통치자이되 하나님의 명령에 순종하는 하나님 백성입니다. 이런 맥락에서 하나님이 사람에게 선악과를 먹지 말라고 명령하신 것은 절대 주권자이신 하나님과 위임 통치자인 사람 사이의 위계질서를 세우는 것입니다. 그러므로 여기에는 비록 언약이라는 말이 사용되지는 않았지만 하나님과 사람 사이에 '언약'이 성립된 것을 알 수 있습니다. 하나님과 인간 사이에 선악과 금령을 통해 언약 관계가 맺어짐으로써 하나님은 만물의 영장인 인간 위의 최고 주권자가 되시며, 인간의 다스림 아래 있는 세상은 여전히 하나님 나라로 유지되는 것입니다.

대리 통치자인 인간은 하나님의 권위 아래 있어야 하는데 사탄의 유혹에 넘어가 하나님과 같아지려는 마음에 선악과를 따 먹었습니다. 이것은 하나님 나라에 큰 위기를 가져왔습니다. 위임받은 통치자가 최고 통치자에게 반역한 상태에서 하나님의 통치가 바르게 실현될 수 없기 때문입니다. 이 상황에서 어떤 선택이 있을까요? 하나님이 반역한 대리 통치자를 제거하시든지, 인간을 대체할 다른 존재를 세우시든지, 그것도 아니면 아예 세상을 없애버리셔야 할 것 같습니다. 그런데 하나님은 그 가운데 어떤 것도 선택하지 않으셨습니다. 단지 인간을 에덴동산에서 쫓아내시고 죽음의 저주 아래 있게 하시되 세상의 불완전한 역사가 그대로 진행되게 하셨습니다. 이것은 포기나 방관이 아니라 하나님은 세상의 역사 가운데 하나님 나라를 회복하시고 완성하려는 보다 큰 계획을 실행하시려는 것입니다. 이 모든 것의 시작부터 진행 그리고 완성에 이르기까지 사람들이 알아야 할 하나님 나라에 대한 계시의 말씀이 기록된 책이 바로 성경입니다. 그러므로 우리는 이 성경 안에서 하나님 나라를 이루어 가시는 하나님의 뜻과 역사를 볼 수 있습니다.

하나님 나라 역사의 주역들

아브라함 → 다윗 → 예수

성경이 하나님 나라를 보여 주는 드라마라고 한다면, 그 드라마의 주인공은 앞에서도 말했듯이 바로 예수 그리스도입니다. 보통 드라마에는 주인공과 함께 드라마를 이끌어 가는 조연들이 있습니다. 하나님 나라의 역사에도 예수님 외에 중요한 인물들이 많이 있지만 그 중에서 가장 중추적인 역할을 하는 인물은 아브라함과 다윗입니다. 〈마태복음〉 1장 1절은 예수님을 소개하는 첫머리에 그를 "아브라함과 다윗의 자손"이라고 했습니다. 〈누가복음〉 역시 예수님의 출생 기사에서 아브라함과 다윗을 아주 비중 있게 다룹니다(눅 1:32, 55, 69, 73). 그만큼 아브라함과 다윗이 중요하다는 것을 알 수 있습니다.

이 두 사람이 중요한 이유는 하나님이 그의 나라를 회복하시려는 계획을 따라 이들이 약속을 받았기 때문입니다. 아브라함은 '땅'과 '자손'의 약속을 받았습니다. 즉 하나님은 아브라함의 자손으로 큰 민족을 이루시고 가나안 땅을 그와 그 자손에게 기업으로 주시겠다고 약속하셨습니다(창 12:1~3, 13:14~17, 15:5~7, 17:1~8, 22:16~18). 이것은 나라의 3요소 중에서 영토와 국민을 준비하시는 일입니다. 물론 주권은 하나님에게 있습니다. 하나님이 아브라함을 택하신 목적은 그 자손들로 "여호와의 도"를 지키게 하시려는 것입니다(창 18:19). 즉 하나님은 아브라함의 자손으로 하나님의 통치에 순종하여 하나님 법을 지켜 행하는 백성을 삼으려고 하신 것입니다. 여호와의 도는 모세 시대에 가서 율법으로 성문화되었습니다. 그동안 하나님은 아브라함과 이삭과 야곱에게 약속하신 대로 한 큰 민족을 이루셨습니다. 그리고 애굽의 속박 아래 있던 이 민족을 구출하여 시내 산에서 이들에게 율법을 주시면서 그들과 공식적인 언약 관계를 세우시고 그들을 약속의 땅에 정착하게 하셨습니다. 그렇게 해서 이스라엘은 "여호와를 자기 하나님으로 삼은 나라 곧 하나님의 기업으로 선택된 백성"이 된 것입니다(시 33:12). 하나님은 이들만 복을 주시려는 것이 아니라 이들을 통해서 천하 만민이 복을 얻게 하시고자 했습니다(창 12:3). 그렇게 해서 온 세상이 하나님 나라로 회복되게 하시려는 것입니다.

하나님 나라 회복 계획을 이루시기 위하여 다음 단계로 하나님은 이스라엘에 다윗 왕조를 세우셨습니다. 하나님의 마음에 합한 사람 다윗에게 기름 부어 대리 통치자로 세우시고 그에게 영원한 '왕권'을 약속하셨습니다(삼하 7:8~16; 시 89:19~37). 그래서 그의 후손들이 다윗과 같이 정직하게 나라를 다스려 하나님의 뜻이 그 땅과 그 백성 가운데 이루어지기를 원하셨습니다. 그러나 불행하게도 그 후손들은 하나님의 명령을 지키지 않았고 그 백성은 타락하였습니다. 하나님은 선지자들을 통해 그들에게 끊임없이 경고하시며 돌아오기를 권고하셨지만 그들은 돌아오지 않았고 그래서 결국 이스라엘은 망했습니다. 아브라함과 다윗에게 주신 모든 약속도 무산된 것 같았습니다. 선택받은 백성은 약속의 땅을 잃었고, 다윗 왕조도 끊어졌기 때문입니다.

하나님은 선지자들을 통하여 심판의 경고를 주시면서 동시에 구원과 회복의 약속도 주셨습니다. 불완전한 인간의 끊임없는 실패에도 불구하고 하나님은 포기하지 않으시기 때문입니다. 그 약속은 하나님이 다윗과 같은 의로운 왕을 다시 세우시고 그 백성으로 약속의 땅에 다시 정착하게 하시며, 의롭고 복된 영원한 나라를 이루신다는 것이었습니다. 이와 같은 하나님의 회복의 약속은 일차적으로 그 백성이 바벨론 포로에서 귀환하여 나라를 재건하는 것으로 성취되었습니다. 그러나 이것은 다윗의 후손으로 나신 하나님의 아들 예수 그리스도로 말미암아 이루어질 완전한 하나님 나라의 예표요 그림자입니다. 예수 그리스도 안에서 아브라함과 다윗에게 주신 하나님의 약속이 온전하게 성취됩니다(참고. 행 13:17~23). 그런데

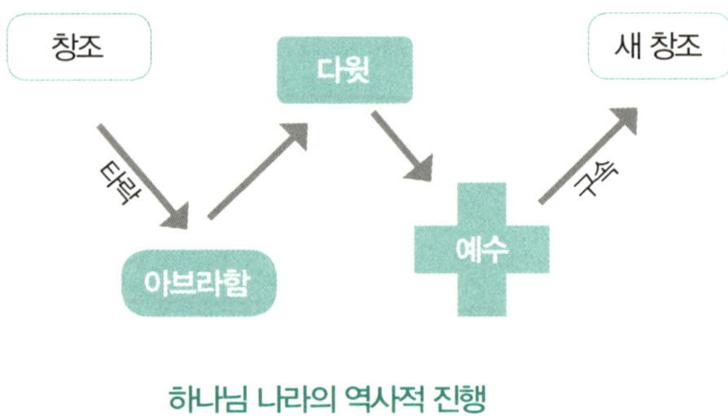

하나님 나라의 역사적 진행

그 나라는 이스라엘 민족과 가나안 땅의 범위를 넘어서고 있습니다. 예수 그리스도 안에서 이방인까지 아브라함의 자손이 되어 약속의 땅을 유업으로 받고(갈 3:14, 29), 구원받은 모든 성도가 새 하늘과 새 땅에서 세상을 이기신 "다윗의 뿌리"와 함께 땅에서 영원히 왕 노릇하게 될 것입니다(계 5:5, 10). 이렇게 해서 예수 그리스도를 통하여 아담이 가졌던 처음 사람의 왕권이 회복되고, 예수 그리스도의 왕권이 견고해지며, 더 나아가 만물을 그 발 아래 두신 예수 그리스도가 나라와 권세와 영광을 아버지께 돌림으로 하나님의 통치가 온 만물 위에 굳게 설 것입니다(참고. 요 15:28).

성경의 구성

아브라함과 다윗과 예수 그리스도를 통하여 하나님 나라를 이루시는 하나님의 뜻과 역사가 한 권의 성경에 기록되어 있습니다. 그 중에서 구약성경은 아브라함 언약과 다윗 언약을 따라 언약 백성 이스라엘을 중심으로 진행됩니다. 신약성경은 아브라함과 다윗의 언약을 이루어 가시는 예수 그리스도를 증거하며, 이스라엘을 넘어서 온 세상에 이루시는 하나님 나라와 그의 의를 보여 줍니다.

창세기~룻기(아브라함 언약)

〈창세기〉부터 〈룻기〉는 아브라함의 언약을 중심으로 펼쳐지는 하나님 나라의 역사입니다.

(1) 〈창세기〉는 하나님이 아브라함을 택하시고 땅과 자손에 대한 약속을 주셨으며 그 약속이 이삭과 야곱에게로 이어지는 것을 보여 줍니다.

(2) 〈출애굽기〉, 〈레위기〉, 〈민수기〉, 〈신명기〉는 하나님이 애굽에서 큰 민족을 이룬 야곱의 자손을 구출하여 약속의 땅으로 인도하시는 여정을 다룹니다. 여기에는 이 백성이 언약 백성으로서 지켜야 할 하나님의 법도 기록되어 있습니다.

(3) 〈여호수아서〉, 〈사사기〉, 〈룻기〉는 이스라엘 백성이 가나안 족속을 정복하고 그 약속의 땅에서 살아가는 역사를 담고 있습니다.

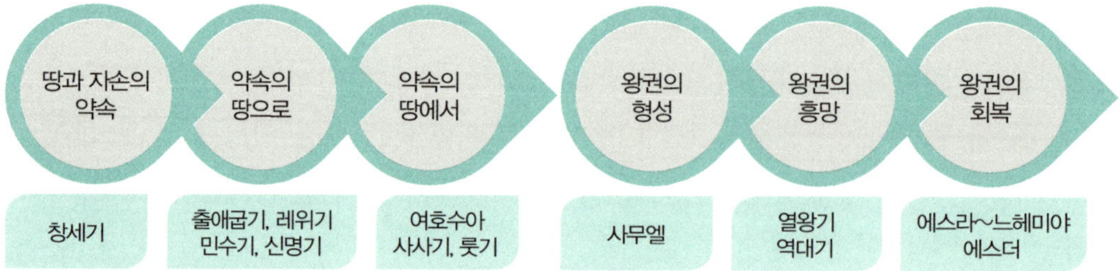

사무엘서~에스더(다윗 언약)

〈사무엘서〉부터 〈에스더서〉까지는 다윗에게 약속하신 왕권을 중심으로 전개되는 역사입니다.

(1) 〈사무엘서〉는 이스라엘에 왕권이 세워지는 과정을 다룹니다. 다윗이 하나님에게 선택받고 사울의 박해를 받다가, 사울이 죽고 나서 온 이스라엘의 왕이 되었습니다. 그리고 그의 후손이 대대로 이스라엘을 다스릴 것이라는 왕권의 약속을 받았습니다.

(2) 〈열왕기〉와 〈역대기〉는 다윗 후손이 왕으로서 다스리는 이스라엘의 흥망성쇠를 보여 줍니다. 솔로몬 때에 완전한 평화가 이루어지고 성전이 건설되어 하나님 나라의 정점을 이루는 것 같았지만, 솔로몬의 변심과 그 후 왕들의 범죄로 결국 이스라엘이 망했습니다.

(3) 〈에스라서〉와 〈느헤미야서〉는 포로로 잡혀갔던 언약 백성이 바벨론에서 돌아와 성전을 재건하고 성벽을 다시 쌓으면서 나라를 재건하는 왕권의 회복 역사를 다룹니다. 〈에스더서〉는 같은 시기에 이방 땅에 흩어져 있으나 하나님의 보호를 받는 언약 백성의 역사를 담고 있습니다.

욥기~아가(시가서)

〈욥기〉부터 〈아가서〉까지 다섯 권은 시와 노래로 구성되어 있기 때문에 시가서라고 합니다. 그래서 형식적으로 산문으로 기록된 율법서(〈창세기〉~〈신명기〉)와 역사서(〈여호수아서〉~〈에스더서〉)와 구분되고, 내용적으로도 차이가 있습니다. 율법서는 언약 백성의 초기 역사와 언약 백성이 지켜야 할 하나님의 규범을 담고 있습니다. 역사서는 하나님의 약속과 율법을 받은 언약 백성이 약속의 땅 가나안에서 어떻게 살았는지 그 역사를 기록한 것입니다. 시가서는 역사보다는 언약 백성으로 살아가면서 이들이 느낀 내면적인 감정을 표현하고, 또 거기에서 나온 사상과 지혜를 담은 기록입니다. 그래서 시가서에는 언약 백성을 위한 현재적인 교훈이 많이 들어 있습니다.

이사야~말라기(선지서)

구약성경의 마지막은 선지서입니다. 분량에 따라 대선지서와 소선지서로 구분되어 〈이사야서〉부터 〈다니엘서〉까지는 대선지서, 〈호세아서〉부터 〈말라기서〉까지 열두 권은 소선지서로 분류됩니다. 선지서는 주로 시로 기록되어 있어 형식에 있어서는 시가서와 비슷하지만 내용에 있어서는 율법서 및 역사서에 긴밀하게 연결되어 있습니다. 한마디로 그 백성의 과거 역사를 청산하고 새로운 미래가 열리는 것을 예언하는 것입니다. 즉 선지서는 한편으로 언약 백성이 하나님의 율법대로 살지 아니하여 언약의 저주대로 나라가 망하고 그 백성은 약속의 땅에서 쫓겨나 이방 땅의 포로가 된다는 심판의 경고를 담고 있습니다. 또 다른 한편으로 심판 이후에 궁극적으로 하나님이 그 백성을 구원하시고 나라를 회복하신다는 구원의 약속도 들어 있습니다. 이 약속으로 말미암아 구약은 새 시대가 열리는 신약으로 연결됩니다.

〈구약성경 39권〉

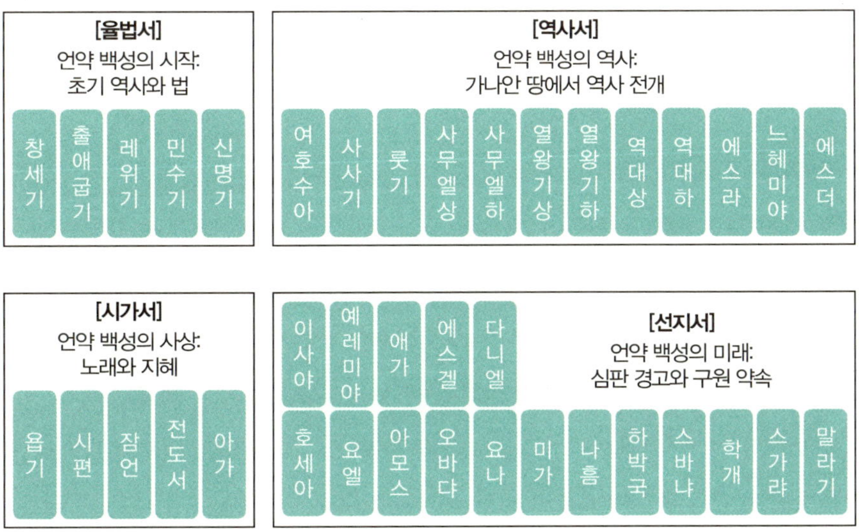

마태복음~요한계시록(신약 성경)

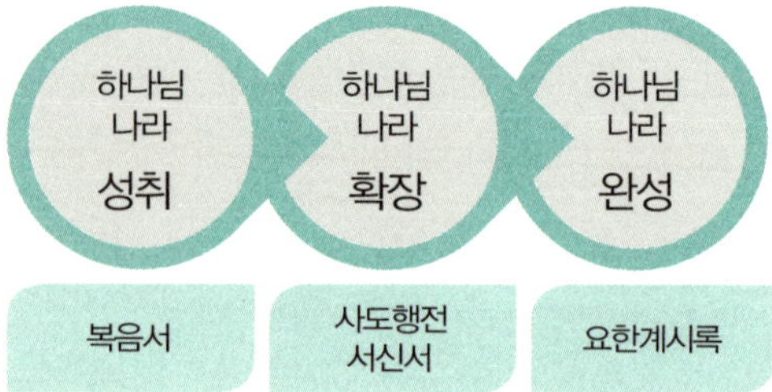

신약성경에 대한 구체적인 구분과 이해는 신약편에서 보고 여기에서는 구약성경에서 제시된 하나님 나라가 어떻게 신약으로 연결되는지 그 역사적인 성취만 간략하게 살펴보겠습니다.

신약성경은 예수 그리스도를 통하여 이루어지는 '하나님 나라'를 중심으로 전개됩니다.

(1) 사복음서는 성육신하신 예수님의 사역과 희생을 증거하면서, 그분이 구약에서 약속된 하나님 나라를 성취하시는 그리스도이신 것을 선포합니다.

(2) 〈사도행전〉은 성령을 받은 제자들이 예루살렘에서 시작하여 땅 끝까지 이르러 예수를 증거하고 제자를 삼으면서 그리스도의 몸된 교회가 세워지고 이로써 하나님 나라가 확장되는 역사를 기록하고 있습니다. 서신서는 교회의 성도를 위한 사도들의 교훈과 권면을 담고 있습니다.

(3) 〈요한계시록〉은 특별히 세상의 핍박 아래 있는 교회에게 주시는 말씀으로서, 예수 그리스도의 재림과 함께 하나님의 나라가 완성되어 새 하늘과 새 땅에서 그의 백성들이 영원한 복락을 누리게 될 것을 예언하며 현재의 고난을 이길 것을 권고합니다.

구약의 연대와 지리

구약성경이 어렵게 느껴지는 것은 방대한 역사와 지리적 배경을 갖고 있기 때문일 것입니다. 그래서 연대와 지리를 조금 단순하게 정리를 해 두면 도움이 됩니다. 현재 우리가 쓰고 있는 연대는 예수 그리스도의 오심을 기준으로 주전(主前, B.C., Before Christ)과 주후(主後, A.D., Anno Domini, 주의 해)로 구분됩니다. 구약성경에서 하나님의 약속을 받은 중심 인물로 아브라함과 다윗이 있었습니다. 아브라함은 주전 2000년경에 자손의 번성과 땅의 소유에 대한 약속을 받았습니다. 다윗은 주전 1000년경에 왕권의 약속을 받았습니다. 이 중요 인물들의 중간에 또한

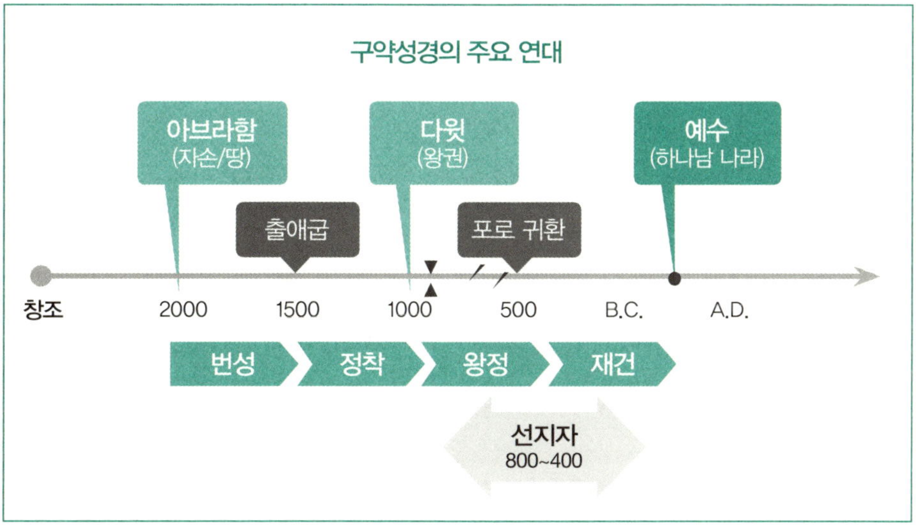

중요한 역사적 사건이 있었습니다. 주전 1500년경에는 이스라엘 자손이 애굽의 속박에서 벗어나 가나안 땅으로 갔고, 주전 500년을 전후로 해서 바벨론에 포로로 잡혀 있던 언약 백성이 다시 약속의 땅으로 돌아오는 민족 대이동이 있었습니다.

구약성경의 나머지 역사는 이 중요한 인물들과 사건을 틀로 해서 정리하면 됩니다. 주전 2000~1500년은 아브라함의 자손이 한 가족에서 한 민족으로 크게 **번성**하는 역사입니다. 주전 1500~1000년은 언약 백성이 약속의 땅을 정복하고 그 땅에 뿌리를 내리는 **정착**의 시기입니다. 주전 1000~500년은 왕정이 세워졌으나 남북 왕국으로 분열된 후 북 이스라엘이 먼저 망하고 다음에 남 유다가 망하기까지의 왕정 역사입니다. 주전 500년 이후는 포로에서 돌아온 백성이 나라를 **재건**하는 시기에 해당합니다. 그러나 이 나라도 다시 망하고 예수님이 오실 때 이 땅은 신흥 로마제국의 지배 아래 있었습니다.

연대와 함께 지리적인 배경을 이해하는 것도 필요합니다. 아브라함의 고향 ① 하란은 지중해 북동쪽 티그리스와 유프라테스 강 유역에 있습니다. 그는 하나님의 부르심을 따라 남서쪽으로 내려와 지중해와 요단 강 사이에 있는 ② 가나안 땅에 정착하였습니다(주전 2000년경). 거기에서 아브라함이 이삭을 낳고, 이삭은 야곱을 낳았고, 야곱의 열두 아들과 식솔들이 ③ 애굽으로 이주하였습니다. 애굽에서 크게 번성한 야곱(이스라엘) 자손은 모세의 인도 아래 출애굽하여 ④ 시내 산에서 하나님과 언약을 맺고 약속의 땅으로 갔습니다(주전 1500년경).

가나안에 들어와서 사사 시대에 주변 나라들에게 시달리는 어려운 시기를 겪다가 다윗의 등장으로 주변 나라들을 제압하고 다윗의 아들 솔로몬 때 예루살렘에 하나님의 성전이 세워졌습니다(주전 1000년경). 그러나 솔로몬이 변심한 이후 남북이 분열되고, Ⓝ 북 이스라엘과 수도 사마리아는 ⑤ 앗수르 제국에 의해서 망하고(주전 722년) 그리고 Ⓢ 남 유다와 예루살렘은 ⑥ 바벨론 제국에 의해서 망했습니다(주전 586년). 그러다 바벨론 제국이 ⑦ 바사(페르시아) 제국에 넘어가고, 이때 이스라엘 백성은 포로에서 해방되어 약속의 땅으로 돌아왔습니다.

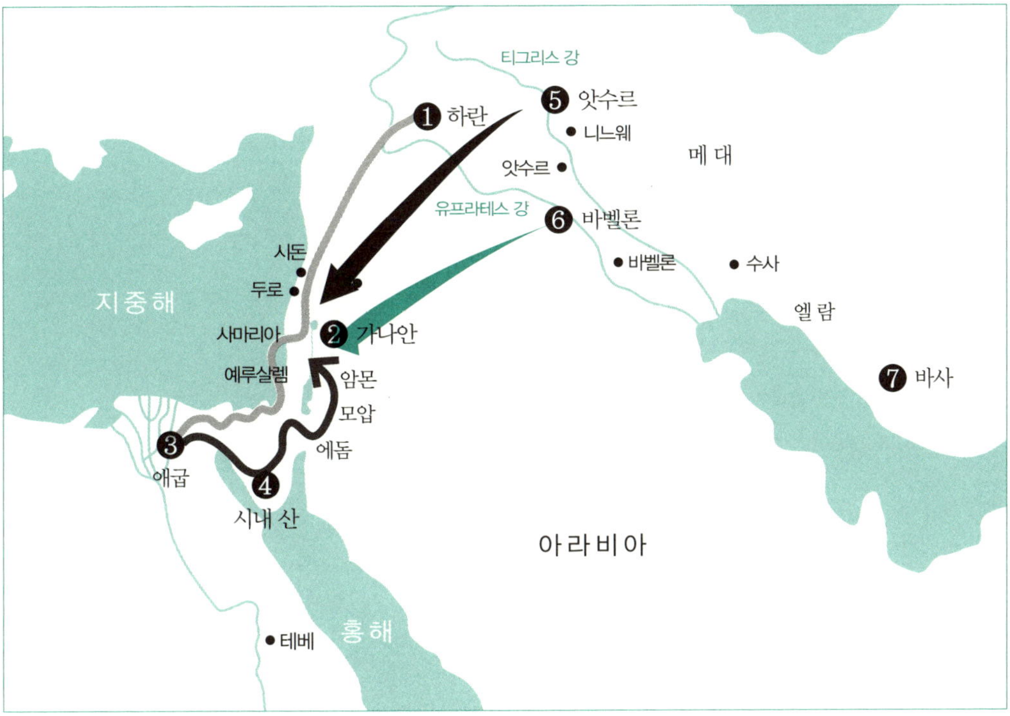
티그리스 강
5 앗수르
1 하란
니느웨
앗수르
메 대
유프라테스 강
6 바벨론
시돈
두로
바벨론
수사
지중해
엘 람
사마리아
2 가나안
예루살렘
암몬
7 바사
모압
3
에돔
애굽
4
시내 산
아라비아
테베
홍해

High light Bible

하 이 라 이 트 성 경

1부

창세기~룻기

아브라함 언약 : 땅과 자손의 약속

하나님은 아브라함과 언약을 맺으시면서 그의 자손을 크게 번성하게 하시고 또 가나안 땅을 그와 그 자손에게 주시겠다고 약속하셨습니다(창 12:1~3, 13:14~17, 15:5~7, 17:1~8, 22:16~18). 〈창세기〉부터 〈룻기〉까지는 이와 같이 가나안을 기업으로 주신다는 하나님의 언약이 성취되어 가는 과정을 묘사합니다. 즉 하나님은 택하신 이스라엘 자손으로 하여금 애굽에서 큰 민족을 이루게 하신 후, 거기에서 그들을 구출하여 내시고 가나안 땅으로 인도하여 들이셨다는 것입니다.

1과

창세기

〈창세기〉는 이스라엘 백성이 애굽에서 나와 가나안 땅으로 향해가는 상황에서 기록되었습니다. 여기에서 모세는 창조부터 시작하여 이스라엘의 조상인 야곱의 가족이 애굽에 들어와 살기까지의 긴 역사를 보여 줍니다. 그렇게 함으로써 모세는 이스라엘 백성에게 전능하신 유일신 여호와 하나님을 믿게 하고, 또 그들이 하나님이 택하신 백성인 것과 가나안 땅이 그들에게 주신 약속의 땅인 것을 증거하고 있습니다.

〈창세기〉가 다루고 있는 역사는 크게 두 부분으로 나누어집니다. 1~11장은 연대를 추정하기 어려운 아주 오래 전 태고 시대의 인류 전체 역사를 다룹니다. 그러나 12~50장에서는 주전 2000년경부터 시작하는 보다 가까운 시대의 역사로서, 그 초점은 이스라엘 조상들인 족장에게로 좁혀집니다. 그렇지만 이 두 기사는 별개의 것이 아니라 아브라함을 연결고리로 하여 이어져 있습니다. 1~11장은 아브라함의 등장으로 마무리되고, 12~50장은 아브라함이 부르심을 받아 가나안 땅으로 가는 것부터 시작합니다.

성 경	창 1~11장	창 12~50장
역 사	**태고 시대** 인류 보편의 역사	**족장 시대** 이스라엘 조상의 역사
내 용	하나님이 세상을 창조하심으로 하나님 나라가 시작되었으나, 인간의 타락으로 세상이 죄의 저주 아래 있게 되었습니다.	하나님이 타락한 세상을 회복하기 위하여 아브라함과 이삭과 야곱을 선택하시고 그 후손으로 한 나라를 세우기로 계획하셨습니다.

Ⓐ 시작

〈창세기〉 1~11장은 우주만물과 인류 역사의 근원적인 시작을 다룹니다. 즉 세상이 어떻게 시작되었고, 죄가 어떻게 시작되었으며, 또 어떻게 다양한 민족과 언어가 생겨나게 되었는지를 설명합니다.

〈창세기〉 1~11장의 구조와 요점

구분	요점	1)	2)	3)
1 창조 (1~2장)	하나님이 세상을 창조하시고 인간에게 만물을 다스릴 권세와 선악과를 먹지 말라는 명령을 주셨습니다.	**1) 천지창조**(1장) 하나님이 만물을 창조하시고 하나님 형상으로 지으신 인간으로 다스리게 하셨습니다.	**2) 안식**(2:1~3) 모든 창조 사역을 마치신 후 일곱 째 날 완성을 기념하고 안식하셨습니다.	**3) 인간 창조**(2:4~25) 에덴동산을 창설하시고 사람을 거기 두시며 선악과를 먹지 말라고 하셨습니다.
2 타락 (3~5장)	아담과 하와가 하나님에게 불순종하고 타락하여 하나님 나라의 질서가 파괴되었습니다.	**1) 선악과**(3장) 아담과 하와가 선악과를 따 먹고 하나님에게 반역하여 에덴동산에서 추방되었습니다.	**2) 가인과 후손**(4장) 가인이 죄에 끌려 아벨을 죽였고, 그의 후손들 가운데 죄는 점점 더 심해졌습니다.	**3) 셋의 후손**(5장) 아벨 대신 주신 셋의 후손은 비교적 경건하였고 그 계보에서 노아가 나왔습니다.
3 홍수 (6~9장)	죄가 세상에 가득하여 하나님이 홍수로 땅 위의 생명을 쓸어버리시고 노아의 가족만 살아남았습니다.	**1) 홍수 경고**(6장) 하나님이 홍수로 세상을 심판하실 것을 노아에게 경고하시고 방주를 짓게 하셨습니다.	**2) 홍수 심판**(7장) 방주에 피한 노아 가족과 생물들 외에는 땅 위의 모든 것이 홍수에 쓸려 죽었습니다.	**3) 새 출발**(8~9장) 홍수에서 살아남은 자들에게 창조의 복을 다시 주시고 새 출발하게 하셨습니다.
4 분산 (10~11장)	홍수 이후 다시 번성한 인류가 바벨탑 사건으로 온 땅에 흩어졌습니다.	**1) 새 인류**(10장) 노아의 아들 셈과 함과 야벳의 후손들이 종족과 나라와 언어대로 나뉘었습니다.	**2) 바벨탑**(11:1~9) 사람들은 도시를 건설하여 흩어지지 않으려고 했으나 하나님이 흩으셨습니다.	**3) 셈의 계보**(11:10~32) 흩어진 민족 중에 축복받은 셈의 계보에서 아브라함이 나왔습니다.

1. 창조(창 1~2장)

성경은 하나님이 천지를 창조하셨다는 선포로 시작합니다. 여기에 두 가지 창조 기사가 나오는데, 이것은 하나님이 두 번 창조하셨거나, 혹은 두 가지 다른 자료를 모아 놓은 것이 아닙니다. 두 기사는 서로 다른 강조점을 가지고 창조를 설명하는 것입니다. 1장은 6일간의 천지창조를 전체적으로 묘사하면서 그 질서와 조화를 강조하고, 2장은 인간 창조를 세부적으로 설명하면서 그 안의 관계성을 강조합니다.

1) 천지창조(1:1~31)

〈창세기〉 1장 2절은 하나님이 6일간 창조를 시작하시기 전 원시 상태의 상황을 다음과 같이 묘사합니다.

땅은 혼돈하고 공허하며 흑암이 깊음 위에 있고 하나님의 영은 수면 위에 운행하시니라.

이 말씀은 천지창조의 진행 과정과 원리를 이해하는 데 중요한 틀이 됩니다. '혼돈'(formless)이란 형체가 없는 상태, 즉 뒤죽박죽 섞여 있다는 뜻입니다. 그리고 '공허'(empty)는 아무것도 없이 텅 빈 것을 뜻합니다. 하나님은 먼저 3일 동안 '혼돈'한 것들을 나누심으로써 일정한 형체를 가진 공간을 준비하셨습니다. 그리고 다음 3일 동안은 빈 공간에 차례대로 활동하는 존재들을 만들어 채우셨습니다. 한마디로 처음 3일은 '나눔' 사역이고, 나중 3일은 '채움' 사역이라고 할 수 있습니다.

혼돈 ⇒ 나눔			공허 ⇒ 채움		
1	흑암 가운데 빛을 만드시고 낮과 밤을 나누심	낮 / 밤	해 / 달, 별	낮의 해와 밤의 달	4
2	물 가운데 궁창(하늘)을 두시고 윗물과 아랫물로 나누심	윗물 / 아랫물	새 / 물고기	하늘의 새와 바다의 물고기	5
3	땅이 드러나게 하셔서 바다와 땅을 나누심	땅 / 바다	짐승 사람 /	땅 위의 짐승, 기는 것, 사람	6

처음 3일간의 나눔 사역은 위에서 아래로 내려가는 흐름으로 진행되었습니다. 첫째 날에는 흑암 가운데 빛을 지으셔서 빛과 어둠을 나누셨습니다. 그리고 빛을 낮이라 하시고 어둠을 밤이라고 하셨습니다. 둘째 날에는 물 가운데 궁창을 지으셔서 윗물과 아랫물로 나누셨습니다. 그리고 궁창을 하늘이라고 부르셨습니다. 셋째 날에는 물이 한 곳으로 모이게 하시고 땅이 드러나게 하셔서 바다와 땅을 나누셨습니다. 그리고 이때 식물도 땅과 함께 솟아 나오게 하셨습니다.

나머지 3일 동안 하나님은 공허한 세상을 활동적인 존재들로 채우시는데, 이 사역은 처음 3일에 창조하신 순서를 따라 진행됩니다. 먼저 넷째 날, 해와 달을 만드셔서 각각 낮과 밤을 주관하게 하셨고 별들도 만드셨습니다. 다섯째 날, 각종 물고기들을 바다에 다니게 하시고 공중에는 날아다니는 새들을 채우셨습니다. 여섯째 날에는 땅 위에 짐승들과 기는 것과 사람을 창조하셨습니다. 특히 사람을 하나님의 형상대로 지으셔서 이 모든 창조 세계를 주관하는 하나님의 대리자로 세우셨습니다.

이상의 천지창조의 기사가 전하는 핵심 메시지는 세 가지로 요약해 볼 수 있습니다. 첫째, 하나님에 대한 이해입니다. 메소포타미아를 비롯해 고대 문화권에는 성경의 창조 기사와 비슷한 신화들이 있습니다. 그런데 이 신화들은 대체로 세상이 신들의 전쟁으로 생겨났다고 전합니다. 그래서 이방 종교에서는 바다, 태양, 달과 별 등이 신과 같은 존재로 여겨지고 숭배를 받기도 합니다. 그러나 성경은 이 모든 것은 단지 피조물에 불과하다고 선언합니다. 오직 하나님만 계시고 다른 신은 없습니다. 그리고 그 하나님은 말씀으로 온 세상을 창조하신 절대적인 권세자입니다. 출애굽 상황에 있는 이스라엘 백성은 애굽에 내려진 열 재앙을 보면서 하나님이 온 우주에 행사하시는 절대적인 권세를 체험했습니다. 〈창세기〉는 하나님이 그만한 권세와 능력을 가지신 분이라는 것을 말씀으로 증거하고 있는 것입니다.

둘째, 세계에 대한 이해입니다. 창조 세계는 하나님이 말씀하신 대로 생겨나서 그의 뜻을 따라 질서와 조화를 이루어 갑니다. 우리는 오랫동안 물질적인 자연 세계를 저급하게 여기고 정신적인 것을 우월하게 여기는 이원론의 영향을 받아 왔습니다. 그래서 눈에 보이는 것 혹은 자연의 것을 무시하고, 오로지 영적인 것을 추구하는 것이 바른 신앙인 것처럼 생각하는 경향이 있습니다. 그러나 이 세계 자체는 처음부터 하나님의 말씀과 초자연적인 능력으로 완전하고 선하게 창조되었습니다.

이런 맥락에서 우리는 태초의 창조 사건 자체가 '하나님 나라의 시작'이라고 볼 수 있습니다. 왜냐하면 그 안에서 하나님의 통치가 이루어지고 거기에 하나님의 선하심이 반영되고 있기 때문입니다. 다만 이 세상은 타락 이후에 죄의 저주 아래 놓이게 되었고, 그 후로는 모든 피조물이 하나님의 구원을 기다리고 있습니다(참조. 롬 8:19~22).

〈로마서〉 8장 19~22절을 적어 봅시다.

셋째, 인간에 대한 이해입니다. 이방의 창조 신화는 인간에 대해 그다지 중요한 가치를 두지 않습니다. 고작해야 신들이 인간을 창조하여 제물을 바치게 함으로써 자신들의 먹을 것을 공급하게 했다거나, 또는 하위계층의 신들이 파업을 하여서 그 노동을 대체하는 존재로 인간을 창조하게 되었다고 말합니다. 그러나 성경은 인간이 하나님의 선하고 완전한 창조 세계의 일부일 뿐만 아니라, 그 창조 세계 안에서도 하나님의 형상으로 창조된 가장 고귀한 존재이며, 하나님을 대신해 모든 만물을 다스리는 대리자라고 선언합니다. 또한 하나님은 무엇이 부족해 인간을 창조하신 것이 아니고, 인간에게 복을 주시며 오히려 그들의 먹을 것을 챙겨주셨습니다. 한마디로 하나님은 인간을 하나님 나라의 복된 백성으로 창조하신 것입니다.

2) 안식일(2:1~3)

6일 동안 창조 사역을 마치신 다음에 하나님은 일곱째 날 안식하셨습니다. 안식이란 모든 일을 그치고 편안히 쉬는 것, 곧 "휴식"이라고 할 수 있습니다. 그렇다면 왜 하나님은 안식하셨을까요? 하나님은 결코 피곤해서 휴식이 필요하신 분이 아닙니다. 선지자 이사야는 "영원하신 하나님 여호와, 땅 끝까지 창조하신 자는 피곤치 아니하시며 곤비치 아니하시며"(사 40:28)라고 했습니다. 시편 기자 역시 "이스라엘을 지키시는 이는 졸지도 아니하시고 주무시지도 아니하시리로다"(시 121:4)고 했습니다. 하나님이 안식하신 것은 창조 사역이 완전하게 성취되었다는 것을 의미합니다. 즉 하나님이 계획하신 대로 하나님 나라가 완전하게 이루어진 것을 기뻐하시며 그에 대한 즐거움을 누리시는 것입니다. 그래서 이 날은 거룩하고 복된 날이며 온 창조 세계가 함께 경축하며 기념할 날입니다. 타락 이후 이와 같은 안식의 기쁨은 사라지게 되었습니다. 그러나 하나님은 구원의 역사를 통해 다시 안식을 회복하게 하십니다.

3) 인간 창조(2:4~25)

〈창세기〉 1장에서 저자는 인간의 창조를 천지창조의 일부로서 비교적 간략하게 다루었습니다. 거기에서는 혼돈과 공허에서 질서와 충만함으로 전환되는 천지개벽의 사건을 총체적으로 묘사하는 것이 목적이었기 때문입니다. 그런데 2장에서 두 번째 창조 기사는 하나님 나라에서 특별한 위치에 있는 인간의 창조에 초점을 맞추어, 그 정황을 보다 자세하게 설명하고 있습니다.

아담 창조(2:4~17). 하나님은 먼저 흙으로 한 남자 곧 아담을 지으시고 그를 에덴동산에 두셨습니다. 하나님이 창조하신 이 세상이 하나님의 통치가 이루어지는 하나님 나라라고 한다면, 에덴동산은 바로 그 통치의 중심지입니다. 이곳은 하나님의 임재하심 아래 그 대리 통치자인 인간이 사는 곳으로서, 마치 한 나라에서 중앙 정부가 있는 왕궁이나 수도와 같은 곳입니다.

이 동산은 모든 것이 풍부하고 완전하게 갖추어진 지상낙원이었습니다. 그렇다고 인간이 에덴동산에서 아무 일 없이 놀고 지내는 것은 아닙니다. 아담은 동산에서 경작하고 관리하는 책임을 받았습니다(2:15). 인간은 에덴동산을 경작하고 관리하는 것으로 시작하여, 자손의 번성과 함께 에덴동산의 복락이 온 세상에 확장되게 함으로써, 인간을 만물 위에 왕으로 세우신 하나님의 뜻을 성취하게 될 것입니다.

하와 창조(2:18~25). 하나님이 창조한 세상은 모든 것이 완전했지만 아담이 혼자 있는 것만큼은 좋지 않았습니다. 그래서 하나님은 아담의 갈빗대로 여자를 만드시고 그에게 '돕는 배필'(a suitable helper)이 되게 하셨습니다. 이렇게 남자와 여자가 연합되게 하심으로 하나님은 생육하고 번성하여 땅에 충만하라고 하신 창조의 복이 이루어지게 하셨습니다.

	1장 ~ 2장 3절	2장 4~25절
하나님	하나님(엘로힘) 우주를 창조하신 초월자	여호와 하나님(야훼) 인간과 교류하신 내재자
인간	'하나님 형상' = 만물을 다스리는 '왕'	'흙으로 지어짐' = 땅에서 섬기는 '종'

두 창조 기사 비교

1장과 2장의 두 창조 기사는 하나님의 성품과 인간의 위치를 다른 관점에서 조명하고 있습니다. 1:1~2:3에 쓰인 하나님의 이름 '엘로힘'은 '신(神; god)'과 같이 신적 존재를 가리키는 보통명사입니다. 하나님은 단지 이스라엘의 지역신 또는 민족신이 아니라 온 세상의 하나님입니다. 그리고 그분은 세상 어느 곳에 제한되지 않으시고 창조 세계를 초월해 계시면서 말씀으로 모든 것을 이루시는 분입니다. 반면에 2:4~25에는 '야훼'(여호와 하나님)라는 고유명사가 사용되었습니다. 이 이름은 구속사에서 하나님과 그 선택된 백성 간의 특별한 관계를 강조합니다. 창조 사역에 있어서 2장에 묘사된 하나님은 사람과 동물들을 직접 흙으로 빚어 만드시는 도공과 같으신 분입니다. 즉 창조 세계 안에서 피조물과 교류하는 그분의 내재성이 강조되고 있습니다.

인간 창조에 대한 강조점 역시 차이가 있습니다. 1장에서 인간은 하나님의 형상으로 지음 받은 영화로운 존재이며, 만물을 다스리는 왕과 같은 존재로 묘사되었습니다(1:26~29; 참고. 시 8:5). 그러나 2장에서 인간은 다른 짐승들과 마찬가지로 흙으로 빚어진 땅의 피조물이며(2:7, 19) 땅을 경작하는 종의 역할이 강조되고 있습니다(2:5, 15).

〈시편〉 8편 5절을 적어 봅시다.

선악과(2:15~17). 에덴동산에는 열매 맺는 각종 나무가 있었고, 동산 중앙에는 생명나무와 선악을 알게 하는 나무가 있었습니다. 하나님은 아담에게 모든 열매를 먹을 수 있는 자유를 주셨지만, 선악을 알게 하는 나무의 열매는 먹지 말라고 명령하셨습니다(2:15~16). 그리고 선악과를 먹는 날에는 반드시 죽을 것이라고 경고하셨습니다. 선악과와 함께 생명나무가 함께 있었다는 것은 중요한 의미가 있습니다. 생명나무는 선악과가 아닌 다른 선택의 결과를 보장해 주는 것입니다. 이 둘이 동산 가운데 있는 것은 인간 앞에 놓인 중대한 선택을 의미합니다.

이것은 하나님 나라의 관점에서도 큰 위험 부담이 되는 일입니다. 하나님은 이 세상을 선하게 창조하시고, 이 세상을 다스리고 유지하는 권한과 책임을 인간에게 주셨습니다. 그런데 그 인간이 하나님에게 불순종하여 죽게 된다면 하나님 나라의 프로젝트는 어떻게 되겠습니까? 그럼에도 불구하고 하나님은 인간의 선택에 하나님 나라의 미래를 맡기셨습니다. 그만큼 하나님이 인간을 중요하게 여기셨던 것입니다.

이상의 인간 창조에 대한 기사에서 우리는 인간이 창조 세계 안에서 맺고 있는 세 차원의 관계를 볼 수 있습니다. 첫째, 하나님과의 관계입니다. 하나님이 인간에게 선악과는 먹지 말라고 금지하신 것은 창조주 하나님과 인간의 관계를 규정하는 중대한 명령입니다. 인간은 하나님의 형상으로, 즉 하나님과 유사하게 창조되었습니다. 그래서 지상에서 가장 고귀한 존재로서 하나님을 대표해 모든 만물을 다스리는 왕적 지위를 받았습니다. 그러나 인간의 권세는 절대적인 것이 아니고 반드시 하나님의 다스림 아래 있어야 합니다.

둘째, 자연과의 관계입니다. 2장에서는 1장과 달리 바다의 물고기와 하늘의 새 그리고 땅의 짐승에 대한 인간의 다스림을 직접 이야기하지는 않습니다. 그러나 아담으로 하여금 하나님이 지으신 들짐승들과 새의 이름을 짓게 하신 것은 자연 세계에 대한 인간의 통치권을 부여하는 것입니다. 인간은 동물을 알고 관리하며, 동물은 인간의 지배를 받도록 창조되었습니다. 그러나 인간의 지배는 자연을 수탈하는 것이 아니라 돌보는 것입니다.

셋째, 다른 사람과의 관계입니다. 아담이 혼자 있는 것이 좋지 않았으므로, 하나님은 하와를 아담의 돕는 배필로 창조하셨습니다. 돕는 배필은 문자적으로 '잘 맞는 도우미'를 뜻합니다. 여기에서 돕는다는 것은 단순히 낮은 위치에서 보조 역할을 하는 것이 아닙니다. 성경은 종종 하나님을 위기에 빠진 성도나 이스라엘을 도우시는 분으로 묘사합니다(신 33:26; 시 46:5, 121:1~2 등). 성령도 우리를 위하여 친히 간구하심으로 우리의 연약함을 도우시는 분입니다(롬 8:26). 여자가 남자의 돕는 자가 되는 것은 동등한 동역자로서 창조 사명을 감당할 수 있도록 짝을 이룬 것입니다. 이와 같은 배우자와의 연합은 더 나아가 다른 사람과의 관계로 확장되어집니다. 즉 모든 인간은 공동체 안에서 서로 협력하여 하나님의 뜻을 이루도록 평등하게 창조되었습니다.

〈로마서〉 8장 26절을 적어 봅시다.

이상과 같이 인간은 창조 세계 안에서 하나님과 바깥 세상과 다른 사람들과 적절한 관계를 맺으며 살도록 창조되었습니다. 이와 같은 관계성은 하나님 나라 안에서 유지되는 조화로운 질서이기도 했습니다. 그러나 타락 이후 하나님 나라의 이상적인 관계와 질서는 크게 변질되었습니다.

2. 타락(창 3~5장)

하나님은 혼돈하고 공허한 데서 세상을 질서 있고 조화롭게 창조하셨습니다. 그래서 창조된 세상 그 전체가 하나님의 통치가 이뤄지는 하나님 나라였습니다. 이 하나님 나라에서 인간의 존재는 중요한 의미를 갖습니다. 왜냐하면 하나님이 인간으로 하여금 이 땅에서 하나님을 대표하는 하나님의 형상으로서 만물을 다스리도록 하셨기 때문입니다. 이와 같은 중요한 책임을 가진 인간이기 때문에, 인간의 결정과 행동은 하나님 나라 전체에 큰 영향을 끼칠 수밖에 없습니다. 결국 인간이 하나님에게 불순종하므로 죄가 세상에 들어오고, 온 세상은 죄의 저주 아래 놓이게 되었습니다.

1) 선악과(3장)

인간의 반역(3:1~7). 하나님이 먹지 말라고 하신 선악과 곧 "선악을 알게 하는 나무의 열매"를 먹음으로써 죄가 시작되었습니다. 이 명령을 지키는 것은 창조주 하나님과 대리 통치자인 인간의 관계를 규정하는 중대한 사항이었습니다. 그래서 하나님은 그것을 어길 때 죽게 될 것을 경고하셨습니다. 그러나 유혹자 뱀은 선악과를 먹으면 죽지 않고 오히려 하나님과 같이 되어 선악을 알게 될 것이라고 했습니다. 하와는 이 유혹에 넘어가 선악과를 먹었고, 아담도 하와의 권유를 따라 함께 먹었습니다. 뱀의 말에서 "하나님과 같이 되어 선악을 알게 된다"는 것은 하나님과 동등한 위치에 서서 선과 악을 스스로 결정하게 된다는 의미입니다. 그렇기 때문에 인간이 선악과를 먹은 것은 창조주 하나님에 대한 반역이었습니다. 왜냐하면 하나님의 뜻을 따라 만물을 다스리는 대리 통치자가 하나님과 상관없이 절대적인 통치를 하겠다고 하는 것이기 때문입니다.

아담과 하와가 타락한 것은 하나님이 인간을 그만큼 약하게 지으셨기 때문일까요? 그렇지 않습니다. 하나님은 인간을 오직 순종만 하도록 프로그램 된 로봇으로 만들지 않으셨고 완전한 자유의지를 가진 고등한 인격체로 지으셨습니다. 자유의지는 그렇다 하더라도 굳이 선악과를 거기에 두실 필요가 있었을까요? 선악과가 없었더라면 인간은 타락하지 않았을 것이라는 생각이 들 수도 있습니다. 하지만 선악과는 인간에게 자유의지를 주신 것과 불가분의 관계에 있는 것입니다. 만약 선악과가 없었다면 인간은 선택할 기회가 전혀 없는 것이 되므로 자유의지라는 것이 아무런 의미가 없게 되기 때문입니다.

하나님의 심판(3:8~24). 하나님은 인간의 욕심대로 최고의 권세를 내어 주실 만큼 무능력한 분이 아닙니다. 또한 반대로 반역하는 인간을 즉시로 처단하여 제거해 버리시는 무자비한 분도 아닙니다. 그래서 하나님은 한편으로 인간에게 형벌을 내리시되, 다른 한편으로 하나님 나라의 회복을 위한 구원의 역사를 시작하셨습니다. 하와에게는 형벌로서 임신하는 고통을 크게 더하셨습니다. 생육하고 번성하라는 창조의 복은 계속되지만 여자에게 해산의 수고를 치르게 하신 것입니다. 게다가 남자와 동등한 사역자로서 돕는 배필이던 여자는 남자의 지배를 받게 되었습니다. 아담 또한 평생 땀 흘려 수고해야 먹을 수 있게 되는 형벌을 받았습니다. 땅을 갈고 열매를 거두어 먹는 것은 창조 때 주신 사명이고 복이었지만, 타락 이후에는 땅이 저주를 받아 제대로 열매를 거두지 못하고 아주 고생스럽게 노동을 해야 겨우 먹고 살 수 있게 된 것입니다. 뿐만 아니라 아담과 하와는 하나님의 임재 아래 풍성한 복을 누리던 에덴동산에서 추방되었고, 더 이상 생명나무를 먹고 영생할 수도 없게 되었습니다.

인간이 창조 세계에서 유지하는 아름다운 관계들 역시 타락 이후로 크게 변질되었습니다. 첫째, 하나님과의 관계가 소원해졌습니다. 타락 이전에 아담과 하와는 에덴동산에서 하나님과 자유롭게 교제하였지만, 선악과를 따 먹은 후에는 하나님 앞에 나타나지 못하고 오히려 그의 부르심을 피하여 숨었습니다. 또한 하나님도 그들을 에덴동산에서 쫓아내시고 멀리하셨습니다.

둘째, 자연과의 관계에도 거리가 생겼습니다. 여자의 후손과 뱀의 후손이 원수가 되어 서로 상하게 합니다. 물론 이것은 악의 세력과 인간의 적대적 관계를 의미하기도 하지만, 타락 이후로 더 이상 짐승들이 순순하게 인간의 지배를 따르지 않게 된 것도 분명합니다. 그런데 그것보다 더 심각한 것은 인간의 생업의 근원인 땅마저 저주를 받아 수고한 대로 결실을 내지 않고 가시와 엉겅퀴를 냅니다.

셋째, 인간 상호 관계도 왜곡되었습니다. 아담과 하와는 선악과를 먹음으로 눈이 밝아져 선악을 온전하게 구분하는 것이 아니라, 벌거벗은 것만 깨닫고 수치심 때문에 자신을 감추기에 급급했습니다. 하와를 가리켜 "내 뼈 중의 뼈요 살 중의 살"이라고 칭송하던 아담은 타락에 대해서 하와를 비난하였습니다. 또한 두 사람의 완전한 연합과 협력은 서로 다스리려고 하는 지배권 다툼으로 변질되었습니다.

결국 하나님과 동등한 위치에 서서 스스로 선악을 알고자 했던 인간의 반역적인 시도는 창조 세계의 질서와 복을 파괴하였고 이로써 하나님 나라에 위기를 가져왔습니다. 그럼에도 불구하고 하나님은 은혜를 베푸시고 구원을 이루실 것을 보이십니다. 3장에는 하나님의 은혜와 구원을 보여 주는 두 가지 암시가 있습니다. 하나는 여자의 후손이 뱀에게 발꿈치를 상하더라도 결국 뱀의 머리를 상하게 할 것이라는 선언입니다(3:15). 비록 여자의 후손인 인류가 악의 세력에게 시달리겠지만 궁극적으로 악의 세력을 정복하게 될 것을 약속하신 것입니다. 또 다른 암시는 하나님이 아담과 하와에게 가죽옷을 지어 입히신 것입니다(3:21). 가죽옷은 인간이 스스로 수치를 가리기 위해 무화과나무 잎으로 만든 치마와 비교됩니다. 이것은 대속적 죽음으로 인간의 수치를 가리게 될 것을 암시하는 것으로서, 구약 시대의 희생제사와 더 나아가 예수 그리스도의 십자가 희생으로 성취되었습니다.

2) 가인과 후손(4장)

가인이 아벨을 죽임(4:1~15). 아담과 하와가 에덴동산에서 쫓겨난 후 두 사람은 가인과 아벨을 낳았습니다. 두 형제는 장성하여 가인은 농사하는 자가 되었고, 아벨은 양을 치는 자가 되었습니다. 세월이 지나 하나님에게 제사를 드릴 때 가인은 땅에서 거둔 곡식을 바쳤고, 동생 아벨은 양의 첫 새끼를 제사로 드렸습니다. 그런데 하나님이 아벨의 제사만 기쁘게 받으시고 가인의 제사는 받지 않으셨습니다. 이에 가인은 앙심을 품고 아벨을 들에 데리고 나가 죽였습니다.

왜 하나님이 가인의 제사는 받지 않으셨을까요? 가인의 제사에 피 흘림이 없기 때문이라는 해석이 있지만, 성경에는 곡식으로 드리는 '소제'도 있기 때문에(레 2장) 이 해석은 맞지 않습니다. 그래서 〈히브리서〉 저자는 아벨이 믿음으로 가인보다 나은 제사를 드렸으므로 하나님이 아벨과 그의 제물을 받으셨다고 합니다(참고. 히 11:4). 우리는 아벨이 첫 새끼와 기름으로 드렸다는 표현에서 아벨이 하나님에게 가장 가치 있는 것으로 드렸음을 알 수 있습니다.

가인의 살인 사건은 아담과 하와의 타락 이후 인간이 죄의 노예가 된 것을 보여 주는 단적인 실례입니다. 가인은 자신 안에 있는 '죄의 소원'(4:7)을 다스리지 못하고 그 죄의 욕심에 이끌려 동생을 죽인 것입니다. 이 일로 인해서 가인은 땅에서 저주를 받았습니다. 그가 밭을 갈아도 땅의 소산을 얻지 못하고 오히려 땅에서 도망 다니는 형벌을 받게 되었습니다.

〈히브리서〉 11장 4절을 적어 봅시다.

가인의 후손(4:16~24). 4장 후반부에 소개된 가인의 계보를 보면 사람들의 생활이 다양한 직업군으로 분화되었습니다. 가인은 성을 쌓았고(토목), 라멕이 아다에게서 낳은 야발은 목축을 했고, 그의 형제 유발은 악기를 다루는 음악인이 되었습니다. 또한 라멕의 다른 아내 씰라에게서 난 두발가인은 쇠로 기구

(무기)를 만드는 장인이 되었습니다. 이것은 시간이 흐르면서 인간 문명이 다양하게 발달하는 것을 보여 줍니다. 그런데 여기에서 보다 중요한 것은 인간의 번성과 함께 죄악이 점점 더 심각해지고 있다는 것입니다. 그것을 대표적으로 보여 주는 인물이 라멕입니다. 하나님이 아담과 하와를 창조하시고 짝을 지어 주실 때 한 남자와 한 여자로 연합하게 하셨습니다. 그런데 라멕은 두 아내를 취하는 욕심과 무절제함을 드러냅니다. 뿐만 아니라 자기에게 상해를 입힌 사람들을 보복하기 위해 잔인하게 살육하는 폭력을 행사합니다. 한 사람 아벨을 살해한 가인의 범죄를 넘어서 대량 학살로 그 포악의 정도가 확대되고 있음을 알 수 있습니다. 그러나 불경한 가인의 후손과는 달리 하나님이 아벨 대신 주신 셋의 후손에게는 여호와의 이름을 부르는 경건함이 남아 있습니다(4:25~26).

3) 셋의 후손(5장)

4장 마지막은 아담의 다른 아들 셋에 대해 간략하게 언급하였고, 이어서 5장은 셋를 통해 이어지는 아담 후손의 계보를 설명하고 있습니다. 이 계보에서 하나님과 동행하다 승천한 에녹이 나오며, 마지막에는 대홍수에서 살아남은 의인 노아와 그의 아들들이 나옵니다. 그러므로 5장의 족보는 아담부터 셋, 에녹, 노아에게로 이어지는 경건한 계보를 소개하는 데 그 의미가 있습니다.

<table>
<tr><td colspan="3">① 아담</td></tr>
<tr><td colspan="2">가인</td><td>② 셋</td></tr>
<tr><td colspan="2">에녹</td><td>③ 에노스</td></tr>
<tr><td colspan="2">이랏</td><td>④ 게난</td></tr>
<tr><td colspan="2">므후야엘</td><td>⑤ 마할랄렐</td></tr>
<tr><td colspan="2">므드사엘</td><td>⑥ 야렛</td></tr>
<tr><td colspan="2">라멕
(아다) (씰라)</td><td>⑦ 에녹</td></tr>
<tr><td rowspan="3">야발
유발</td><td rowspan="3">두발가인
나아마</td><td>⑧ 므두셀라</td></tr>
<tr><td>⑨ 라멕</td></tr>
<tr><td>⑩ 노아</td></tr>
</table>

〈창세기〉의 족보들은 모든 세대 모든 인물을 기록한 것이 아닙니다. 이 족보는 특정한 계보의 연결을 설명하는 것이 주목적입니다. 그래서 세밀한 명단이 아니라 일정한 유형을 따라 기록되어 있습니다. 예를 들어 아담부터 노아까지 계보는 10세대로 압축되어 있습니다. 또한 7번째 세대에 가서 가인의 계열에는 폭력적인 라멕을 배치하고, 셋의 계열에는 하나님과 동행한 에녹을 자리하게 함으로써 두 계보의 성향을 대조시키고 있습니다.

3. 홍수(창 6~9장)

4장과 5장의 족보는 아담과 하와의 자손이 이 땅에서 번성했다는 것을 말해 줍니다. 그런데 사람들이 번성하면서 온 세상에 죄악이 가득하게 되었고, 이에 하나님은 세상을 홍수로 쓸어버리셨습니다. 다만 의로운 노아와 그 가족을 남겨두어 그들을 통해 인류와 창조 세계가 보존되게 하셨습니다.

1) 경고(6장)

〈창세기〉는 홍수 이야기에 앞서 "하나님의 아들들"과 "사람의 딸들"의 결합에 대해 소개하는데, 이에 대한 여러 가지 해석이 있습니다. 어떤 사람들은 이것을 신적 존재나 천사들이 사람과 육체적으로 결합하는 고대 신화의 한 형태로 말합니다. 그러나 성경에서 천사는 영적 존재로서 육체와 결합하거나 자손을 번식하지 않기 때문에 이 해석을 받아들이기 어렵습니다(참고. 마 22:30). 전통적으로 하나님의 아들은 5장의 경건한 셋의 후손들을 가리키고, 사람의 딸들은 4장 후반부에 소개된 불경건한 가인의 후손들을 가리킵니다. 이들의 무분별한 결합으로 경건한 자손까지도 악에 치우쳐 결국 세상이 온통 죄로 가득하게 되었음을 말하고 있습니다.

고대 근동에는 홍수 기사와 유사한 대홍수 신화가 있습니다. 거기에서 신들은 인간이 너무 번성하여 시끄럽기 때문에 홍수를 내립니다. 하지만 성경에서 홍수는 그런 터무니없는 이유 때문이 아니라 인간의 죄에 대한 심판으로 일어난 사건이었습니다.

> 그 때에 온 땅이 하나님 앞에 부패하여 포악함이 땅에 가득한지라 하나님이 보신즉 땅이 부패하였으니 이는 땅에서 모든 혈육 있는 자의 행위가 부패함이었더라 하나님이 노아에게 이르시되 모든 혈육 있는 자의 포악함이 땅에 가득하므로 그 끝 날이 내 앞에 이르렀으니 내가 그들을 땅과 함께 멸하리라(6:11~13).

우리는 창조 기사를 통해 창조된 세상 자체가 하나님의 나라이며, 그 나라에서 사람은 하나님의 형상으로서 만물을 다스리는 통치권을 위임 받은 존재임을 보았습니다. 그래서 인간은 하나님을 대리하는 통치자로서 이 세상을 잘 다스려 그의 나라를 아름답게 유지하고 발전시킬 사명이 있었습니다. 그러나 인간은 이 세상을 오히려 부패하게 만들었습니다. "부패"는 '못쓰게 되다' 또는 '망가지다'는 의미입니다. 맨 처음 하나님이 세상을 창조하실 때 모든 것이 보시기에 좋았지만, 이제는 망가진 상태가 되었습니다. 창조 세계가 제 기능을 못해서가 아니라 인간의 "포악함"이 세상을 악하게 만들었기 때문입니다.

이와 같은 상황에서 하나님은 인간을 창조하신 것을 한탄하시고 이 땅을 홍수로 쓸어버리실 것을 작정하셨습니다. 하나님이 한탄하신 것은 사람이 어떤 잘못을 하고 뒤늦게 후회하거나, 또는 무능하여 어떻게 할 수 없이 탄식만 하는 그런 것과는 다른 것입니다. 인간이 하나님 나라에서 막중한 위치에 있었기 때문에 그만큼 인간의 범죄에 대해 하나님이 분노하시고 괴로워하신다는 것입니다. 그렇기 때문에 홍수 심판은 하나님 나라를 잘 관리하지 못한 인간을 향한 최고 통치자 하나님의 책임 추궁이며, 정의로운 심판인 것입니다. 그렇지만 하나님은 심판하시는 중에도 인간과 이 세상을 완전히 포기하지는 않으셨습니다. 하나님은 노아에게 홍수로 세상을 심판하실 것을 알리시고 홍수를 피할 방주를 짓게 하셨습니다. 그리고 그의 가족들과 함께 모든 생물을 암수 한 쌍씩 방주에 들어가게 하여 그 생명을 보존하게 하셨습니다.

2) 심판(7장)

하나님의 명령대로 노아는 방주를 짓고 거기에 각종 짐승과 새 그리고 땅에 기는 것들을 각각 암수 한 쌍씩, 그리고 정결한 짐승과 새는 암수 일곱 쌍을 들여놓았습니다. 모든 준비가 완료된 후 하나님이 말씀하신 대로 엄청난 홍수가 시작되었습니다. 물이 온 땅을 덮고 높은 산들까지 잠기게 하여 땅 위의 모든 생물을 쓸어 가 버렸습니다. 이것은 창조 이전의 "혼돈과 공허"의 상태로 되

돌아간 것을 의미합니다. 그러나 이와 같은 역창조가 하나님 나라의 패배를 의미하는 것은 아닙니다. 왜냐하면 창조 세계가 붕괴된 것은 하나님을 대적하는 어떤 악한 세력에 밀려서 된 것이 아니라, 당신의 나라를 새롭게 하시려는 하나님의 섭리 가운데 진행되는 것이기 때문입니다.

3) 새 출발(8~9장)

홍수가 그침(8장). 온 땅을 덮었던 물이 빠지고 땅이 완전히 마른 후에, 하나님은 노아의 가족과 함께 모든 생물을 방주에서 나오게 하셨습니다. 그리고 이들이 다시 땅에서 생육하고 번성하게 될 것을 말씀하셨습니다. 이것은 방주에서 나온 노아의 가족과 생물들을 통해 새 창조의 역사가 시작되는 것을 의미합니다. 그러나 여전히 죄로 오염된 인간의 본성 때문에 언제 다시 창조 세계가 붕괴되는 재앙이 일어날지 불안할 수밖에 없는 상황입니다. 그래서 하나님은 인간의 한계를 고려하셔서 다시는 사람 때문에 세상을 멸망시키지 않으실 것이며 창조 세계의 질서가 지속될 것을 약속하셨습니다.

무지개 언약(9:1~17). 하나님은 노아와 그 아들들에게 생육하고 번성하는 복을 선포하시면서, 모든 짐승과 조류와 물고기를 사람의 지배 아래 두시고 육식을 허락하셨습니다. 다만 고기를 피째 먹지 말 것과 하나님 형상으로 지어진 사람의 피를 흘리지 말 것을 명령하셨습니다. 이것은 생명이 피에 있기 때문에(레 17:11) 생명을 존중하라는 명령이며, 더 나아가 홍수 이전에 사람들의 전형적인 죄였던 '포악함'을 경계하는 말씀이기도 합니다. 이 모든 약속 뒤에 하나님은 무지개를 언약의 징표로 삼으시고 다시는 홍수로 세상을 심판하지 않으실 것을 약속하셨습니다.

〈레위기〉 17장 11절을 적어 봅시다.

노아의 아들들의 엇갈린 운명(9:18~29). 노아의 기사는 그의 세 아들 셈과 함과 야벳의 후손들의 운명을 가름하는 한 사건에 대한 이야기로 마무리됩니다(9:20~29). 어느 날 노아가 술에 취하여 벌거벗고 누워 있었는데, 함은 이것을 보고 형제들에게 가서 떠벌렸습니다. 그러나 셈과 야벳은 조심스럽게 얼굴을 뒤로하고 다가가서 아버지 노아의 하체를 가려주었습니다. 노아가 깨어난 후에 이를 알고 함의 자손 곧 가나안 자손에게는 형제들의 종이 되게 하는 저주를 내렸고, 반대로 아버지의 허물을 말 없이 감추어 준 셈과 야벳의 후손에게는 축복을 선포했습니다. 가나안 자손에 대한 저주는 셈의 후손인 이스라엘 백성이 가나안 족속을 몰아내고 약속의 땅을 차지하는 것으로 연결됩니다.

4. 분산(창 10~11장)

10~11장은 홍수에서 살아남은 노아의 세 아들로부터 자손이 번성하여 여러 민족과 방언으로 나뉘게 된 것을 설명합니다.

1) 새 인류(10장)

10장은 노아의 세 아들 셈과 함과 야벳의 자손의 계보를 기록한 것입니다. 지역적으로 보면 야벳의 후손은 대체로 지중해 북쪽, 유럽에 분포해 있고(10:2~5), 함의 후예는 지중해 남쪽, 아프리카에 있으며(10:6~20), 셈의 후예는 지중해 동쪽 아시아(중동)에 흩어져 있습니다(10:21~31). 각 계보는 "각기 족속과 언어와 지방과 나라대로였더라"는 말로 마무리됩니다(10:5, 20, 31). 이들이 어떻게 이렇게 다양한 언어와 민족과 나라들로 분리되게 되었는지에 대해서는 11장 바벨탑의 사건에서 설명됩니다.

셈의 후손●, 함의 후손◆, 야벳의 후손▲

노아의 후손

2) 바벨탑(11:1~9)

하나님은 인간을 창조하신 다음 아담에게 "땅에 번성하여 충만하라"고 하셨고, 이 명령은 홍수 심판에서 살아남은 노아의 가족에게 다시 주어졌습니다(1:28, 9:1). 이것은 하나님의 창조에 따른 복이자 사명이었습니다. 그런데 사람들이 시날 평지라는 곳에서 살면서 서로 말하기를 "성읍과 탑을 건설하여 그 탑 꼭대기를 하늘에 닿게 하여 우리 이름을 내고 온 지면에 흩어짐을 면하자"(11:4)고 하고 성읍과 탑을 건설하기 시작했습니다.

이들이 탑 꼭대기를 하늘에 닿을 정도로 높이 쌓으려 했다고 해서 이들의 문제가 하나님과 같이 높아지려는 교만이었다고 하거나, 또는 탑을 높이 쌓아 홍수를 피하려고 했다고 말하는 것은 문제의 핵심에서 벗어난 것입니다. 그들이 건설하고자 했던 것은 탑만이 아니라 "성읍과 탑"이었다는 것을 놓쳐서는 안 됩니다. 또한 하나님이 그들의 언어를 혼잡하게 하시므로 비로소 "그들이 그 도시를 건설하기를 그쳤더라"(11:8)고 했습니다. 그러므로 탑보다 문제가 된 것은 성읍 혹은 도시입니다.

바벨탑

사람들은 벽돌과 역청으로 건설하는 방법을 발명하고서는 탑을 가진 거대한 도성을 만들고자 했습니다. 그들의 동기는 무엇일까요? 그들은 그 도성에서 흩어지지 않고 모여 살면서 힘을 키워 하나님의 통제를 받지 않고 스스로 권세를 행사하는 자치적인 도시국가를 세우고자 했던 것입니다. 이것은 아담과 하와가 선악과를 따 먹은 동기와 마찬가지로 하나님의 통치에 대한 도전이요 하나님 나라에 대한 반역이었습니다. 그래서 하나님은 그 불순한 동기를 아시고 그들의 언어를 혼잡하게 하셔서 사람들을 온 지면에 흩어지게 하셨습니다. 그리고 12장에서는 그 흩어진 사람들 가운데 아브라함을 선택하여 하나님의 통치를 받는 한 민족과 나라를 세워 가시려고 하십니다.

3) 셈의 계보(11:10~32)

바벨탑의 기사에 바로 이어 셈의 후손의 족보가 다시 거론된 것은 바로 이 셈의 후예에서 선민의 시조 아브라함이 나오기 때문입니다. 이렇게 해서 이야기의 초점은 아브라함과 그의 자손에게로 넘어갑니다. 그러므로 이 족보는 1~11장의 태고시대의 역사와 12장 이하의 이스라엘 족장들의 역사를 연결하는 다리 역할을 한다고 볼 수 있습니다.

아담부터 노아까지 계보가 10대였던 것처럼, 셈부터 아브라함까지도 10대에 걸쳐 계보가 이어집니다.

① 아담	⑪ 셈
② 셋	⑫ 아르박삿
③ 에노스	⑬ 셀라
④ 게난	⑭ 에벨
⑤ 마할랄렐	⑮ 벨렉
⑥ 야렛	⑯ 르우
⑦ 에녹	⑰ 스룩
⑧ 므두셀라	⑱ 나홀
⑨ 라멕	⑲ 데라
⑩ 노아	⑳ 아브람

아담에서 아브람까지

B 족장

〈창세기〉 1~11장은 하나님이 세상을 선하게 창조하셨으나, 인간이 타락한 이후로 끊임없이 하나님을 거역하고 심판받는 역사를 보여 주었습니다. 하지만 심판 가운데에서도 하나님은 항상 은혜의 여지를 남겨 두시고 인간의 역사가 계속되게 하셨습니다. 왜냐하면 하나님은 궁극적으로 이 세상을 다시 온전한 하나님 나라로 회복하시는 뜻을 가지고 계셨기 때문입니다. 그 뜻을 이루시기 위하여 하나님이 이 땅 위에 특별한 하나님 나라를 세우시려고 이스라엘의 조상들을 선택하셨습니다. 〈창세기〉 12~50장은 족장들을 통해 진행하시는 하나님 나라의 역사를 보여 줍니다.

〈창세기〉 12~50장의 구조와 요점

1 아브라함 (12~20장)	**하나님이 아브라함을 부르시고 자손의 번성과 땅의 유업을 약속하셨습니다.**		
	1) 소명(12~14장) 하나님이 아브라함을 갈대아 우르에서 가나안 땅으로 인도하시고 약속을 주셨습니다.	**2) 언약**(15~17장) 아브라함과 언약을 맺으시고 그의 자손에게 언약의 징표로 할례를 받게 하셨습니다.	**3) 중보**(18~20장) 복의 근원으로 세움 받은 아브라함을 통하여 주변 나라들이 복을 받았습니다.
2 이삭 (21:1~25:18)	**아브라함과 사라에게서 태어난 이삭이 땅과 자손의 약속을 이어받았습니다.**		
	1) 유년(21~22장) 아브라함이 이삭을 바치라는 하나님의 시험에 순종을 보여 큰 복을 받았습니다.	**2) 청년**(23~24장) 이삭이 어머니 사라가 죽은 다음에 리브가를 아내로 얻어 다음 세대를 이어갑니다.	**3) 유업**(25:1~18) 아브라함이 죽기 전에 이삭만 약속의 땅에 남기고 다른 아들들은 재산을 주어 내보냈습니다.
3 야곱 (25:19~36장)	**이삭의 쌍둥이 아들 중에 동생 야곱이 장자의 명분을 가지고 약속을 이어받았습니다.**		
	1) 경쟁(25:19~27장) 야곱이 에서에게서 장자의 명분을 사고 또 이삭을 속여 장자의 축복까지 받았습니다.	**2) 도망**(28~30장) 야곱이 에서를 피하여 하란으로 도망가서 레아와 라헬을 아내로 얻고 자식들을 낳았습니다.	**3) 귀향**(31~36장) 야곱이 하나님의 명령을 따라 가족들을 데리고 약속의 땅으로 돌아와 정착하였습니다.
4 요셉 (37~50장)	**야곱의 열두 아들 가운데 요셉을 통해서 야곱의 가족이 애굽으로 이주하였습니다.**		
	1) 역경(37~40장) 요셉은 형제들의 시기와 미움을 받아 애굽에 팔려가 종살이하다 감옥까지 갔습니다.	**2) 총리**(41~45장) 요셉이 애굽의 총리가 되어 흉년을 다스리다 양식을 구하러 온 형제들을 만났습니다.	**3) 이민**(46~50장) 하나님의 섭리 아래 야곱의 가족이 약속의 땅을 떠나 애굽으로 이주했습니다.

1. 아브라함(창 12~20장)

〈창세기〉 1~11장의 태고 시대 역사는 바벨탑 사건으로 인류가 여러 민족으로 분산되었고, 그 가운데 축복받은 셈의 계보에서 아브라함이 등장하는 것으로 마무리되었습니다. 아브라함은 하나님 나라 회복을 위해 하나님이 선택하신 아주 중요한 초석입니다. 왜냐하면 하나님이 아브라함에게 약속을 주셨고, 그 약속의 성취로서 선민 이스라엘이 등장하기 때문입니다.

1) 소명(12~14장)

아브라함의 가나안 이주(12:1~9). 하나님이 하란에서 아브람(아브라함의 원래 이름)을 부르시고 다음과 같이 말씀하셨습니다.

> 너는 고향(너의 땅)과 친척과 아버지의 집을 떠나 내가 네게 보여 줄 땅으로 가라 내가 너로 큰 민족을 이루고 네게 복을 주어 네 이름을 창대하게 하리니 너는 복이 될지라(12:1~2).

아브라함의 선택은 바로 앞에서 소개된 바벨탑 사건의 반전입니다. 11장에서 사람들은 스스로 선택한 땅에서(11:2) 자기들의 이름을 내어 흩어지지 않고 큰 도성을 쌓으려 했습니다. 다시 말해서 하나님을 떠나 자기들만의 세속적인 공동체를 세우려 한 것입니다. 그러나 아브라함은 하나님의 명령에 따라 그 지시하신 땅으로 갔고, 또 하나님이 친히 그의 이름을 창대하게 하시며 그의 자손으로 크게 번성하게 하신다고 하셨습니다.

아브라함에게 주신 땅과 자손(민족)의 약속은 하나님 나라 회복을 위한 '영토'와 '국민'을 준비하는 것입니다. 하나님은 아브라함의 땅 하란을 떠나서 하나님이 지시하시는 땅 가나안으로 가라고 하셨습니다. 그곳이 하나님이 그의 나라를 세우기 위해 구별하신 '영토'이기 때문입니다. 또한 친척과 아버지의 집을 떠나라고 하신 것은 세상의 민족에서 그를 떼어 내서, 그를 통해 새로운 하나님 나라의 '국민'을 세우려고 하시는 것입니다.

땅과 자손의 약속 외에 하나님은 아브라함에게 "땅의 모든 족속이 너로 말미암아 복을 얻을 것이라"고 선언하셨습니다. 이것은 아브라함이 받은 복이 단지 자신과 그 후손만을 위한 것이 아님을 말해 줍니다. 하나님의 계획은 아브라함과 그 후손을 통하여 궁극적으로 온 세상을 다시 하나님의 복이 넘치는 '하나님 나라'로 회복하시는 것입니다.

하나님이 말씀하신 대로 아브라함이 큰 민족이 되려면 많은 자식이 번성해야 하는데, 그의 아내 사래(사라의 원래 이름)는 임신하지 못하여 자식이 없었습니다. 이때 이미 아브라함은 75세였고 사라는 65세였으므로 아브라함을 통해 큰 민족을 이루신다는 약속은 무리였습니다. 하지만 아브라함은 하나님의 약속을 믿고 순종하여 가나안 땅으로 왔습니다. 이에 하나님은 그 땅을 아브라함과 그의 자손에게 주신다고 다시금 땅과 자손의 약속을 확인하셨습니다.

애굽으로 이동(12:10~20). 믿음으로 하란을 떠나 가나안에 왔지만 그가 처음부터 믿음대로 완전하게 행하지는 못했습니다. 그 땅에 기근이 들자 아브라함은 가족들을 데리고 애굽으로 내려갔습니다. 현실적인 어려움 때문에 약속의 땅을 떠난 것입니다. 애굽에서 아브라함은 사람들이 사라를 빼앗으려고 자기를 죽일까 두려워하여 사라를 자기 누이로 소개했습니다. 사라는 이복누이이기 때문에 거짓말은 아니지만 아내인 것을 감추었으므로 사라를 잃을 수도 있었습니다. 그렇게 되면 두 사람을 통해서 하나님 나라의 국민을 세우시려는 계획도 지장을 받게 됩니다. 아브라함의 믿음은 아직 불완전했기 때문에 기근과 생명의 위협이라는 현실적인 어려움 앞에서 하나님을 의지하기보다 인간적인 방법을 찾아 위기를 모면하고자 했습니다. 아브라함의 실수와 부족함에도 불구하고 하나님은 약속하신 바를 이루시기 위하여 그 가정을 보호하십니다. 즉 바로의 가정에 재앙을 내려 경고하심으로써 아브라함의 가정이 파괴되는 것을 막으신 것입니다. 그렇게 하나님의 보호하심으로 아브라함은 무사히 사라와 함께 거기에서 얻은 모든 소유를 가지고 애굽에서 나올 수 있었습니다. 이렇게 아브라함이 기근을 피해 애굽에 들어가서 위기를 만났으나 하나님의 특별하신 개입으로 오히려 재산까지 가지고 나온 것은 앞으로 있을 출애굽 사건에 대한 전조(前兆) 또는 복선이라고 할 수 있습니다.

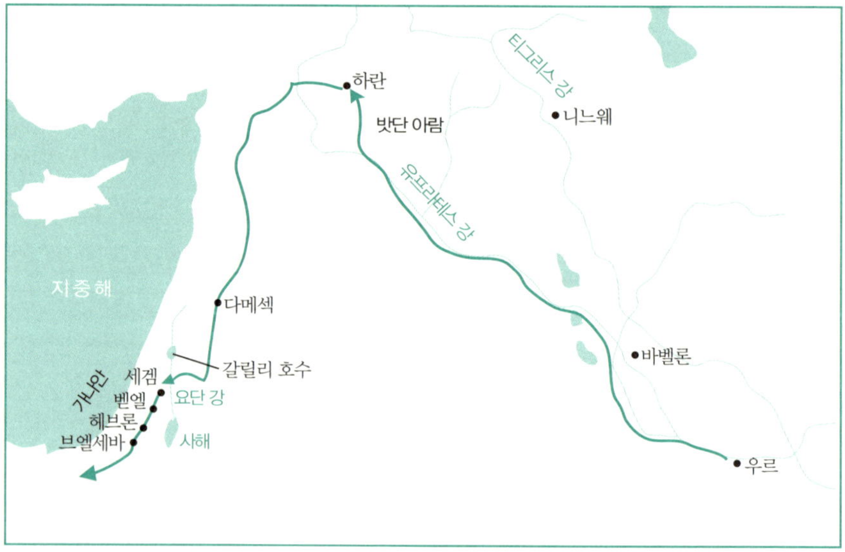

아브라함의 이동 경로

롯과 결별(13장). 아브라함은 다시 가나안으로 돌아왔는데 이번에는 다른 문제에 부딪힙니다. 아브라함은 하란을 떠날 때부터 조카 롯을 데리고 다녔습니다. 롯은 일찍 아버지를 여의었고, 아브라함은 자식이 없었기 때문에 아브라함은 롯을 상속자로 마음에 두고 있었을 것입니다. 그런데 양쪽의 식구와 재산들이 많아지면서 그 목자들 가운데 분쟁이 나기 시작했습니다. 그래서 아브라함과 롯은 불가피하게 분가하기로 했습니다. 아브라함은 롯에게 먼저 선택권을 주었고, 롯은 기름진 요단 강 동편을 선택하여 떠나갔습니다. 이미 아브라함은 본토 친척과 아버지의 집을 떠나 왔는데, 이제는 자식같이 아끼던 롯을 떠나보냈으므로 그는 깊은 상실감에 젖어 있었습니다. 그때 하나님은 또 아브라함에게 나타나셔서 그가 서 있는 가나안 땅을 그와 그 자손에게 주실 것을 약속하셨습니다.

롯의 구출(14장). 롯은 소돔 땅에 자리 잡았다가 그 지역의 민족 분쟁에 휘말려 포로로 잡혀갔습니다. 그러자 아브라함이 나서서 싸워 롯과 그 가족들은 물론 빼앗겼던 소돔과 고모라의 재물과 포로들을 되찾아 왔습니다. 소돔 왕은 감사의 표시로 아브라함에게 되찾아온 재물들을 제공하였지만 아브라함은 사양하고 받지 않았습니다. 인간의 힘을 의지하여 부유하게 되는 쉬운 길을 택하지 않은 것입니다.

2) 언약(15~17장)

언약식(15장). 거듭되는 하나님의 약속에도 불구하고 아브라함에게는 여전히 자식이 없었습니다. 아들처럼 함께했던 조카 롯마저 독립해 떠나갔습니다. 아무리 하나님에게 큰 복을 받는다 하더라도 아브라함이 죽고 난 다음에 그것을 이어 갈 자식이 없다면 무슨 의미가 있겠습니까? 그래서 아브라함은 비록 자신의 피붙이는 아니지만 자기 집의 충성스러운 종 엘리에셀을 상속자로 삼고 싶어 했습니다. 하나님이 그에게 큰 복을 약속했어도 여전히 자신의 처지는 나아진 것이 없었으므로 스스로 해결책을 찾고자 했던 것입니다. 이때 하나님은 반드시 "아브라함의 몸에서 날 자"가 그의 후사가 될 것임을 선언하시면서, 그의 후손이 하늘의 별과 같이 번성하게 될 것을 거듭 약속하셨습니다(15:4~5). 그리고 그 약속을 확고하게 하시려고 공식적인 언약식을 하셨습니다. 아브라함으로 하여금 제물을 쪼개서 두게 하시고 타는 횃불로 그 사이를 지나가게 하셨는데, 이것은 지키지 않으면 그렇게 쪼개서 죽게 된다는 맹세의 표시입니다.

언약식 후에 하나님은 당신의 약속을 이루시는 구체적인 계획을 설명하셨습니다. 아브라함의 후손이 이방에서 객이 되고 거기에서 노예 생활을 하다가, 400년 후에 하나님이 그들을 구원하셔서 그들이 재물을 가지고 가나안 땅으로 돌아오게 된다는 것이었습니다(15:13~14). 하나님이 아브라함의 후손들로 400년을 기다리게 하신 것은 아직 가나안 땅에 죄가 가득하지 않기 때문이라고 하셨습니다. 이것은 후대의 이스라엘 백성이 가나안 족속을 몰아내고 그 땅을 차지한 것은 단순히 이스라엘 자손만을 위한 탐욕적인 침략 전쟁이 아니라 가나안 족속에 대한 심판이었다는 것을 의미합니다. 하나님이 이스라엘 백성을 가나안 땅에 세우신 것은 바로 죄악 된 세상 나라의 세력과 백성을 몰아내고 하나님의 통치가 이루어지는 새 나라를 세우시려는 뜻이었습니다.

이스마엘의 출생(16장). 하나님의 약속에도 불구하고 사라에게는 여전히 자식이 들어서지 않았습니다. 그래서 사라는 자신의 여종 하갈을 아브라함의 첩으로 두게 하여 "이스마엘"을 얻었습니다. 이와 같이 여종을 통해 자식을 얻는 것은 고대 근동의 풍속에서 생소한 것은 아니었습니다. 그러나 이렇게 인간적인 방법을 동원하여 낳은 이스마엘은 아브라함에게 주신 약속을 이어 갈 적자는 아니었습니다.

언약의 표징(17장). 아브라함이 99세가 되었을 때 하나님은 그의 원래 이름 아브람을 "아브라함"으로 바꾸시고, 아브라함과 그 집의 모든 남자는 대대에 이르러 다 할례를 받도록 명령하셨습니다. 이것은 하나님의 약속을 믿고 따르는 언약의 표징입니다.

하나님은 아브라함의 아내 사래에 대해서도 그 이름을 "사라"로 바꾸시고 그녀가 아브라함의 아들을 낳게 될 것을 약속하셨습니다. 이때 사라는 이미 90세로서 임신이 불가능한 상태였기 때문에, 아브라함은 이미 사라의 여종 하갈을 통해서 난 이스마엘이나 하나님의 약속하신 복을 받게 해달라고 구했습니다. 이스마엘은 적어도 엘리에셀과 달리 아브라함의 몸에서 난 자식이기 때문에 아브라함이 이렇게 요청한 것은 무리가 아닐 것입니다. 그러나 하나님은 이미 생리마저 끊어져 자식을 가질 수 없는 사라가 일 년 후에 아들을 낳을 것이고, 그 아들이 언약의 자손이 될 것임을 선언하셨습니다. 왜 하나님은 굳이 이렇게 불가능한 상황까지 기다리게 하셨을까요? 그것은 이제 이루실 하나님 나라는 사람의 힘으로는 불가능하고 오직 하나님의 능력으로 이루어지는 것임을 알게 하시려는 뜻입니다.

3) 중보(18~20장)

하나님은 아브라함에게 땅과 자손의 약속 외에 복의 근원이 될 것이라는 약속도 주셨습니다. 18~20장에 기록된 세 기사는 복의 근원인 아브라함의 중보적 역할에 대한 것입니다. 아브라함은 심판 받을 소돔과 고모라를 위해 중보기도를 합니다(18:23~32). 롯은 아브라함 덕분에 소돔과 고모라가 멸망하는 가운데 구원을 받습니다(19:29). 또한 아비멜렉은 비록 아브라함의 실수로 곤경에 처하게 됐지만, 결국 아브라함의 기도를 통해서 그 집의 불임이 치유를 받습니다(20:17~18).

소돔과 고모라를 위한 기도(18장). 롯은 아브라함과 헤어지면서 기름진 요단 동편으로 갔습니다. 그런데 불행하게도 거기에 있는 풍요하고 화려한 도시는 죄가 가득하여 하나님의 심판을 받을 곳이었습니다. 소돔과 고모라를 심판하실 하나님의 뜻을 알고, 아브라함은 혹시라도 그곳에 있을지도 모를 의인들을 생각하시어 그 땅을 멸망시키지 않으시도록 간구했습니다. 그러나 아브라함의 기대와 달리 그곳에는 열 명의 의인조차 찾아볼 수 없었으므로 소돔과 고모라는 결국 하나님의 심판으로 망하게 됩니다.

그런데 여기에서 주목해야 할 것은 아브라함의 자손으로 세우실 나라에 대한 선언입니다(18:17~18). 소돔과 고모라는 죄로 멸망할 이 세상 나라를 대표합니다. 마치 노아의 시대와 같이 그 땅에는 죄와 부르짖음이 가득하였습니다(18:20, 19:13; 참조. 6:5, 11~13). 하나님은 일찍이 세상을 홍수로 심판하시고 그 가운데 노아의 후손들로 새 인류를 번성하게 하셨던 것처럼, 죄로 가득한 이 세상 나라들을 심판하시고 아브라함의 후손들로 새 강대한 나라를 세우시려고 하십니다. 하나님은 아브라함으로 하여금 "그 자식과 권속에게 명하여 여호와의 도를 지켜 공의와 정의를 행하게 하려고"(18:19) 아브라함을 택하셨다고 했습니다. 하나님은 무법천지의 세상과 구별되는 나라, 즉 하나님의 통치를 따라 공의가 이루어짐으로 그 안에서 포악이나 부르짖음이 없는 정의로운 하나님의 나라를 세우고자 하셨던 것입니다.

롯의 구원(19장). 하나님은 유황과 불을 비같이 내려 소돔과 고모라를 멸망시키셨습니다. 그 가운데 롯은 천사의 인도로 아내와 두 딸들을 데리고 멸망의 도시를 빠져 나올 수 있었습니다. 롯이 이렇게 구출될 수 있었던 것은 아브라함 때문이었습니다(19:29). 그런데 롯의 사위 곧 두 딸의 남편들은 롯의 경고를 농담으로 알고 무시하다가 함께 망했습니다. 그리고 롯의 아내는 천사의 경고를 무시하고 뒤를 돌아보다 소금기둥이 되었습니다. 결국 롯의 사위들과 롯의 아내는 하나님의 말씀을 무시하다 멸망했습니다. 그래서 롯과 두 딸만 남게 되었는데 이 딸들이 아버지를 술에 취하게 한 후 롯에게서 씨를 받아 각각 아들을 낳았습니다. 이 자식들이 바로 요단 강 동편의 두 나라 모압과 암몬 족속의 조상이 됩니다. 모압과 암몬은 롯의 자손으로서 이스라엘의 친족이었기 때문에, 출애굽한 이스라엘 백성이 가나안으로 돌아올 때, 하나님은 그들과의 전쟁을 막으셨습니다(참고. 신 2:18~19).

〈신명기〉 2장 18~19절을 적어 봅시다.

아비멜렉을 위한 기도(20장). 아브라함은 부르심을 받은 초기에 애굽에서 아내 사라를 누이라고 속임으로써 목숨을 부지하려다 가정을 위험에 빠뜨린 적이 있었습니다(참고. 12:10~20). 그런데 또 다시 그랄 왕 아비멜렉 앞에서 같은 실수를 합니다. 그래도 하나님은 다시 개입하셔서 사라를 보호하십니다. 왜냐하면 하나님의 뜻은 반드시 그녀를 통해 약속의 자손을 나게 하시는 것이기 때문입니다. 이 일로 인해 아비멜렉의 집안에 출산이 끊겼으나 아브라함의 기도로 하나님은 다시 그 집에 복을 내리시고 자손을 낳게 하셨습니다. 아직 아브라함 자신에게는 약속의 아들이 나지 못했지만, "천하 만민은 그로 말미암아 복을 받게 될 것"(18:18)이라는 그를 향한 하나님의 약속은 현실 속에서 구체적으로 이루어져 가고 있었습니다.

2. 이삭(창 21:1~25:18)

오랜 기다림 끝에 드디어 아브라함과 사라에게 약속의 아들 이삭이 태어났습니다. 이삭의 기사는 크게 세 단원으로 나누어 볼 수 있습니다. 먼저 21~22장은 이삭 생애의 초기 기사로서 그의 출생과 성장기에 대한 것입니다. 여기에서 성경 저자는 이삭의 어린 시절의 두 가지 사건을 묘사하며 이삭이 하나님이 택하신 유일한 약속의 씨라는 것을 증거합니다. 23~24장은 이삭의 청년기 기사로서, 어머니 사라의 죽음과 아내 리브가의 등장을 이야기합니다. 마지막으로 25:1~18은 아브라함의 죽음 이후 이삭이 아브라함의 상속자로 굳게 세워진 것을 증거합니다.

1) 유년(21~22장)

유일한 약속의 씨(21장). 하나님이 예고하신 대로 아브라함이 백 세가 되었을 때 비로소 사라를 통해 이삭을 낳았습니다. 그런데 사라는 하갈을 통해 난 이스마엘이 어린 이삭을 희롱하는 것을 보고 화를 내며 하갈과 이스마엘을 쫓아내기를 원했습니다. 사라는 이스마엘이 이삭과 함께 아브라함의 상속자가 될 수 없다고 하면서 아브라함에게 하갈과 이스마엘을 광야로 쫓아내게 하였습니다. 아브라함은 이스마엘도 자신의 핏줄이었으므로 마음이 아팠겠지만 하나님은 오직 이삭만이 약속을 이어받을 자식이기 때문에 이스마엘을 내보내도록 하셨습니다. 하나님은 하갈에게 이스마엘도 큰 민족을 이루게 될 것을 약속하심으로 그녀를 위로하셨습니다(21:17~21; 참고 25:12~18). 여기에서 중요한 사실은 이삭이 아브라함의 유일한 상속자로 세워졌다는 것입니다.

하나님의 시험(22장). 아브라함에게 이삭은 오랜 기다림 끝에 태어난 귀한 아들이었습니다. 그런데 이삭이 어느 정도 성장했을 때 하나님은 아브라함에게 이삭을 번제로 바치라고 명령하셨습니다. 이것은 아브라함에게 있어서 단지 노년에 얻은 귀한 아들을 잃게 된다는 것 이상의 큰 시험입니다. 이삭이 어떤 아들입니까? 이삭은 하나님이 아브라함에게 수차례에 걸쳐 약속하셨던 땅과 자손에 대한 언약을 이어 갈 약속의 씨였습니다. 그런 이삭을 희생제물로 바치라는 것은 지금까지 하나님이 말씀하신 모든 약속을 전면적으로 무효화시키는 것이나 마찬가지였습니다.

지금까지 약속하신 하나님의 말씀과 모순됨에도 불구하고 아브라함은 하나님에게 순종하여 이삭을 바치려 했습니다. 이것은 지금까지의 아브라함과 달리 그가 하나님을 절대적으로 신뢰하고 있음을 보여 주는 것입니다. 과거에 하나님의 약속을 온전히 믿지 못하고 거짓말로 위기를 모면하려 했던 아브라함의 연약한 모습과 대조됩니다. 아브라함은 이제 하나님이 어떤 불가능한 상황에서도 그 약속하신 것을 반드시 이루실 것을 믿게 되었습니다(참고. 히 11:17~19).

하나님은 아브라함의 순종하는 믿음을 확인하시고 아브라함을 막으셨습니다. 그리고 수풀에 걸린 양을 대신하여 제물로 바치게 하셨습니다. 아브라함의 믿음대로 하나님이 준비하시고 공급하셨습니다(22:8, 14). 그리고 아브라함 자신은 물론 그의 자손이 복을 얻고, 또 그 씨로 말미암아 천하 만민이 복을 얻게 될 것이라고 약속하셨습니다(22:16~18).

〈히브리서〉 11장 17~19절을 적어 봅시다.

2) 청년(23~24장)

사라의 장례(23장). 23장은 사라의 죽음과 장례에 대한 기사인데, 여기에서 아브라함은 사라의 묘지를 위해 가나안 헷 족속에게서 땅을 구입합니다. 이곳은 아브라함이 가나안에서 처음 소유한 땅이라는 데 중요한 의미가 있습니다. 아브라함은 장차 하나님이 가나안 땅 전체를 주실 것을 믿는 가운데 이 땅을 정식 소유로 사들인 것입니다.

리브가와 결혼(24장). 사라의 장례 후 아브라함은 자기 종을 고향 땅 하란에 보내 이삭의 아내를 구해오게 했습니다. 아브라함의 자손이 장차 가나안 땅을 차지할 것이기 때문에, 가나안 족속과 통혼할 수가 없었기 때문입니다. 하나님의 인도하심 가운데 아브라함의 종은 수월하게 아브라함의 친척의 딸인 리브가를 만나 그녀를 가나안 땅으로 데려올 수 있었습니다. 이삭은 리브가와 결혼하여 어머니 사라를 잃은 슬픔을 달랬습니다.

3) 유업(25:1~18)

유업의 상속(25:1~11). 아브라함에게는 이스마엘과 이삭 외에도 다른 첩에게서 낳은 아들들이 있었습니다. 아브라함은 죽기 전에 자식들에게 유업을 나누어 주었습니다. 이삭에게는 자신의 모든 소유를 물려주었고 다른 아들들은 재물을 나눠 주어 이삭에게서 멀리 떠나 동방으로 가게 했습니다. 오직 이삭만이 약속의 씨로서 가나안 땅을 유업으로 받을 자였기 때문에 아브라함은 이삭만 그 땅에 남겨두고 다른 자식들은 멀리 내보낸 것입니다. 이삭과 이스마엘은 아브라함이 일찍이 사라의 묘지로 사들여 그 가족의 첫 소유지가 된 막벨라 굴에 아브라함을 장사하였습니다.

이스마엘의 후예(25:12~18). 아브라함의 장례에 관한 기사에 이어 성경 저자는 이스마엘의 후손들에게 많은 자손이 나고 그 후예들이 번성하였음을 설명합니다. 약속의 자손의 직계에 앞서 방계를 간략하게 먼저 소개하는 것은 〈창세기〉 계보에서 자주 등장하는 유형입니다. 〈창세기〉의 계보에서 직계는 아담에서부터 이스라엘의 조상 야곱에 이르기까지를 말합니다. 〈창세기〉는 방계인 가인의 계보(4:16~24)를 보여 준 다음에 셋의 후손들을 소개하고 그 계보는 노아에게로 연결됩니다(5:1~32).

노아의 세 아들 중에서 셈이 직계에 해당합니다. 그래서 〈창세기〉는 야벳의 후손(10:2~5)과 함의 후손(10:6~20)을 먼저 다루고 셈의 후손을 마지막에 소개합니다(10:21~31). 그러고 나서 바벨탑 기사 다음에 셈의 계보를 다시 보여 주면서 아브라함의 등장을 설명합니다(11:10~26). 아브라함의 후손으로서 방계인 이스마엘의 계보가 먼저 나오고(25:12~18), 직계인 이삭의 후손에 대한 기사는 그 뒤에 나옵니다(25:19 이하). 마찬가지로 이삭의 아들 중에는 야곱이 직계이므로 방계인 에서의 족보가 먼저 나오고(36장) 이어서 야곱의 후손들의 이야기가 펼쳐집니다(37장 이하).

3. 야곱(창 25:19~36장)

아브라함이 받은 하나님의 약속은 롯이나 엘리에셀 혹은 이스마엘이 아니라 오직 이삭에게 이어졌습니다. 그리고 이삭에게는 쌍둥이 아들 에서와 야곱이 있었는데, 하나님의 약속은 그중에서 동생 야곱에게 이어졌습니다.

야곱의 기사는 세 단계로 나누어 볼 수 있습니다. 첫째 단계는 쌍둥이 형제인 에서와 야곱의 경쟁의 시기입니다. 야곱은 동생이었지만 형 에서에게서 장자의 명분과 장자의 축복을 쟁취합니다(25:19~27장). 둘째 단계는 야곱에게 장자의 명분과 축복을 빼앗긴 에서의 분노를 피하여 야곱이 어머니 리브가의 친정이 있는 하란으로 도망을 간 시기입니다(28~30장). 하란에서 20년을 살면서 야곱은 가정을 이루어 많은 자녀를 얻고 큰 부자가 됩니다. 셋째 단계는 야곱이 가족을 데리고 약속의 땅 가나안으로 다시 돌아와 정착하는 시기입니다(31~36장).

1) 경쟁(25:19~27장)

장자의 명분(25:19~34). 바로 앞에서 소개된 이스마엘의 계보를 보면 이스마엘은 열두 아들을 낳고 또 그 자손은 잘 번성하고 있는 것 같습니다. 그런데 정작 약속의 씨인 이삭에게는 자식이 없었습니다. 아브라함의 아내 사라가 그랬듯이, 이삭의 아내 리브가도 잉태하지 못했기 때문입니다. 이삭이 리브가를 위해 기도한 후에야 비로소 하나님이 그의 기도를 들으시고 리브가로 잉태하게 하셨습니다.

리브가는 쌍둥이를 배었는데, 그 둘이 뱃속에서부터 서로 다투고 있었습니다. '아브라함에게서 이삭으로 이어진 하나님의 약속이 과연 누구에게 계승될 것인가'라는 문제가 벌써부터 드러나고 있는 것입니다. 태중에서 싸우는 아이들 때문에 리브가는 하나님에게 물었고, 이에 "큰 자가 어린 자를 섬기리라"는 답을 들었습니다. 이것은 사도 바울이 말한 것과 같이 오로지 하나님의 주권적인 선택에 의한 것이었습니다(롬 9:10~13).

에서가 먼저 태어나고 야곱은 에서의 발꿈치를 잡고 나온 것을 보면 이 둘은 태어날 때도 여전히 다투었던 것 같습니다. 그들의 경쟁은 장성한 후에 다시 장자의 명분을 놓고 나타납니다. 에서는 사냥꾼이 되었고 야곱은 조용한 성격으로 집에 머물기를 좋아했습니다. 어느 날 사냥에서 지친 몸으로 돌아온 에서는 야곱이 팥죽을 끓이는 것을 보고 팥죽을 구했습니다. 야곱은 장자의 명분을 팔라고 요구했고 에서는 급한 나머지 장자의 명분을 팔고 팥죽을 얻었습니다. 형이 배고픈 것을 이용해서 장자의 명분을 가로챈 야곱의 행위는 비열하게 보입니다. 그런데 성경 저자는 야곱의 행동보다 에서가 장자의 명분을 가볍게 여겼다는 것에 더 주목하고 있습니다(25:34).

〈로마서〉 9장 10~13절을 적어 봅시다.

블레셋 땅의 이삭(26장). 야곱과 에서의 이야기 중에 갑작스럽게 이삭의 이야기가 삽입되어 있어 문맥이 끊어지는 것처럼 보이지만, 26장의 기사는 25장과 27장을 잘 연결해 줍니다. 왜냐하면 26장은 이삭이 하나님에게 받은 약속과 복을 설명함으로써, 에서와 야곱이 다툰 '장자의 명분'과 '장자의 축복'이 어떤 것인지를 보여 주고 있기 때문입니다.

가나안 땅에 흉년이 들자 아브라함이 그랬던 것처럼 이삭은 애굽으로 내려가려고 했습니다. 그래서 블레셋 사람의 땅에 왔을 때, 하나님은 이삭에게 애굽으로 내려가지 말고 하나님이 지시하시는 땅에 살 것을 명령하시면서 다음과 같이 약속하셨습니다.

> 이 땅에 거류하면 내가 너와 함께 있어 네게 복을 주고 내가 이 모든 땅을 너와 네 자손에게 주리라 내가 네 아버지 아브라함에게 맹세한 것을 이루어 네 자손을 하늘의 별과 같이 번성하게 하며 이 모든 땅을 네 자손에게 주리니 네 자손으로 말미암아 천하 만민이 복을 받으리라(26:3~4).

하나님이 아브라함에게 주셨던 "땅"과 "자손" 그리고 "복의 근원"에 대한 약속이 이삭에게 그대로 전수되고 있습니다. 이 약속이 바로 장자의 명분에 따른 특권입니다. 이 약속을 에서는 가볍게 생각했고 야곱은 간절히 원했던 것입니다.

블레셋 사람들의 땅에서 이삭은 마치 아브라함이 애굽에서 사라를 누이라고 속였던 것처럼, 블레셋 사람들이 리브가 때문에 자기를 죽일까 두려워하여 리브가를 누이라고 둘러댔습니다. 그래도 하나님은 아브라함과 사라의 가정을 보호하셨던 것처럼 이삭과 리브가의 가정을 보호하셨습니다. 뿐만 아니라 하나님은 이삭에게 복을 주셔서 그 땅에서 거부가 되게 하셨습니다. 블레셋 사람들은 이삭이 부자가 된 것을 시기하여 이삭이 그들 땅의 우물을 사용하지 못하도록 여러 차례 방해했고, 또 이삭의 식구들을 아예 멀리 쫓아내려고 하였습니다. 이런 상황에서 하나님은 이삭에게 더 복을 주시고 번성하게 하실 것을 약속하셨습니다. 결국 블레셋 사람들은 이삭이 "여호와께 복을 받은 자"인 것을 인정하게 되었고, 그들은 평화협정을 맺었습니다(26:28~29).

한편 에서는 이방인과 결혼하여 부모의 근심이 되었습니다(26:34~35). 일찍이 아브라함은 가나안 족속과 통혼하지 않기 위해 이삭의 아내감을 하란에서 찾게 했습니다. 그래서 이삭은 리브가와 짝을 맺었던 것입니다. 이런 결정은 그들의 후손이 장차 가나안 족속을 몰아내고 그 땅을 차지하게 될 것이라는 하나님의 약속과 관련이 있습니다. 그러나 에서는 아랑곳하지 않고 가나안 땅의 헷 족속 여인들을 아내로 맞이했습니다.

장자의 축복(27장). 에서의 불순한 삶에도 불구하고 이삭은 에서를 편애하여 죽기 전에 그를 축복하려고 했습니다. 그러나 리브가는 임신 중에 들은 응답 곧 "큰 자가 어린 자를 섬기게 될 것"이라는 말씀을 의식하고 있었던 것 같습니다. 왜냐하면 리브가는 이삭과 달리 야곱의 편에 서기 때문입니다. 이삭은 에서에게 사냥한 고기로 별미를 만들어 오게 하고 그것을 먹고 마음껏 축복해 주겠다고 했습니다. 리브가는 이 말을 듣고 야곱을 에서처럼 꾸미고 또 집에서 키우는 염소로 별미를 만들어 이삭에게 가져가게 해서 야곱으로 하여금 장자의 축복을 받게 했습니다.

2) 도망(28~30장)

벧엘의 약속(28장). 에서는 야곱에게 장자의 축복까지 빼앗긴 것을 알고 분노하여 야곱을 죽이려고 했고, 이에 리브가는 야곱을 자신의 친정인 하란(밧단아람)으로 도망가 있게 하려고 했습니다. 리브가는 가나안 족속의 딸을 야곱의 아내로 맞을 수 없다고 이삭을 설득했습니다. 그래서 이삭은 야곱을 밧단아람으로 보내 야곱의 외삼촌 라반의 딸들 중에 아내를 찾으라고 했습니다. 이때 이삭은 야곱을 진심으로 축복하며 이렇게 기도합니다.

> 전능하신 하나님이 네게 복을 주시어 네가 생육하고 번성하게 하여 네가 여러 족속을 이루게 하시고 아브라함에게 허락하신 복을 네게 주시되 너와 함께 네 자손에게도 주사 하나님이 아브라함에게 주신 땅 곧 네가 거류하는 땅을 네가 차지하게 하시기를 원하노라(28:3~4).

야곱은 하란으로 향해 가다가 날이 어두워 길에서 잠들게 됩니다. 그는 집에 머물기를 좋아했는데 하루 아침에 객지로 내몰리게 되었으니 그의 마음은 얼마나 불안했겠습니까? 더구나 비열한 짓까지 하면서 장자의 명분과 장자의 축복을 받았는데 현실은 오히려 그것 때문에 약속의 땅을 떠나 방랑하는 신세가 되었습니다. 그래서 아마도 야곱은 깊은 절망과 후회에 잠겨 있었을 것입니다. 그런데 바로 그런 순간에 하나님이 야곱의 꿈에 나타나셔서 이렇게 말씀하셨습니다.

> 나는 여호와니 너의 조부 아브라함의 하나님이요 이삭의 하나님이라 네가 누워 있는 땅을 내가 너와 네 자손에게 주리니 네 자손이 땅의 티끌 같이 되어 네가 서쪽과 동쪽과 북쪽과 남쪽으로 퍼져 나갈지며 땅의 모든 족속이 너와 네 자손으로 말미암아 복을 받으리라(28:13~14).

이 말씀으로 하나님은 아브라함에서 이삭으로 내려온 "땅과 자손 그리고 복의 근원"에 대한 약속을 야곱이 계승하게 되었다는 것을 공식적으로 확정하신 것입니다. 뿐만 아니라 하나님은 야곱이 어디로 가든지 그와 동행하시면서 반드시 그를 이 땅으로 돌아오게 하신다고 약속하셨습니다. 꿈에서 깨어난 야곱은 그곳을 벧엘 곧 "하나님의 집"이라 이름 짓고 다시 한 번 하나님의 보호와 인도하심을 간구하며 길을 떠납니다.

야곱의 번성과 번영(29~30장). 야곱은 하란에서 외삼촌 라반의 집에 들어가 20년 동안 일하며 그의 딸 레아와 라헬을 아내로 얻었습니다. 원래 야곱은 라헬을 사랑하였으나 라반의 속임수 때문에 레아를 먼저 아내로 맞아들이게 되었고, 그다음에 라헬을 얻었습니다. 또 레아와 라헬의 자식 다툼 속에서 레아의 여종인 실바와 라헬의 여종인 빌하를 취하게 되었고, 이 네 여인을 통해 야곱은 모두 열한 아들을 낳았습니다. 그리고 야곱이 가나안으로 귀향한 후 라헬을 통해 낳은 막내아들 베냐민까지 모두 열두 명의 아들이 바로 하나님 나라의 백성을 이루는 열두 지파의 조상이 됩니다.

3) 귀향(31~36장)

라반을 떠남(31장). 야곱은 라반의 집에 얹혀살면서 큰 가족을 이루고 많은 재산을 모았지만, 이곳이 그가 아주 정착할 땅은 아니었습니다. 더구나 야곱이 부유하게 되자 사촌이자 처남인 라반의 아들들이 야곱을 시기하며 모함했습니다. 그러나 야곱이나 이스라엘 백성이 이렇게 사람들에게 미움을 받는 것은 오히려 약속의 땅을 향한 발걸음을 재촉하는 자극이 됩니다. 이 때 하나님은 야곱에게 조상의 땅 곧 가나안으로 돌아가라고 명령하셨습니다(31:3). 이것은 아브라함 때부터 계획하시고 약속하신 것을 이루기 위해서였습니다. 그래서 야곱은 라반에게 알리지도 않고 급히 자기의 가족들과 모든 소유를 이끌고 하란을 빠져 나왔습니다. 뒤늦게 야곱의 가족이 도망한 것을 알게 된 라반이 쫓아와 책망했지만, 야곱은 자신의 정당함을 밝히고 라반과 함께 평화조약을 맺은 후 계속 길을 떠났습니다.

야곱이 하란(밧단아람)에서 겪은 일은 출애굽 상황에 있는 이스라엘 백성의 삶과 유사합니다. 야곱이 하란에 들어갈 때 혼자였지만 하란에서 번성하여 대가족을 이루었습니다. 야곱의 가족이 애굽에 들어갈 때 70명에 불과했지만, 이들은 애굽에서 번성하여 큰 민족을 이루었습니다. 야곱은 라반의 속임수에 의해 노동착취를 당했고, 이스라엘 백성은 바로의 학대로 말미암아 노예로 일해야 했습니다. 야곱이 하란에서 나올 때 부자가 되어 나온 것처럼, 이스라엘 백성은 출애굽할 때 애굽 사람들에게서 많은 재물을 받아 가지고 나왔습니다. 야곱이 에서를 두려워한 것처럼 이스라엘 백성은 아말렉과 같은 가나안 족속을 두려워하며 그 땅에 들어오기를 주저했습니다. 그러나 하나님의 동행과 인도하심 가운데 야곱이 가나안 땅에 정착한 것처럼, 이스라엘 백성은 하나님의 보호와 인도하심을 따라 가나안에 입성하였습니다.

브니엘에서의 씨름과 가나안 정착(32~33장). 라반과의 갈등은 풀렸지만 야곱에게는 더 큰 두려움이 남아 있습니다. 그것은 고향에서 맞닥뜨려야 할 에서의 앙갚음에 대한 두려움이었습니다. 야곱은 에서가 자기 무리를 공격할 것을 대비해서 두 떼로 나누고 하나님의 은혜를 간절히 구했습니다. 그러다 야곱은 얍복강 나루에서 천사를 만나 밤새도록 씨름하며 기어이 축복을 받아냅니다. 이때 "이스라엘"이라는 이름을 받았는데, 이 이름은 야곱이 복을 받기 위해 하나님과 다른 사람들과 끝까지 겨뤄 이겼다는 뜻에서 주어진 것입니다.

야곱은 하나님을 대면하여 보았다는 뜻에서 그곳 이름을 브니엘이라 하였습니다. 그 후 야곱의 가족은 에서의 따뜻한 환영을 받으며 평안히 고향으로 돌아왔습니다.

세겜과 다툼(34~35장). 가나안 땅으로 돌아온 야곱은 세겜 성 앞에 정착하였는데, 여기에서 야곱은 큰 위기를 맞게 됩니다. 세겜족의 추장 세겜이 야곱의 딸 디나를 보고 강간한 다음 야곱에게 청혼을 해왔습니다. 이에 앙심을 품은 디나의 오빠 시므온과 레위는 음모를 꾸며 세겜 사람들을 할례 받게 한 다음 그들이 아파서 움직이지 못할 때 그들을 살육했습니다. 야곱은 이 일로 인해 가나안 족속에게 미움을 받아 가족들이 몰살당할까 두려워했습니다. 이와 같이 급박한 위기의 순간에 하나님이 야곱을 다시 부르셨습니다. 야곱이 에서를 피하여 도망갈 때 나타나 함께하셨던 하나님이 야곱을 찾으신 것입니다. 그래서 야곱은 하나님의 보호하심 가운데 벧엘로 가서 하나님에게 단을 쌓았습니다. 야곱에게 다시 나타나신 하나님은 그의 이름을 "이스라엘"로 확정하시고, 그의 자손이 번성할 것과 그들이 가나안 땅을 유업으로 받을 것을 거듭 약속하셨습니다(35:9~13; 참고 32:28). 그 후 라헬은 야곱의 열두 번째 아들 베냐민을 낳다가 산고로 인해 죽고, 이삭도 그 후 노쇠하여 죽어 에서와 야곱의 손에 장사되었습니다.

〈창세기〉 32장 28절을 적어 봅시다.

에서의 족보(36장). 이삭의 죽음 이후 야곱의 자손의 기사로 넘어가기 전에 성경은 에서의 계보를 먼저 소개합니다(36장). 에서는 형이었지만 야곱에게 장자의 명분을 넘겨주었으므로, 자기 식구들을 데리고 가나안 땅을 떠나 요단 강 동쪽 세일 산으로 가서 자리를 잡았습니다(36:6~8). 에서에게서 난 자손이 에돔 족속입니다. 롯의 후손인 모압과 암몬의 경우와 마찬가지로, 에돔 족속은 에서의 후손으로서 이스라엘 백성에게 친족이었습니다. 그래서 출애굽한 이스라엘 백성이 가나안 땅으로 들어올 때 하나님은 그들이 에돔 족속과 전쟁을 하지 않도록 명령하셨습니다(신 2:4~5).

4. 요셉(창 37~50장)

〈창세기〉의 마지막 장면은 야곱의 열두 아들 중 요셉을 중심으로 펼쳐지는 야곱 가족의 기사입니다. 요셉이 중요한 것은 야곱의 가족이 애굽으로 이주하는 데 요셉의 역할이 크기 때문입니다. 처음에 요셉은 형제들의 미움을 받아 애굽에 노예로 팔려가 어려운 시기를 겪습니다(37~40장). 그러다가 요셉이 애굽의 총리가 되었고, 기근 때문에 애굽에 찾아온 형제들과 극적인 상봉을 합니다(41~45장). 그다음에 야곱의 가족은 애굽으로 이주하여 그 땅에 정착합니다(46~50장).

1) 역경(37~40장)

애굽으로 팔려간 요셉(37장). 요셉은 야곱이 노년에 가장 사랑하는 아내 라헬에게서 낳은 아들이었으므로 아버지의 각별한 사랑을 받았습니다. 그러나 다른 아들들은 아버지의 편애 때문에 요셉을 미워했습니다. 더구나 요셉은 평소에 형제들의 잘못을 아버지에게 일러바쳤고, 또 자기가 형들보다 높아질 것을 암시하는 꿈을 두 번이나 꾸고 그것을 떠벌리므로 형제들은 요셉을 더욱 미워하게 되었습니다. 결국 시기 질투에 사로잡힌 형제들은 요셉을 죽이려고 구덩이에 가두었다가, 유다의 제안으로 그를 죽이지는 않고 애굽으로 가는 노예상인에게 팔아 넘겼습니다.

유다의 후손(38장). 요셉의 이야기 중에 갑자기 야곱의 넷째 아들 유다의 기사가 등장합니다. 유다의 며느리 다말이 창녀로 꾸미고 시아버지에게서 씨를 받아 자손을 이어간다는 이야기는 현대인들의 윤리나 정서에 맞지 않아서 왜 이런 이야기가 성경에 있는지 의아하게 생각될 수도 있습니다. 그렇지만 이 기사가 중요한 이유는 이때 태어난 베레스의 후손 가운데 다윗이 나고, 더 나아가 그 계보에서 예수 그리스도가 나시기 때문입니다(참고. 대상 2:3~15; 마 1:3~16).

〈창세기〉의 마지막 장면은 주로 요셉에게 초점을 맞추고 있지만, 계속되는 기사 속에서 유다의 이야기가 중요하게 다뤄지고 있습니다. 형제들이 요셉을 죽이려 할 때 그나마 유다가 나서서 죽음을 피할 수 있었습니다. 38장은 유다의 자손에 대해 이야기합니다. 형제들이 애굽을 오가며 요셉과 상봉할 때 주도적인 역할을 했던 것도 유다였습니다. 요셉과 유다의 중요성은 후대 역사에 잘 나타납니다. 출애굽 세대로서 가나안 땅에 들어온 두 영웅 중에 여호수아는 요셉 지파(에브라임)의 사람이었고, 갈렙은 유다 지파에 속한 사람이었습니다. 분열 왕국 시기에 남왕국 유다와 대척점에 있던 북왕국 이스라엘의 중심에 역시 요셉 지파가 있었습니다. 왜냐하면 에브라임의 후손으로서 요셉 지파를 감독하던 여로보암이 반란의 선봉에 있었기 때문입니다(왕상 11:28). 결국 남북 분열은 유다 지파와 요셉 지파의 대립이라고 봐도 과언이 아닙니다.

감옥에 갇힌 요셉(39~40장). 애굽으로 팔려간 요셉은 바로의 시위대장 보디발의 집에 노예로 들어갑니다. 여기에서 요셉은 보디발의 신임을 받아 가정 총무가 되어 온 집안을 다스렸는데 엉뚱한 문제가 생깁니다. 보디발의 아내가 끊임없이 젊은 요셉을 유혹했고, 요셉이 응하지 않자 오히려 그에게 죄를 뒤집어씌워 감옥에 보낸 것이었습니다.

요셉은 감옥에서 바로의 두 신하 곧 술 맡은 관원장과 떡 굽는 관원장의 꿈을 풀이해 주었습니다. 요셉의 꿈 해석대로 술 맡은 관원장은 복직되고 떡 굽는 관원장은 처형되었습니다. 요셉은 술 맡은 관원장에게 자신의 억울함을 호소하고 그가 복직되거든 감옥에서 나갈 수 있게 해달라고 요청했습니다. 하지만 그 관원은 감옥에서 풀려난 후 요셉을 잊어 버렸으므로, 요셉에게는 더 이상 희망이 없는 것처럼 보입니다.

2) 총리(41~45장)

애굽의 총리가 된 요셉(41장). 고난의 긴 여정을 지나 41장 이하에서 드디어 요셉을 향한 하나님의 놀라운 계획이 성취됩니다. 바로가 이상한 꿈을 꾸었는데 아무도 그 꿈을 해석하지 못했습니다. 그때서야 비로소 술 맡은 관원은 요셉을 떠올리고 그를 바로에게 추천하였습니다.

요셉은 바로의 꿈을 명쾌하게 풀어주었습니다. 그것은 7년간 애굽에 풍년이 들었다가 7년간 흉년이 계속될 것이라는 예고였습니다. 그래서 요셉은 풍년이 들 때 곡식을 저장하여 흉년을 대비할 것도 제안하였습니다. 요셉의 지혜에 감동한 바로는 즉시 요셉을 총리로 임명하였습니다.

1차 상봉(42장). 요셉이 예고한 대로 7년간 풍년이 오고 그다음에 7년간 극심한 흉년이 왔습니다. 가나안 땅에도 흉년이 들자 야곱은 애굽에 곡식이 있다는 소문을 듣고 아들들을 애굽으로 보내 곡식을 얻어오게 했습니다. 애굽에 온 요셉의 형들은 총리가 된 요셉을 알아보지 못하고 그 앞에 엎드려 절을 했습니다. 어린 시절 형제들이 분개했던 요셉의 꿈이 그대로 이루어진 것입니다(42:6; 참고. 37:5~11). 이때 요셉은 형들을 정탐꾼으로 몰아세우며 그들의 무죄를 밝히려면 막내 베냐민을 데려오라고 하였습니다. 그러고는 시므온을 인질로 붙잡고 나머지 형제들은 일단 곡식을 가지고 고향으로 돌아가게 했습니다.

2차 상봉(43~45장). 애굽에서 가져온 곡식이 떨어지자 형제들은 다시 애굽으로 가야 했습니다. 이번에는 베냐민을 데려가야 하는데 야곱이 반대하자 유다는 야곱을 설득하여 자신을 담보로 하겠다고 맹세한 후 베냐민을 데리고 갔습니다. 베냐민을 보고 주체할 수 없을 정도로 감격한 요셉은 꾀를 부려 베냐민을 억류하려고 했습니다. 이번에도 유다가 나섰습니다. 만약 베냐민이 돌아가지 않으면 아버지 야곱의 생명이 위태로워질 것이므로 차라리 자신을 인질로 잡고 베냐민을 풀어줄 것을 요청했습니다. 요셉은 변화한 형제들의 모습을 보고 마음이 흔들려 자신의 정체를 밝혔습니다. 형제들은 요셉이 보복할까 봐 두려워했지만, 요셉은 그 모든 일이 야곱의 자손을 보호하기 위한 하나님의 섭리에 따라 이루어진 것임을 말하고 형제들을 안심시켰습니다. 이때 요셉의 형제들이 왔다는 소문을 들은 바로는 기뻐하면서 그의 온 식구들이 애굽에 와서 풍족하게 살 수 있도록 초청했습니다.

3) 이민(46~50장)

애굽 이주(46~47:26). 바로와 요셉의 초청에 따라 야곱은 가족들을 데리고 애굽으로 들어갑니다. 죽은 줄 알았던 요셉이 살아있다는 소식을 듣고 그를 만나러 가는 것은 더할 수 없는 행복이었지만, 다른 한편 약속의 땅을 떠나는 것은 야곱에게 큰 부담이 되었습니다. 그러나 이때 하나님이 야곱에게 나타나셔서 애굽에 내려가는 것을 두려워하지 말라고 하시면서, 그의 자손이 거기에서 큰 민족을 이룰 것이며 또 하나님이 그들과 함께하시고 반드시 돌아오게 하실 것을 약속하셨습니다(46:3~4). 하나님의 약속을 듣고 야곱은 안심하며 온 식구들과 함께 애굽에 들어가 고센 땅에 정착하였습니다.

이렇게 〈창세기〉는 야곱의 가족이 애굽으로 이주하는 것으로 마무리되면서 〈출애굽기〉와 연결됩니다. 이런 맥락에서 〈창세기〉는 이스라엘 조상이 애굽에 들어와 살게 되기까지의 배경을 설명하는 '입(入)애굽기'라고 할 수 있습니다. 야곱의 가족이 애굽으로 이주한 것은 하나님이 아브라함에게 그의 자손이 이방에서 400년 동안 객이 되었다가 돌아오게 될 것이라고 예고하신 것을 성취해 가는 과정입니다(참고. 창 15:12~16). 애굽에 들어간 야곱의 식구는 70명에 불과했는데, 400여 년 후에 그 자손이 출애굽할 때는 싸움에 나갈만한 남자만 육십만이 넘는 큰 민족을 이루었습니다(민 1:46). 하나님이 야곱에게 약속하신 대로 그 자손을 애굽에서 큰 민족으로 번성하게 하셨습니다.

야곱의 죽음(47:27~50:21). 야곱은 죽음이 가까워 오자 요셉을 불러 자신을 애굽에 묻지 말고 조상들의 묘지에 묻어 줄 것을 유언합니다. 요셉이 그대로 지킬 것을 맹세한 후에 야곱은 침상머리에서 하나님에게 경배합니다(47:31; 참고. 히 11:21 "지팡이 머리에 의지하여 경배"). 야곱은 또한 요셉의 두 아들 므낫세와 에브라임을 자기의 다른 아들들과 동등하게 인정하고 축복했습니다(48장). 이로써 요셉의 두 아들은 야곱의 다른 아들들과 동등한 상속권을 받게 됩니다. 이것은 또한 요셉이 장자로 인정되어 두 몫을 받는다는 의미입니다(대상 5:2; 참고. 신 21:17). 야곱은 그다음에 다른 아들들을 불러 각각의 당할 일을 예언하고 축복한 뒤, 자신을 가나안 땅 조상들의 묘지에 장사할 것을 당부하고 죽었습니다(49장). 야곱이 열두 아들에게 축복하는 장면에서 주목해야할 것은 유다에 대한 기도입니다. 여기에서 야곱은 유다의 자손 가운데서 통치자가 나올 것을 예견하고 있습니다(49:10). 야곱의 유언대로 요셉과 그 형제들은 야곱을 가나안 땅 조상들의 묘지에 장사했습니다(50:1~14). 그런데 장례를 마친 후에 형들은 요셉이 보복할까 두려워하며 그에게 엎드려 사죄했습니다. 이에 요셉은 모든 것이 하나님의 계획과 섭리대로 된 것이라고 말하면서, 그들은 물론 그들의 자녀까지 돌볼 것을 약속함으로 형제들을 안심시켰습니다.

요셉의 죽음(50:22~26). 파란만장한 인생을 살며 가족들과 애굽을 구한 믿음의 영웅 요셉 역시 죽음을 맞이합니다. 죽기 전에 요셉은 하나님이 이스라엘 자손을 약속의 땅 가나안으로 인도하실 것을 말하고, 그때에 자신의 해골을 매고 갈 것을 유언으로 남깁니다. 야곱이 그랬던 것처럼 요셉도 약속의 땅에 대한 간절한 소망을 가지고 있었던 것입니다(히 11:22). 요셉의 유언은 이스라엘 백성의 출애굽과 함께 성취되었습니다(출 13:19).

〈출애굽기〉 13장 19절을 적어 봅시다.

❖ 〈창세기〉를 정리해 봅시다.

	땅과 자손의 약속		약속의 땅으로				약속의 땅에서	
아브라함	창 1~11장	창 12~50장	출 1~18장	출 19~40장 레위기	민수기	신명기	여호수아	사사기 룻기
	시 작	**족 장**						
	( )	아브라함						
땅	타락	( )						
자손	( )	야곱						
	분산	( )						

※ 〈창세기〉외에 나머지 빈칸은 해당 단원에 가서 차례로 정리할 것입니다.

2과

출애굽기/레위기

〈출애굽기〉, 〈레위기〉, 〈민수기〉, 〈신명기〉는 〈창세기〉의 마지막 장면으로부터 대략 400년이 지난 시점의 이야기로서 하나님이 이스라엘 백성을 다시 '약속의 땅으로' 인도하시는 역사입니다. 그중에서 앞의 두 권 〈출애굽기〉와 〈레위기〉는 하나님이 그 백성을 애굽에서 구출하여 내시고 그들을 시내 산으로 인도하여 하나님의 언약 백성으로 삼으신 과정을 보여 주고 있습니다. 뒤의 두 권 〈민수기〉와 〈신명기〉는 하나님이 이스라엘을 인도하여 시내 산부터 요단 강 동편 모압 평지 곧 약속의 땅 앞에 이르게 하시기까지의 역사를 기록하고 있습니다.

창 1~11장	창 12~50장	출애굽기	레위기	민수기	신명기
하나님 나라의 시작과 퇴행	족장들에게 자손과 땅의 약속을 주심	이스라엘을 구출하시고 언약을 맺으심		시내 산에서 광야를 지나 요단 동편으로 인도하심	
온 세상 〉〉 가나안 ⇨ 애굽		애굽 ⇨ 시내 산 ⇨ 광야 ⇨ 요단 동편			

오경의 지리적 배경

Ⓐ 구출

〈출애굽기〉와 〈레위기〉는 성막(회막)을 짓기 전과 짓고 난 후로 구분됩니다. 〈출애굽기〉는 성막의 완성으로 끝나고, 〈레위기〉는 그 백성이 어떻게 성막을 중심으로 살아야 할지를 가르칩니다. 그런데 지리적인 배경과 다루는 내용을 보면 〈출애굽기〉 18장과 19장 사이에서 나누어집니다. 먼저 〈출애굽기〉 1~18장은 애굽에서의 탈출부터 시내 산에 도착하기까지의 역사입니다. 〈출애굽기〉 19~40장과 〈레위기〉는 이스라엘 백성이 시내 산에서 약 1년간 머무르며 언약 백성으로 세워지는 과정을 보여 줍니다.

〈출애굽기〉 1~18장의 구조와 요점

1 노역 (1~2장)	이스라엘 백성이 애굽에서 번성했으나 바로에게 학대를 받고 노역에 시달렸습니다.	**1) 번성과 학대**(1장) 애굽에 들어온 야곱의 자손이 크게 번성하자 바로가 그들을 두려워하여 학대하였습니다.	**2) 모세의 출생**(2:1~10) 학대받는 백성 가운데 모세가 태어나 애굽 공주의 양자로 성장하였습니다.	**3) 미디안 망명**(2:11~25) 모세가 동족을 돕고자 했으나 뜻을 이루지 못하고 미디안으로 망명했습니다.
2 모세 (3~4장)	하나님이 학대받는 이스라엘 백성을 구원하여 약속의 땅으로 인도하시려고 모세를 부르셨습니다.	**1) 소명**(3:1~10) 호렙 산에서 모세를 부르시고 그에게 이스라엘 구원의 사명을 맡기셨습니다.	**2) 변명**(3:11~4:17) 모세가 여러 변명으로 사명을 회피하려 했지만 하나님은 강권하여 그를 세우셨습니다.	**3) 귀환**(4:18~31) 모세가 애굽으로 돌아와 이스라엘 백성에게 하나님의 구원 계획을 선포했습니다.
3 열 재앙 (5:1~13:16)	하나님이 모세를 통해 열 재앙으로 애굽을 치시고 이스라엘 백성을 애굽에서 구출하셨습니다.	**1) 전초전**(5:1~6:27) 모세가 바로에게 이스라엘 백성을 보내라고 했지만 바로는 강경하게 거부했습니다.	**2) 아홉 재앙**(6:28~10장) 하나님이 아홉 재앙으로 애굽을 치실 때에도 바로는 완고하게 저항했습니다.	**3) 열째 재앙**(11~13:16) 장자들이 죽는 재앙으로 바로가 완전히 굴복하여 이스라엘 백성을 내보냈습니다.
4 인도 (13:17~18장)	하나님이 애굽에서 나온 이스라엘 백성을 광야를 지나 시내 산까지 인도하셨습니다.	**1) 홍해**(13:17~15:21) 하나님이 이스라엘을 홍해로 인도하여 건너게 하시고 애굽 군대를 몰살시키셨습니다.	**2) 광야**(15:22~17장) 이스라엘이 광야의 험한 길을 가는 동안 일용할 양식을 공급하시고 보호하셨습니다.	**3) 조직**(18장) 율례와 법도가 온 백성에게 잘 적용되도록 모세가 지도 체계를 조직했습니다.

1. 노역(출 1~2장)

〈출애굽기〉의 첫 장면에서 이스라엘 자손은 바로를 위해 국고성을 쌓는 노예의 신분이었습니다. 이것은 〈출애굽기〉의 마지막 장면에서 이스라엘 자손이 하나님의 백성으로서 하나님의 성막을 짓는 것과 대조됩니다.

1) 번성과 학대(1장)

애굽에 들어온 이스라엘 자손은 열두 아들을 포함하여 모두 70명에 불과했습니다. 그런데 400년을 지나면서 이들이 온 땅을 덮을 정도로 크게 번성했습니다(1:7). 이것은 〈창세기〉에서 하나님이 아브라함과 이삭과 야곱에게 하신 약속 곧 "자손이 번성하여 큰 민족이 되리라"고 하신 말씀이 성취된 것입니다(창 15:13~14; 46:3). 이제 그 자손은 약속대로 가나안으로 돌아가 그 땅을 차지할 때가 되었습니다.

이렇게 이스라엘 자손이 번성하는 동안에 요셉을 알지 못하는 바로가 나라를 다스리면서, 이스라엘 자손을 박해했습니다. 왜냐하면 이스라엘 백성이 애굽의 대적과 동맹하여 애굽을 공격할 것을 두려워했기 때문입니다. 바로는 이스라엘 백성을 강제 노역에 동원하여 국고성을 짓게 했습니다. 그러나 이런 박해 속에서도 이스라엘은 더욱 번성했습니다(1:12). 그러자 바로는 이스라엘의 번성을 막기 위해 산파들에게 아들이 태어나면 죽이고 딸만 살리라고 명령을 내렸습니다. 그러나 하나님은 산파들에게 은혜를 베푸셔서 산파들이 기지를 발휘해 바로의 명령을 회피하게 하셨고, 이에 이스라엘 백성은 여전히 번성하고 강대해졌습니다(1:20).

하나님 나라를 위해 새 백성을 준비하시는 역사는 대적들의 방해에도 불구하고 계속되었지만, 그에 비례하여 바로의 박해 역시 더욱 거세졌습니다. 바로는 이스라엘에 태어난 아들들을 모두 나일 강에 던지도록 명령했습니다.

〈창세기〉 46장 3절을 적어 봅시다.

2) 모세의 출생(2:1~10)

이스라엘에 대한 바로의 민족 말살 정책이 계속되는 가운데 레위 지파에서 한 아들이 태어났습니다. 부모는 아이가 너무 준수하여 차마 죽이지 못하고 숨겨 키우다가, 더 이상 숨길 수 없게 되자 그 아이를 갈대 상자에 담아 나일 강에 띄워 보냅니다. 이 아이를 바로의 딸이 발견하여 건져내고 이름을 모세('물에서 건진 자'라는 뜻)라 짓고는 자신의 양자로 키웠습니다. 그 덕분에 모세는 애굽의 왕자로서 왕궁의 최고 교육을 받으며 자랐습니다. 이와 같은 배경은 나중에 모세가 출애굽의 지도자가 되고 또 오경(율법서)을 기록하는 데 도움이 되었을 것입니다.

3) 미디안 망명(2:11~25)

장성한 모세는 자기 동족이 강제 노동으로 고통당하는 현장에서 한 애굽인이 히브리인을 치는 것을 보고 격분하여 그 애굽인을 죽이고 시체를 몰래 묻었습니다. 모세는 애굽의 왕자로서 편안하게 사는 길보다 동족의 편에 서서 함께 고난을 받는 쪽을 선택한 것입니다(히 11:24~25). 그 후 히브리인들끼리 싸우는 것을 보고 말리려 하는데, 정작 동족들은 모세를 비난하고 그의 개입을 거부했습니다. 게다가 바로가 모세의 일을 듣고 그를 죽이려 하므로 모세는 미디안 땅으로 도망갔습니다.

미디안의 한 우물에서 모세는 미디안 제사장의 딸들을 만났습니다. 목자들이 우물을 독점하고 그 딸들을 쫓아내려 할 때, 모세는 그 딸들을 보호해 주고

양 떼의 물을 먹이도록 도와주었습니다.

모세는 그 딸들 가운데 하나인 십보라와 결혼하여 광야에서 장인의 양을 치며 지냈습니다.

그동안에도 이스라엘에 대한 바로의 박해는 계속되었고, 이스라엘 백성은 하나님에게 부르짖었습니다. 하나님은 그 부르짖음을 들으시고 아브라함과 이삭과 야곱에게 세운 언약을 기억하셨습니다. 이것은 하나님이 그 언약을 깜빡 잊으셨다가 기억하게 되었다는 말이 아닙니다. 하나님이 이스라엘 백성을 애굽에서 구출하시는 것은 이스라엘의 조상들에게 약속하신 언약에 기초하고 있다는 것을 강조하는 말씀입니다. 그러므로 이스라엘 백성의 출애굽은 어떤 정치적, 사회적 변동에 의해서 일어난 사건이 아니라 하나님 나라를 위한 그분의 계획과 약속을 성취하는 과정입니다.

〈히브리서〉 11장 24~25절을 적어 봅시다.

2. 모세(출 3~4장)

애굽의 박해로 인해 고통 받는 이스라엘 백성의 기도를 들으신 하나님이 그 백성을 구원하시려고 모세를 사명자로 부르셨습니다.

1) 소명(3:1~10)

모세가 광야에서 양을 치며 40년의 세월을 보내고 어느덧 80세의 노인이 되었을 때, 호렙 산에서 타지 않는 떨기나무 불꽃을 발견하고 그 가운데서 하나님을 만났습니다. 하나님은 모세에게 스스로를 "아브라함의 하나님 이삭의 하나님 야곱의 하나님"이라고 소개하시고, 바로에게 가서 이스라엘 백성을 애굽에서 나가게 하라고 하셨습니다.

2) 변명(3:11~4:17)

하나님의 부르심 앞에서 모세는 과거 애굽의 왕자 시절과는 전혀 딴판으로 계속 변명을 늘어놓으며 그 사명을 회피하고 있습니다. 젊은 시절 모세는 지나치게 자신의 능력을 의지하고 자신의 혈기대로 선불리 행동하다 실패했는데, 이제는 반대로 지나친 패배주의에 빠져 하나님의 부르심을 거부하고 있는 것입니다. 그렇게 거듭 변명을 늘어놓는 모세를 하나님은 끝까지 설득하시고 그를 출애굽의 지도자로 세우셨습니다.

모세의 변명과 하나님의 설득은 다섯 차례의 논쟁으로 진행됩니다. 첫째, 모세는 자신이 아무것도 아니며 그런 엄청난 일을 할 위치에 있지 않다고 합니다(3:11). 적어도 모세가 애굽의 왕궁에서 배경을 가지고 있던 젊은 시절이었다면 이렇게 자기 비하의 반응을 보이지 않았겠지만, 그는 이제 장인의 양을 치며 살아가는 힘없는 늙은 노인에 불과합니다. 그러나 하나님은 모세가 어떤 사람인가를 따지지 않으시고 오직 하나님이 그와 함께하실 것을 약속하십니다(3:12).

둘째, 모세는 하나님이 누구신가를 묻습니다(3:13). 이것은 그가 하나님에 대해 잘 알지 못하며 그분을 전적으로 신뢰하지 못한다는 것을 의미합니다. 이에 대해 하나님은 당신의 이름을 '여호와' 곧 '스스로 있는 자'라고 말씀하셨습니다(3:14). 하나님은 이 세상 어느 것에 의존하지 않고 초월하여 계신 전지전능하신 분입니다. 이런 엄청난 하나님이 강한 손으로 애굽을 치시고 그 백성을 인도해 내실 것을 보증하시기 때문에 그의 계획하시는 바는 반드시 이루어질 것입니다.

셋째, 모세는 다른 사람들이 자기의 말을 믿지 않을 것이라고 핑계를 댑니다(4:1). 하나님은 그에게 기적을 행하여 표징을 삼게 할 것을 약속하셨습니다. 사명자의 가는 길에는 장애가 있을 수 있습니다. 하나님은 장애를 치우시기보다 그 장애를 극복할 수 있는 능력을 주십니다.

넷째, 모세는 스스로 말을 잘하지 못한다고 변명합니다(4:10). 모세는 원래 애굽의 왕궁에서 교육을 받아 말과 행동에 뛰어난 사람이었습니다(행 7:21~22). 하지만 아마도 40년 동안 이방 땅에서 양을 치며 광야 생활을 하는 동안 그는 말주변이 없는 사람이 되었을 것이라고 추측할 수 있습니다. 이런 모세에게 하나님은 당신이 창조주이신 것을 상기시킵니다.

다섯째, 모세는 "보낼만한 자를 보내소서"라고 요청합니다(4:13). 여전히 하나님의 설득을 받아들이지 않고 사명을 회피하고 있는 것입니다. 이때 하나님은 분노하시며 모세의 형 아론을 동역자로 붙여주시겠다고 하십니다. 비록 화를 내실지라도 하나님은 모세를 포기하지 않으시고 결국 그를 출애굽의 지도자로 세우셨습니다.

3) 귀환(4:18~31)

모세가 하나님의 부르심을 따라 가족들을 데리고 미디안을 떠나 애굽으로 돌아가는 길에 하나님이 모세를 죽이려고 하셨습니다. 지금까지 강권하여 모세에게 소명을 맡기신 하나님이 왜 갑자기 그를 죽이려고 하시는지 이유가 나타나 있지 않습니다. 하지만 십보라가 아들을 할례하여 그 포피를 모세의 발 앞에 놓을 때 비로소 하나님은 그를 놓아 주신 것으로 봐서 할례와 관계가 있습니다. 할례는 하나님이 아브라함과 그 자손에게 하나님의 약속을 믿고 받아들이는 표징으로 요구하신 언약적 의무였습니다. 그러므로 만일 이스라엘 자손이 할례를 받지 않으면 그것은 언약을 배반한 것으로 간주되었고, 그래서 그 집은 언약 백성에게서 제외되어 땅을 기업으로 받을 자격을 상실하게 되는 것입니다. 그러므로 모세는 가족과 함께 하나님의 백성에 합류하기 전에 반드시 할례를 행했어야 했습니다.

또한 이 사건은 애굽의 장자를 죽이시고 그 백성을 구출하시겠다고 약속하시는 문맥 속에 있다는 것에 주목할 필요가 있습니다. 집집마다 처음 난 것이 죽는 재앙이 내려질 것이지만, 다만 양의 피를 문설주에 바른 집은 죽음의 사자가 그냥 지나가 죽음을 면할 수 있었습니다. 유월절 양의 피는 하나님이 이스라엘 백성에게 구원을 받아들이는 표징으로 요구하신 언약적 의무와 같은 것입니다.

애굽에 돌아온 모세는 자신의 친형이자 하나님이 붙여주신 동역자인 아론과 함께 이스라엘 자손에게 하나님의 구원 계획을 전하고 또 그들 앞에 이적을 행했습니다. 적어도 이때만큼은 백성이 모세를 믿고 하나님에게 경배했습니다. 그러나 고난이 닥쳐올 때 그들은 쉽사리 불평하고 원망할 정도로 아직 확고한 믿음은 없었습니다.

3. 열 재앙(출 5:1~13:16)

하나님의 부르심에 따라 모세는 이스라엘 백성의 해방이라는 막대한 사명을 받고 애굽으로 돌아왔습니다. 이 모세를 통해 하나님이 열 재앙을 일으켜 애굽을 치셔서 바로를 굴복하게 하신 후 그 백성으로 하여금 당당하게 애굽을 빠져 나갈 수 있게 하셨습니다.

1) 전초전(5:1~6:27)

모세와 아론은 바로에게 가서 이스라엘 백성을 내보내라고 하신 여호와 하나님의 명령을 전달했습니다. 그러나 바로는 "여호를 알지 못한다"(5:2)고 단호하게 거부하며, 이스라엘 백성을 더 학대하고 혹사시켰습니다. 그러자 이스라엘 백성은 모세와 아론을 비난하였고, 모세 역시 이런 상황에 실망하며 자기를 보내신 하나님을 원망했습니다.

이스라엘 백성의 연약한 반응에도 불구하고 하나님은 그들을 내치지 않으시고, 더 강한 손으로 애굽을 치셔서 반드시 바로를 굴복시키실 것을 약속하셨습니다. 그리고 아브라함과 이삭과 야곱에게 약속하신 언약에 따라 반드시 그 백성을 애굽에서 구출하여 그들을 하나님 백성으로 삼으시고, 가나안 땅으로 그들을 인도해 그 땅을 기업으로 차지하게 하실 것을 확증하셨습니다(6:6~8). 가나안 땅에 언약 백성을 세우시려는 하나님의 확고한 의지를 다시 한 번 분명하게 선언하신 것입니다. 그러나 노역에 지치고 상한 백성은 모세의 말을 듣지 않았습니다. 이들은 현실적인 문제 앞에서 좌절하고 구원에 대한 궁극적인 소망을 잃어버린 것입니다. 모세 자신조차도 하나님이 그를 다시 바로에게 보내시는 것을 불평할 정도로 낙심해 있었습니다.

6:14~27에서 성경은 레위 지파의 후손으로서 모세와 아론의 계보를 설명합니다. 그런데 야곱부터 모세와 아론의 세대까지 400년의 간격이 있음에도 불구하고 그 사이에 고작 5대만 있습니다. 이는 이 계보가 모든 세대를 다 기록한 것이 아니라 선별적으로 기록한 것이기 때문입니다.

2) 아홉 재앙(6:28~10장)

하나님은 이스라엘 백성을 구출하기 위해 강한 손으로 바로와 애굽을 치시겠다고 약속하셨고, 이에 그 말씀하신 대로 하나님의 권능으로 재앙을 일으켜 애굽을 치셨습니다. 그러나 결정적인 재앙을 내려 단번에 바로를 굴복시키지 않으시고 먼저 아홉 재앙을 진행하셨습니다.

하나님의 대행자 모세(6:28~7:7). 바로와의 첫 번째 대면에서 실패하여 실의에 빠진 모세를 하나님은 다시 부르시고, 그를 애굽을 치시는 하나님의 대행자로 지정하셨습니다. 여기에서 하나님은 특히 모세를 바로에게 신과 같은 존재가 되게 하시고, 또 아론을 모세의 대리인으로 삼아 바로를 상대하게 하셨습니다(7:1~2).

하나님은 바로의 마음을 고집스럽게 하셔서 바로가 모세와 아론의 말을 듣지 않을 것이라고 미리 경고하셨습니다. 하나님은 결코 사람이 죄를 짓도록 강요하거나 조성하시는 분이 아닙니다. 하나님은 바로의 악한 마음과 고집스러움을 있는 그대로 허용하신 것입니다. 다만 여기에서 하나님이 그 마음을 고집스럽게 하셨다고 능동적으로 표현한 것은 하나님이 바로에게 절대적인 주권을 행사하시는 분이시라는 것을 강조하는 것입니다. 표면적으로 보면 바로는 자신의 권세로 하나님 앞에 맞서서 이스라엘 백성을 억류하고 있는 것 같지만, 사실상 모든 주권은 하나님에게 달려 있습니다.

물론 하나님은 처음부터 바로를 쉽게 굴복시키실 수도 있었습니다. 만약 하나님이 전염병으로 바로와 그의 백성을 치셨더라면 그들 모두가 세상에서 끊어져, 이스라엘의 출애굽은 훨씬 빨리 이루어졌을 것입니다(9:15). 하지만 하나님은 속전속결의 방법을 택하지 않고 바로의 마음을 고집스럽게 버려두심으로 여러 재앙을 일으키셨습니다. 이스라엘 백성의 처지에서는 구출이 지연되기 때문에 답답하고 불안했겠지만 여기에는 분명히 다음과 같은 하나님의 섭리와 계획이 있었습니다.

첫째, 하나님은 바로와 애굽 사람들에게 하나님이 어떤 분이신지를 확실히 알게 하셨습니다(7:5, 17, 8:10, 22, 9:29). 맨 처음 바로는 이스라엘 백성을 내보내라는 여호와 하나님의 명령을 듣고도 여호와를 알지 못한다고 무시하며 거절했습니다(5:2). 이에 하나님은 열 재앙을 통해 당신의 능력을 확실하게 보이시고 바로와 애굽 사람들로 하여금 하나님을 인정할 수밖에 없게 하셨습니다.

둘째, 하나님은 애굽에서 여러 기적을 보이심으로써 당신의 이름이 온 천하에 전파되게 하셨습니다(9:14, 16). 실제로 애굽을 치신 이 기적들에 대한 소문이 널리 퍼져, 이스라엘이 가나안 땅에 이르렀을 때는 장대한 가나안 족속까지도 하나님을 두려워할 정도였습니다(수 2:11, 9:24). 하나님이 애굽을 굴복시키시면서 동시에 앞으로 다가올 이스라엘의 가나안 입성을 미리 준비하고 계셨던 것입니다.

셋째, 하나님은 엄청난 기적으로 이스라엘 백성을 구출하심으로써 이들이 언약 백성으로서 하나님에 대한 분명한 지식과 믿음을 갖고(6:7, 11:7), 또 대대로 그의 행하신 일들을 기억하도록 의도하셨습니다(출 10:2). 이스라엘 백성은 조상들로부터 구전으로 내려온 이야기를 통해 하나님에 대해 간접적으로 알았을 것입니다. 그런데 이제 이 백성이 가나안 땅에 들어가서 하나님의 백성으로 살기 위해서는 먼저 하나님에 대한 확실한 체험과 지식을 가져야 했습니다. 그래야 그들이 확신을 가지고 하나님을 온전히 섬기며 그의 말씀에 순종할 수 있을 것이기 때문입니다.

〈출애굽기〉 10장 2절을 적어 봅시다.

뱀이 된 아론의 지팡이(7:8~13). 모세와 아론은 하나님의 명령을 따라 바로 앞에 가서 지팡이로 뱀이 되게 하는 기적을 보였습니다. 그러자 애굽 술객들도 똑같이 지팡이를 던져 뱀을 만들었고, 아론이 던진 지팡이가 애굽 술객들의 지팡이를 집어삼켰습니다. 이 이적은 애굽의 술객들도 할 수 있는 것이라 바로는 대수롭지 않게 여겼습니다. 더구나 사람들에게 해를 끼치는 재앙도 아니었기 때문에 바로는 모세와 아론의 말을 듣지 않았습니다. 왜 하나님은 이렇게 약한 기적을 보이게 하셨을까요? 사실상 이것은 앞으로의 재앙을 예고하는 서곡(序曲)이며, 일종의 선전포고라고 할 수 있습니다. 즉 지팡이는 하나님의 능력을 나타내는 가시적인 도구이며, 이제 하나님이 큰 권능으로 애굽을 공격하실 것을 미리 경고하는 것입니다.

아홉 재앙(7:14~10:29). 열 재앙 중에서 처음 아홉 재앙은 각각 세 재앙씩 세 단계로 진행하고 있습니다(3+3+3).

	재앙	경고	시행	범위	바로의 반응
1단계	**1. 하수** (7:14~25)	아침에 바로에게	아론 지팡이 (7:19~20)		그들의 말을 듣지 않음(7:22)
	2. 개구리 (8:1~15)	바로에게 가서	아론 지팡이 (8:5~6)		그들의 말을 듣지 않음(8:15)
	3. 이 (8:16~19)	X	아론 지팡이 (8:16~17)		그들의 말을 듣지 않음(8:19)
2단계	**4. 파리** (8:20~32)	아침에 바로에게	여호와(8:24)	고센 구별 (8:22~23)	"이 땅에서 제사하라" "멀리 가지는 말라" 결국 보내지 않음(8:32)
	5. 가축병 (9:1~7)	바로에게	여호와(9:6)	이스라엘의 가축 구별 (9:6)	보내지 않음(9:7)
	6. 종기 (9:8~12)	X	모세(9:10)	애굽인 술객부터	그들의 말을 듣지 않음(9:12)
3단계	**7. 우박** (9:13~35)	아침에 바로에게	모세 지팡이 (9:23)	대피자(9:20), 이스라엘 제외 (9:26)	죄의 시인(9:27~28)
	8. 메뚜기 (10:1~20)	바로에게	모세 지팡이 (10:13)		"장정만 가라"(10:11) 죄의 시인(10:16~17)
	9. 흑암 (10:21~29)	X	모세의 손 (10:22)	이스라엘 제외 (10:23)	"양과 소는 두고 가라"(10:24) 모세를 쫓아내고 위협 (10:28)

각 단계에서 첫 번째 재앙들은 "아침에 바로에게 가서 이르라"는 하나님의 명령으로 시작합니다. 즉 바로에게 가서 재앙에 대해 미리 경고하라고 하십니다. 이 경고는 "내가 여호와인 줄 네(바로)가 알리라"(7:17, 8:22, 9:29)는 말씀을 포함하고 있습니다. 두 번째 재앙들은 '아침에'라는 시간 지정 없이 "바로에게

가서 이르라"는 명령으로 시작됩니다. 그리고 세 번째 재앙들은 경고 없이 곧바로 진행되며 각 단계에서 정점과 같은 역할을 합니다. 이와 같은 흐름이 각 단계마다 반복되면서 각 단계의 특성이 나타나고, 계속해서 재앙의 강도가 강해지는 것을 볼 수 있습니다.

열 재앙을 애굽의 신에 대한 하나님의 심판으로 보고 열 재앙의 대상을 애굽의 우상들과 연결시켜 보는 시도가 많이 있어 왔습니다. 이것은 하나님이 애굽의 신들을 치신다고 하신 말씀에 근거한 것입니다(출 12:12; 민 33:4). 하지만 이 말씀은 마지막 장자들을 치시는 사건에서 나온 것입니다. 그렇기 때문에 이것을 앞의 전 재앙에 연결시킬 수 있을지는 의문입니다.

〈출애굽기〉 12장 12절을 적어 봅시다.

1단계의 세 재앙은 아직 치명적인 것은 아니고 단지 성가신 정도라고 할 수 있습니다. 이 단계에서는 아론이 지팡이를 들고 기적을 행합니다(7:19~20, 8:5~6, 16~17). 하수가 피로 변하는 첫째 재앙과 개구리가 올라오는 둘째 재앙은 애굽 술사들도 따라 했습니다. 그러나 이가 나오는 셋째 재앙에 대해서는 애굽의 술객들이 따라 하지 못하고, 마침내 그 일이 하나님의 권능에 의한 것임을 고백하게 됩니다(8:19).

2단계의 세 재앙은 질병을 일으키는 것입니다. 또한 여기에서부터 재앙이 내려지는 대상이 확실하게 구분됩니다. 즉 하나님은 애굽인들에게만 재앙을 내리게 하심으로써 이 재앙들이 우연히 일어난 것이 아니라, 애굽에 대한 하나님의 의도적인 심판임을 확실히 보여 주고자 하신 것입니다. 이때 바로는 조금 풀이 꺾이는 것 같았습니다. 왜냐하면 넷째 파리 재앙이 일어났을 때 바로는 "이 땅에서 제사를 드리라"(8:25)고 하고, 또 "광야에 나가되 멀리 나가지는 말라"(8:28)고 하면서 협상을 제안하기 시작했습니다. 그러나 재앙이 물러가면 바로는 여전히 고집을 부렸습니다. 다섯째 재앙은 가축의 병이지만 여섯째 재앙은 인간의 질병으로 확대됩니다. 특히 여섯째 재앙에서 애굽의 술객들까지도 피해를 입었다는 것을 언급함으로써 재앙이 점점 강력해지고 있음을 강조합니다.

3단계의 세 재앙은 애굽의 주 생산 방식인 농사와 관계된 것으로서, 이것은 당장에 먹을 것이 없게 만드는 것이기 때문에, 2단계의 질병보다 더 직접적으로 생명을 위협하는 재앙들입니다. 이 단계에서는 아론이 아니라 모세가 직접 하나님의 지팡이를 들어 기적을 일으킵니다(9:23, 10:13, 10:22). 바로의 반응 역시 자신의 범죄한 것을 인정하고, 또 이리저리 협상을 제시하며 점점 물러서고 있습니다. 일곱째 우박 재앙에 대한 경고가 내려지자 바로의 신하들 중에는 여호와의 말씀을 두려워하여 미리 대피하게 함으로 그 재앙을 면한 사람들도 있었습니다(9:19~20). 그 외에는 이 우박 재앙으로 말미암아 들에 있던 사람들과 짐승, 그리고 밭의 모든 채소가 피해를 입었습니다.

남아 있는 채소를 여덟째 재앙인 메뚜기 떼를 일으켜 완전히 쓸어버리겠다고 경고하자, 바로의 신하들은 완전히 굴복하여 바로에게 이스라엘 백성을 보내라고 간곡히 권고했습니다. 이에 바로는 어린 아이들을 인질로 붙잡고 장정만 내보내려고 했습니다. 협상이 결렬되고 결국 메뚜기 재앙을 겪고 난 후에 바로는 자신의 범죄를 시인하고 구조 요청을 했습니다. 하지만 재앙이 물러간 후에 바로는 여전히 고집을 부리며 백성을 내보내지 않았습니다.

아홉째 흑암의 재앙까지 당한 후에 바로는 이스라엘 백성을 가게 하되 양과 소는 남겨두고 가라고 했습니다. 어린아이들까지는 보내더라도 재산을 압류하겠다는 속셈이었습니다. 하지만 모세가 여호와께 제사를 드리기 위해 모든 가축을 남김없이 다 가져가야겠다고 하자 바로는 다시 고집을 부리며 그 백성을 내보내지 않았습니다.

3) 열째 재앙(11:1~13:16)

최후 예고(11장). 하나님이 모세를 통해 바로에게 지금까지와는 다른 방식으로 최후의 통첩을 내리셨습니다. 그것은 바로를 굴복시킬 결정적인 재앙으로서 바로의 장자로부터 시작해 몸종에 이르기까지 사람들의 장자는 물론 가축의 첫 새끼까지 다 죽는다는 것이었습니다. 이 재앙에서는 아론이나 모세가 지팡이를 들지 않고 하나님이 직접 밤중에 역사하십니다. 그리고 이 재앙을 끝으로 이스라엘 백성이 애굽을 떠날 것이기 때문에 하나님은 이스라엘 백성에게 이웃의 애굽 사람들에게 은금 패물을 구하라고 하셨습니다.

첫 유월절(12:1~28). 하나님은 이스라엘 백성을 구출하시는 결정적인 구원의 역사를 위하여 이스라엘 백성에게 특별한 준비 의식을 치르게 하셨습니다. 그 의식은 각 집에서 어린 양을 잡아 그 피를 문설주에 바르고 그 고기를 먹되, 허리에 띠를 띠고 발에 신을 신고 손에 지팡이를 잡고 급히 먹는 것이었습니다. 하나님은 문설주에 발라진 어린 양의 피로써 그 집에 이미 죽음이 이루어졌다는 표적을 삼으시고, 멸망의 사자가 그 집을 치지 않고 지나가게 하실 것을 약속하셨습니다. 떠날 채비를 한 상태로 먹게 하신 것은 이들이 애굽에서 급하게 나올 것이기 때문입니다. 이것은 애굽과의 지체 없는 단절을 의미하는 것이기도 합니다.

재앙 집행과 바로의 굴복(12:29~36). 하나님의 명령대로 유월절을 대비한 이스라엘 백성은 죽음을 피하였지만, 애굽에는 집집마다 장자들이 죽음으로 마침내 그 완강하던 바로도 굴복하였습니다. 장자들은 물론 가축의 첫 새끼들까지 다 죽는 것을 보고서 애굽 사람들은 하나님의 권세를 두려워하게 되었고, 그래서 이스라엘 백성이 나가면서 은금을 구하자 속히 내주었습니다(출 11:1~3, 12:36). 이것은 부정한 탈취가 아니라 이스라엘 백성이 그동안 노예로 학대당한 것에 대한 정당한 보상이었습니다. 이는 또한 하나님이 아브라함에게 하신 약속 곧 그의 자손이 400년 동안 이방 땅에서 괴롭힘을 당하다가 큰 재물을 가지고 나올 것이라고 하신 말씀이 그대로 성취된 것입니다(창 15:13~14).

〈창세기〉 15장 13~14절을 적어 봅시다.

애굽 탈출(12:37~42). 이스라엘 백성이 애굽을 떠나는 지점인 라암셋은 야곱이 처음 애굽에 이주하여 정착한 라암세스(창 47:11)와 동일한 곳입니다. 야곱의 가족들이 정착한 지 430여년 만에 이스라엘 백성은 이 땅을 떠나게 됩니다. 그동안 이들은 여기에서 바로의 국고성을 짓는 데 동원되어 종살이를 했습니다(출 1:11). 이때 보행하는 장정만 60만 명이었고 그 외 중다한 잡족과 많은 가축 떼가 그들과 함께하였다고 했으니, 그 총 인구는 200만 명을 훨씬 넘었을 것입니다.

유월절 규례(12:43~13:16). 하나님은 이스라엘 대대로 유월절을 지키게 하셨습니다. 이것은 이스라엘 백성으로 하여금 하나님의 구원을 대대적으로 기념하여 하나님을 섬기도록 하기 위해서입니다. 이것은 또한 궁극적으로 우리를 대신하여 죽으시고 우리에게 영생을 얻게 하신 예수 그리스도의 희생을 예표하는 것입니다. 그렇기 때문에 예수님은 유월절 절기에 십자가에 못박혀 죽으셨고, 또 잡하시기 전에 유월절 만찬을 통해서 제자들에게 당신의 죽음의 의미를 가르치셨습니다. 그리고 제자들에게 그것을 행하여 예수님을 기념하라고 말씀하셨고(눅 22:19), 그래서 우리는 오늘날 성찬식을 통해 예수님을 기억하는 것입니다.

〈누가복음〉 22장 19절을 적어 봅시다.

4. 인도(출 13:17~18장)

장자들이 죽는 열 번째 재앙까지 겪고 나서 바로는 비로소 고집을 꺾고 이스라엘을 내보냈습니다. 그런데 이스라엘 백성이 애굽에서 해방된 것으로 하나님의 구원의 완성이 아니라 시작입니다. 이제 하나님은 이 백성을 시내 산으로 인도하십니다. 시내 산은 모세가 처음 하나님을 만났던 호렙 산과 같은 곳입니다. 하나님은 모세에게 그가 백성을 이끌고 그 산에 와서 예배드리게 될 것을 말씀하셨습니다(3:12). 비록 하나님이 그 가는 길을 인도하시지만 그 과정은 결코 쉽지 않았습니다. 그 길은 고난 가운데 당신의 백성을 연단하시는 하나님의 훈련 과정이었기 때문입니다.

1) 홍해(13:17~15:21)

홍해의 기적 (13:17~14:31). 애굽을 빠져나온 이스라엘 백성을 하나님은 남쪽 홍해 광야 길로 인도하셨습니다.

만약 이스라엘 백성이 바로 해안을 따라 동쪽으로 올라가면 가나안으로 직행할 수 있었습니다. 하지만, 거기에는 블레셋 사람들이 살고 있어서 아직 준비되지 못한 이 백성이 전쟁을 만나 지레 겁을 먹고 애굽으로 돌이키는 일이 생기지 않도록 하신 것입니다(13:17). 그런데 문제는 하나님이 홍해 앞 막다른 길로 오게 하셨다는 것입니다. 바로의 군대는 이스라엘 백성이 광야에서 길을 잃었다고 생각해서 뒤쫓아 왔습니다. 진퇴양난의 상황에서 하나님은 홍해를 가르시고 이스라엘 백성을 건너게 하신 후, 다시 바다를 덮으셔서 뒤쫓는 애굽 군대를 몰살시키셨습니다. 이 광경을 보고 이스라엘 백성은 더욱 확실히 하나님을 경외하고 그의 종 모세를 신뢰하게 되었습니다(14:31).

찬양(15:1~21). 홍해의 기적을 체험하면서 이스라엘 백성이 느낀 감격은 모세의 노래(15:1~18)와 미리암의 노래(15:19~21)에 잘 표현되어 있습니다. 모세의 노래에서 전반부(15:1~12)는 홍해에서 애굽 군대를 무찌르신 하나님을 찬양합니다. 그리고 후반부(15:13~18)는 앞으로 하나님이 이 백성을 인도하시어 가나안 땅에 들어가 살게 하실 것을 찬양합니다. 이 노래는 가나안 땅이 하나님이 지으신 성소이며, 하나님이 영원히 다스리신다는 고백으로 마무리됩니다.

2) 광야(15:22~17장)

하나님의 놀라운 기적으로 홍해를 건넌 이스라엘 백성은 시내 산으로 가기 위해 계속 남쪽으로 가다 광야의 길을 지나며 계속 연단을 받습니다.

마라와 엘림(15:22~27). 이스라엘 백성이 물이 없는 수르 광야에서 사흘 동안 헤매다 겨우 물을 만났는데 물이 써서 마실 수가 없었습니다. 모세가 기도할 때 하나님이 모세에게 한 나무를 가리키셨고, 그 나무를 물에 넣으니 물이 달아졌습니다. 그리고 하나님이 그들에게 하나님의 법도를 지키면 애굽 사람들에게 내린 재앙을 그들에게는 내리지 않으실 것을 약속하셨습니다. 이 사건을 통해서 교훈하는 것은 마라의 쓴 물과 같았던 그들의 삶이 하나님의 지시를 따라 말씀대로 순종하며 살 때 복된 삶을 살게 된다는 것입니다. 이스라엘 백성은 마라를 지나서 물과 종려나무가 풍부한 엘림에 머물렀습니다. 이것은 하나님이 주신 복을 누리는 평안한 삶을 보여 주는 하나의 예증이라고 할 수 있을 것입니다.

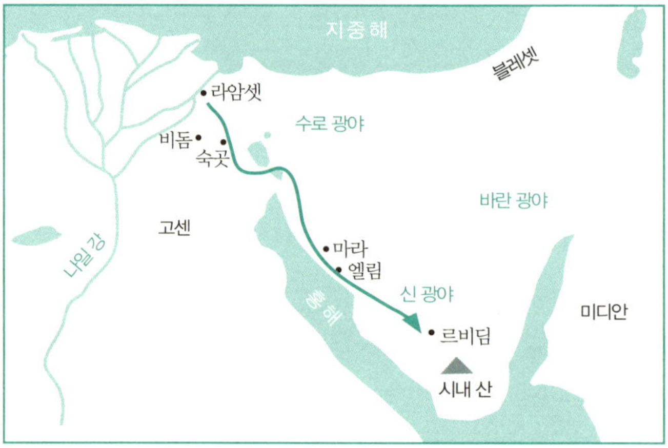

출애굽 경로

만나와 메추라기(16장). 엘림을 떠난 이스라엘 백성은 신 광야에서 먹을 것이 없다고 불평하며 모세와 아론을 원망했습니다. 이에 하나님은 그들에게 아침에는 하늘에서 이슬같이 내리는 만나를 양식으로 주시고 저녁에는 메추라기 떼를 보내어 먹게 하셨습니다. 하나님은 이것을 통해 하나님이 그 백성을 애굽에서 구출하여 내신 '구원의 하나님'이신 것과(16:6), 그분이 여호와 그 백성의 하나님 곧 '언약의 하나님'이신 것을 알게 하셨습니다(16:12). 또한 하나님은 만나를 거두는 방법에 대해 구체적인 지시를 내리시면서 그 백성이 율법을 지키는지 안 지키는지 시험하신다고 하셨습니다. 하나님의 지시는 만나를 매일 일용할 만큼만 거두어 먹되 다음 날까지 남기지 말 것과, 엿새째에는 갑절을 거두어 이레째는 쉬라는 것이었습니다. 이것은 앞의 마라의 샘물에서와 마찬가지로 하나님이 그들을 언약 백성으로 준비시키는 훈련 과정이었습니다. 그날의 필요한 만큼만 거두게 하신 것은 하나님을 온전히 믿고 의지하게 하시는 것입니다. 또한 이레째 쉬는 것은 앞으로 주실 율법을 온전히 준수하기 위한 예비적인 훈련입니다.

〈신명기〉 8장 3절을 적어 봅시다.

므리바 샘물(17:1~7). 하나님의 인도하심을 따라 이스라엘 백성은 신 광야를 떠나 르비딤에 와서 진을 쳤는데, 이스라엘 백성은 또 물이 없다는 이유로 모세에게 원망을 합니다. 여기에서 그 백성이 모세와 다투고 또 하나님이 그들 가운데 계신가 안 계신가 시험했다 하여 그곳을 "맛사"(시험) 또는 "므리바"(다툼)라고 불렀습니다(17:7).

여기에서 이스라엘 백성이 하나님을 시험했다는 것은 심각한 문제입니다. 앞에서 마라와 신 광야를 지나오는 동안 하나님이 이스라엘 백성을 시험하셨습니다(15:25, 16:4). 하나님이 이렇게 이스라엘 백성을 시험하셨다는 것은 "하나님은 악에게 시험을 받지도 아니하시고 친히 아무도 시험하지 아니하시느니라"(약 1:13)는 말씀과 모순되는 것이 아닙니다. 〈야고보서〉의 말씀은 하나님이 악에 빠지도록 시험을 받지도 않으시고, 또 사람들이 악에 빠지도록 시험하지 않으신다는 것입니다. 광야에서 그 백성을 시험하신 것은 그들을 넘어지게 하시려는 것이 아니라, 연약한 그들을 거룩한 백성으로 세워 가시는 연단의 과정입니다.

하나님이 이스라엘 백성을 시험하셨다고 해서 이스라엘 백성이 하나님을 시험하는 것이 정당화되지는 않습니다. 왜냐하면 바로 하나님이 당신의 백성을 연단하기 위해 시험하고 검증하는 것이지, 역으로 백성이 하나님을 훈련하고 검증할 수는 없기 때문입니다. 달리 말하자면 토기장이가 진흙을 다듬는 것이지 진흙이 토기장이를 다듬는 법은 없습니다. 하나님의 구원받은 백성이 할 일은 마땅히 하나님을 신뢰하고 그 말씀에 순종하는 것입니다. 그렇지 않고 하나님을 시험하겠다고 하는 것은 불신과 방자함을 드러내는 반역적인 것입니다(참고. 히 3:8). 마귀는 예수님으로 하여금 하나님을 시험하도록 성전꼭대기에서 뛰어내리라고 도전했지만, 예수님은 단호하게 "하나님을 시험하지 말라"는 말씀으로 이겨 내셨습니다(마 4:5~7; 신 6:16). 우리도 이렇게 하나님을 시험하려는 유혹을 이겨 내야 합니다(참고. 고전 10:9).

〈히브리서〉 3장 8절을 적어 봅시다.

아말렉과 전쟁(17:8~16). 이스라엘 백성이 아직 르비딤에 있을 때 아말렉 족속이 이스라엘 백성을 치러 왔습니다. 이것은 이스라엘 백성이 출애굽한 이후에 처음 겪는 전쟁이며, 이제부터 이들은 가나안 족속과 숱한 전쟁을 치르게 될 것입니다. 이스라엘 백성이 다툴 대상은 지도자 모세가 아니라 가나안 족속인 것입니다. 모세는 여호수아를 내세워 군대를 이끌고 나가 싸우게 하고 자신은 산꼭대기에 올라갔습니다. 모든 사람이 보는 가운데 모세가 팔을 들면 이스라엘이 이겼는데, 모세가 지쳐서 그 손을 내리면 이스라엘이 졌습니다. 그래서 아론과 훌이 양편에서 그의 팔을 받쳐 내려오지 않게 함으로써 이스라엘은 아말렉을 이길 수 있었습니다.

사람들은 보통 여기에서 모세가 손을 든 것을 그가 기도한 것으로 이해합니다. 물론 구약 성경에서 손을 들고 하나님에게 간구하는 경우가 있습니다(시 28:2, 77:2; 스 9:5). 하지만 여기에서 중요한 것은 모세의 기도가 아니라 하나님의 지팡이입니다. 모세가 여호수아를 내보내면서 "내일 내가 하나님의 지팡이를 손에 잡고 산꼭대기에 서리라"(17:9)고 했던 것을 주목하십시오. 또한 앞서 므리바 반석에서 물을 내게 하실 때에도 하나님이 모세에게 "나일 강을 치던 네 지팡이를 손에 잡고 가라"(17:5)고 말씀하신 것을 간과하지 말아야 합니다.

여기의 지팡이는 원래 모세가 양을 칠 때 쓰던 것이었으나, 그가 호렙 산에서 사명을 받을 때에 하나님의 능력을 나타내기 위한 하나님의 지팡이가 되었습니다. 그래서 모세는 출애굽의 사명을 완수하기 위해 애굽으로 돌아갈 때 이 지팡이를 가지고 갔습니다(4:20). 모세와 아론은 이 지팡이를 들어 열 재앙을 일으켰고(7:20, 8:5, 16, 9:23, 10:13 등), 홍해를 가를 때에도 이 지팡이를 내밀었습니다(14:16). 성경은 모세나 아론이 손을 내밀거나 들어 올리는 것을 지팡이를 내밀거나 들어 올리는 것과 동일하게 표현하고 있습니다(8:5, 6; 9:23, 33; 10:12, 13; 14:16, 21). 그러므로 아말렉과의 전쟁 때에 모세가 산꼭대기에 올라 손을 높이 들었다는 것은 곧 지팡이를 높이 쳐들었다는 뜻입니다. 이것은 권능으로 애굽을 치셨던 하나님이 이제 아말렉을 치신다는 것을 가시적으로 보여주기 위한 것입니다. 그렇게 함으로써 하나님이 이 전쟁을 주관하신다는 것을 선포하며, 동시에 하나님이 그들 가운데 함께 계신가 안 계신가 시험하였던 이스라엘 백성에게 하나님의 임재하심과 역사하심을 확신하게 하신 것입니다.

전쟁이 끝난 후 모세는 거기에 단을 쌓고 "여호와 닛시"라고 이름을 지었습니다. 이 문구는 '여호와는 나의 깃발'이라는 뜻으로서, 여기에는 하나님의 인도하심을 따라 나아갈 때 반드시 승리한다는 신앙고백이 들어 있습니다. 또 여기에서 하나님은 아말렉과 영원히 싸우실 것을 맹세하셨는데, 이것은 후대에 사무엘이 사울에게 아말렉 족속을 완전히 멸절시키라고 했던 이유가 됩니다(참고. 삼상 15:2~3).

〈사무엘상〉 15장 2~3절을 적어 봅시다.

3) 조직(18장)

모세가 하나님의 산 곧 시내 산 앞에 이르러 진을 치고 있을 즈음에 모세의 장인 이드로가 모세의 아내 십보라와 두 아들을 데려왔습니다(18:5). 이드로는 모세를 통해 하나님의 역사하심을 듣고 하나님에게 영광을 돌렸습니다. 또한 이드로는 모세가 힘에 겹도록 모든 백성의 재판을 혼자서 감당하는 것을 보고, 모세에게 그를 도와 재판할 사람들을 훈련하여 세우도록 조언했습니다. 장인의 말대로 모세는 천부장, 백부장, 오십부장, 십부장을 세웠고, 이들은 모세를 대신해 쉬운 일을 판결하고 어려운 일은 모세에게 올렸습니다.

B 언약

〈출애굽기〉 전반부(1~18장)는 애굽에서 큰 민족을 이룬 야곱의 자손이 노예로 학대를 받다가 애굽에서 나와 시내 산에 도착하기까지의 과정을 다루었습니다. 시내 산에 도착한 이스라엘 백성에게 하나님이 "너희가 내 말을 잘 듣고 내 언약을 지키면 너희는 모든 민족 중에서 내 소유가 되겠고 너희가 내게 대하여 제사장 나라가 되며 거룩한 백성이 되리라"(19:5~6)고 말씀하셨습니다. 〈출애굽기〉 후반부와 〈레위기〉는 이 말씀에 기초하여 하나님과 이스라엘 백성 사이에 맺어진 언약에 대해 설명합니다.

〈출애굽기〉 19~40장과 〈레위기〉의 구조와 요점

구분	요점		
1 율법 (출 19~24장)	이스라엘 백성이 지켜야 할 언약의 조건인 율법을 주시고 그들과 언약을 맺으셨습니다.		
	1) 언약 제시(19장) 언약을 지키면 하나님의 소유, 제사장 나라, 거룩한 백성이 될 것을 제안하셨습니다.	**2) 언약 조항**(20~23장) 언약 조건으로서 십계명과 그 외 다른 하나님의 율법이 소개되었습니다.	**3) 언약 체결**(24장) 하나님과 이스라엘 백성이 희생제물의 피를 뿌려 공식적으로 언약을 맺었습니다.
2 성막 (출 25~40장)	하나님이 소유로 삼으신 언약 백성과 함께 계신다는 증거로서 그들 가운데 성막을 짓게 하셨습니다.		
	1) 성막 설계(25~31장) 성소의 기구와 성막과 뜰, 그리고 제사장 위임까지 성소를 위한 지시를 내리셨습니다.	**2) 금송아지**(32~34장) 이스라엘 백성이 금송아지를 만들고 경배하여 언약 파기의 위기를 겪었습니다.	**3) 성막 공사**(35~40장) 하나님이 지시하신대로 성막을 건축하였고 하나님의 영광이 거기에 머물렀습니다.
3 제사 (레 1~10장)	이스라엘 백성이 제사장 나라로서 하나님을 섬기며 살도록 제사의 규례를 주셨습니다.		
	1) 제사 규례(1~7장) 5대 제사(번제, 소제, 화목제, 속죄제, 속건제)에 대한 규례를 주셨습니다.	**2) 제사장 위임**(8~9장) 제사를 주관하는 제사장으로 아론과 그 아들들을 세우셨습니다.	**3) 제사장 직무**(10장) 아론과 아들들이 직무를 시작했다가, 두 아들이 잘못된 분향을 하여 죽었습니다.
4 거룩 (레 11~27장)	하나님과 함께하는 거룩한 백성으로 살도록 정결과 성결의 규례를 주셨습니다.		
	1) 정결 규례(11~15장) 정한 것과 부정한 것을 구별하여 정결하게 살도록 음식과 질병의 규례를 주셨습니다.	**2) 대속죄일**(16장) 일 년에 한 번 이스라엘의 모든 부정과 죄를 씻는 대속죄일의 규례를 주셨습니다.	**3) 성결 규례**(17~27장) 일상생활에서 하나님의 거룩하심을 따라 구별된 삶을 살도록 규례를 주셨습니다.

1. 율법(출 19~24장)

1) 언약 제시(19장)

애굽을 나온 이스라엘 백성은 바로 가나안 땅으로 가지 않고 일단 시내 산 앞으로 가서 진을 쳤습니다. 이것은 하나님이 일찍이 모세를 부르실 때 이스라엘 백성이 애굽을 나와서 거기에 이르러 당신을 섬길 것이라고 하신 말씀대로 이루어진 것입니다(출 3:12). 백성은 산 아래에서 진을 쳤고 모세만 하나님을 만나러 산으로 올라갔는데, 여기에서 그는 하나님과 이스라엘 백성과의 언약을 맺는 데 중개인의 역할을 합니다. 먼저 하나님이 이스라엘 백성에게 언약의 조건과 그에 따른 세 가지 복을 제시하셨습니다(출 19:5~6). 〈출애굽기〉 후반부와 〈레위기〉의 틀이 됩니다.

언약 제시(출 19:5~6)		언약 규례(출 19~40장, 레위기)	
조건	너희가 내 말을 잘 듣고 내 언약을 지키면	출 19~24장	언약 조건으로서 이스라엘 백성이 지켜야 할 율법
복	너희는 모든 민족 중에서 내 소유가 되겠고	출 25~40장	하나님이 소유된 백성과 함께 거하실 성막 건축
	너희가 내게 대하여 제사장 나라가 되며	레 1~10장	제사장 나라로서 하나님을 섬기는 제사 규례
	거룩한 백성이 되리라	레 11~27장	거룩한 백성으로서 구별되게 사는 거룩의 규례

출 19:5~6의 언약 제시와 그에 따른 율법과 규례

이 제안을 듣고 이스라엘 백성은 일제히 하나님의 말씀을 잘 지키겠노라고 응답하였습니다. 일차적으로 언약 당사자 쌍방 간에 구두상의 동의가 이루어진 것입니다. 이에 하나님은 이스라엘 백성에게 성결하게 준비하고 기다릴 것과 함부로 시내 산에 접근하지 못하도록 경계하셨습니다. 왜냐하면 이제 하나님이 시내 산에 강림하셔서 그 백성과 언약을 맺으실 것이기 때문입니다.

2) 언약 조항(20~23장)

언약을 맺기 위한 동의가 이루어졌으므로 이스라엘 백성이 지켜야 할 하나님의 말씀 즉 언약의 조항이 구체적으로 제시되었습니다. 이것은 율법이 하나님의 백성이 되기 위한 조건이라는 뜻이 아닙니다. 구원의 조건이나 기준은 더더욱 아닙니다. 율법은 하나님의 통치 원리가 반영된 언약 조항이며, 따라서 하나님의 언약 백성이 마땅히 지켜야 할 삶의 지침인 것입니다.

십계명(20:1~17). 먼저 가장 기본적인 율법으로서 십계명을 주셨습니다(20:1~17). 처음 네 계명은 하나님과 수직적인 관계를 규정한 법이고, 뒤의 여섯 계명은 인간 상호 간의 수평적인 관계에 대한 것입니다. 그러므로 예수님이 요약해 주신 것과 같이 율법의 근본은 하나님을 사랑하는 것과 이웃을 사랑하는 것입니다(마 22:34~40).

하나님 사랑	이웃 사랑
1. 나 외에는 다른 신을 네게 두지 말라. 2. 우상을 만들지 말라. 3. 여호와의 이름을 망령되이 일컫지 말라. 4. 안식일을 기억하여 거룩하게 지키라.	5. 네 부모를 공경하라. 6. 살인하지 말라. 7. 간음하지 말라. 8. 도둑질하지 말라. 9. 네 이웃에 대하여 거짓 증거하지 말라. 10. 네 이웃의 소유를 탐내지 말라.

〈마태복음〉 22장 34~40절을 적어 봅시다.

법규(20:18~23:19). 이스라엘 백성은 하나님이 십계명을 주실 때 직접 말씀하시는 것을 듣고 두려워하여 나머지 법규들은 모세를 통해 간접적으로 받기를 원했습니다(20:18~21). 그리하여 십계명 외에 다른 법은 모세가 하나님에게 받아서 백성에게 전하였습니다. 이 법규들은 기본법인 십계명을 구체적으로 적용하는 실정법이라고 할 수 있습니다. 단, 이 법규집은 십계명의 구조와 달리 하나님을 섬기는 예배법으로 시작해서, 인간관계에 대한 사회법을 제시하고, 다시 하나님에 대한 법으로 마무리됩니다.

예배	우상과 제단(20:22~26)
사회	종의 소유(21:1~11) 상해법(21:12~36) 배상법(22:1~15) 사회정의(22:16~31) 공평과 자비(23:1~9)
예배	절기법(23:10~19)

순종의 명령과 약속(23:20~33). 십계명과 법규를 주신 다음 하나님이 마무리하는 말씀으로써 오직 여호와 하나님만 섬기고 그의 말씀에 순종할 것을 명령하셨습니다. 아울러 말씀에 순종할 때 하나님이 그들의 원수들을 대적하여 무찌르시고 그 땅에서 복을 주실 것도 약속하셨습니다.

3) 언약 체결(24장)

피의 언약(24:1~11). 모세가 하나님이 주신 계명과 율례들을 이스라엘 백성에게 구체적으로 제시하였을 때, 그들은 하나님의 말씀에 순종할 것을 약속했습니다. 자발적인 동의가 이루어지고 이에 하나님과 이스라엘 백성이 공식적인 언약식을 치르고 언약 관계를 맺게 됩니다. 이 언약식은 피로 맺는 것입니다. 모세는 단을 쌓고 번제를 드리며, 그 희생제물의 피를 받아 절반은 단에 뿌리고 나머지 절반은 백성에게 뿌렸습니다. 피를 뿌리는 것은 목숨을 걸고 언약을 지킬 것을 맹세하는 것입니다. 이 언약은 예수님이 그의 피로 세우신 새 언약으로 대체되었습니다(눅 22:20).

피의 언약식이 치러진 후 모세와 아론, 그리고 이스라엘의 대표들이 하나님 앞에 올라가 언약 식사를 하였습니다. 이 언약 식사는 하나님과 그 백성 사이에 언약이 맺어진 것을 축하하고 기념하는 것입니다. 또한 피를 뿌리는 의식이 계약을 어겼을 때 따르는 죽음의 형벌을 경고하는 것이라면, 언약 식사는 계약을 지켰을 때 따르는 복을 예시하는 것입니다.

〈누가복음〉 22장 20절을 적어 봅시다.

40일의 독대(24:12~18). 언약식을 치른 후에 하나님은 다시 모세를 산으로 부르셔서 40일 밤낮을 하나님과 함께 있게 했습니다. 그 목적은 '율법과 계명을 친히 기록한 돌판'을 모세에게 주시기 위해서입니다. "증거판"(25:16, 29:18, 34:29)이라고도 하는 이 두 개의 돌판은 하나님과 그 백성의 언약 관계를 입증하는 증빙서류 혹은 협정서와 같은 것입니다. 그렇기 때문에 이 돌판은 앞으로 설명하게 될 성막의 핵심 기물인 증거궤(언약궤)에 보관됩니다(25:16).

2. 성막(출 25~40장)

하나님과 이스라엘 백성이 언약을 맺음으로 여호와 하나님이 이스라엘의 하나님이 되시고 이스라엘은 여호와의 백성이 되는 언약 관계가 성립되었습니다. 이와 같은 언약적 결속을 입증하는 표징으로서 하나님은 그 백성으로 하여금 성막을 짓게 하셨습니다. 즉 하나님의 처소인 성막을 이스라엘 백성의 진 가운데 두심으로 왕이신 하나님이 친히 그 백성과 함께 거주하신다는 것을 나타내게 하시려는 것입니다(레 26:11~12). 그러므로 성막을 짓게 하신 것은 하나님이 처음 제시하신 계약의 말씀 중에서 "너희는 모든 민족 중에서 내 소유가 되리라"는 약속을 이루는 것입니다.

〈레위기〉 26장 11~12절을 적어 봅시다.

____

____

____

1) 성막 설계(25~31장)

하나님은 모세에게 구체적으로 성막과 기구들, 그리고 성막 봉사자인 제사장들에 대한 지침을 내리셨습니다. 여기에 필요한 재료는 반드시 자원하는 예물로 해야 하며, 모든 공정은 하나님이 설계하신 대로 이루어져야 합니다(25:2, 9). 하나님의 설계는 성소 자체(25~27장)와 성소의 직원인 제사장(28~29장), 그리고 추가 지시(30~31장)로 구성되어 있습니다.

성소(25~27장)	
기구 (25장)	지침(25:1~9)
	증거궤(25:10~22)
	진설병 상(25:23~30)
	등잔대(25:31~40)
성막 (26장)	성막(26:1~6)
	성막 덮개(26:7~13)
	덮개와 웃덮개(26:14)
	널판과 받침(26:15~30)
	휘장과 문(26:31~37)
마당 (27장)	제단(27:1~8)
	뜰(27:9~19)
	등불 관리(27:20~21)

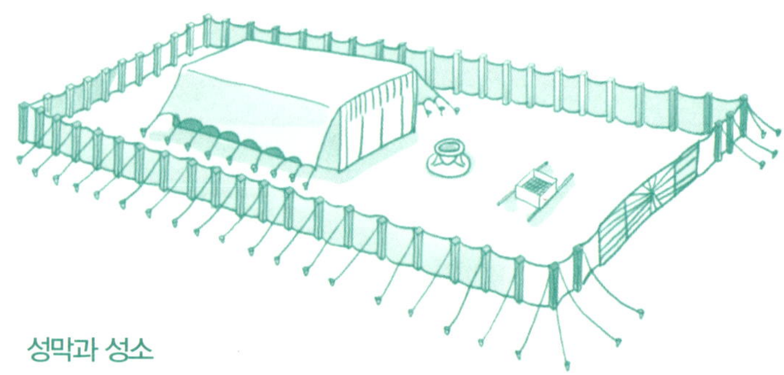

성막과 성소

성소(25~27장). 하나님의 거룩한 처소를 짓기 위한 설계는 안에서 밖으로 진행됩니다. 즉 성막 안에 두는 기구에 대해 말씀하시고(25장), 그다음 성막 구조물에 대해(26장), 마지막으로 성막 주위의 마당과 거기에 두실 기구에 대해 지시하셨습니다(27장).

성막 안에는 두 개의 방이 있습니다. 가장 안쪽은 "지성소"(至聖所, 지극히 거룩한 곳)로서 하나님이 임재하시는 방을 뜻합니다. 이곳에는 오직 증거궤(언약궤, 법궤)만 둡니다. 궤 안에 증거판을 보관하고 그 위에 순금으로 만든 "속죄소"를 덮습니다. 이 속죄소 위에는 날개를 펴고 얼굴을 숙인 그룹(cherub) 둘을 둡니다. 그룹은 하나님을 호위하는 역할을 하는 영적인 존재를 가리킵니다. 하나님은 속죄소 위에 그룹 사이에서 명령하시므로 속죄소는 왕의 보좌와 같은 곳입니다.

지성소 앞에 있는 방이 "성소"(聖所, 거룩한 곳)이며 일반 집에서 거실과 같은 곳입니다. 여기에는 세 가지 기구 곧 분향단과 상, 그리고 등잔대를 두는데, 이 장에서는 상과 등잔대에 대한 설명이 나오고 분향단에 대해서는 추가 지시에서 언급됩니다. 상에는 열두 덩이의 떡을 날마다 새것으로 차려 둡니다(진설병). 열둘이라는 숫자는 이스라엘 열두 지파와 관계가 있으며 하나님과 그 백성이 함께 나누는 교제를 상징한다고 볼 수 있습니다.

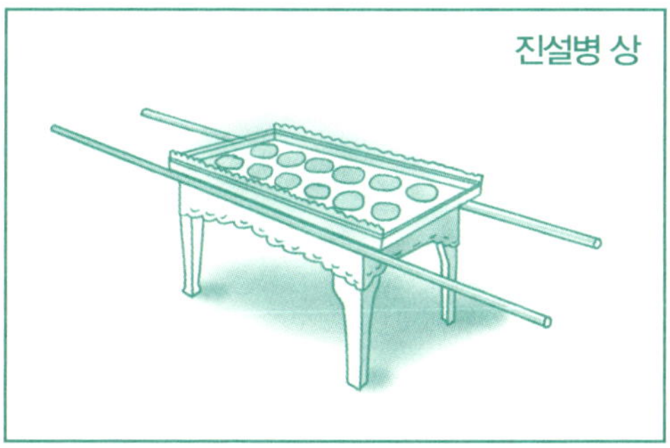

상을 마주하여 놓는 등잔대는 일곱 가지로 뻗어 있는 나무의 형상으로 되어 있으며 그 위의 불이 성소 안을 비춰줍니다. 나무 가지 위의 불꽃 형상이므로 화염검으로 둘러싸인 생명나무(창 3:24)나 혹은 모세가 하나님을 처음 만날 때 보았던 불붙은 떨기나무(출 3:2)를 연상하게 합니다. 그러므로 등잔대는 단지 성소 안에서 조명의 역할만 하는 것이 아니라 하나님이 그 백성에게 베푸시는 영적 조명과 은혜를 상징한다고 할 수 있습니다.

성막

성막과 뜰

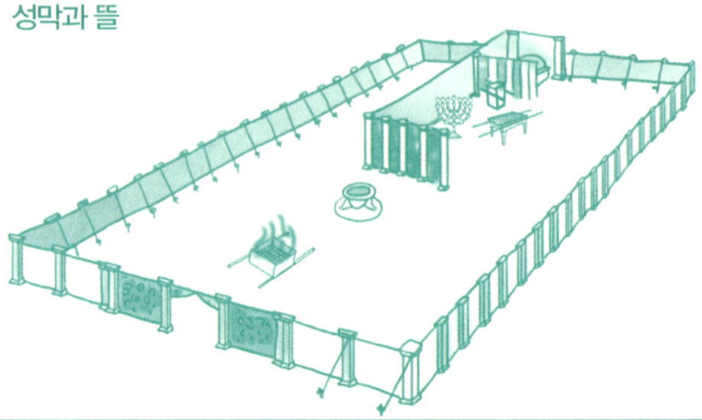

26장은 성소를 덮는 네 개의 장막과 장막을 지탱하는 말뚝인 널판과 받침, 성소와 지성소를 구분하는 휘장, 그리고 성소 입구의 문에 대한 설명입니다. 여기에 주목할 점은 성소와 지성소를 구분하는 휘장에는 그룹들을 수놓음으로써 (26:31) 그룹들의 호위를 받으시는 하나님의 임재를 상징한다는 것입니다.

성막 공사에 금속 재료로서 금, 은, 동(놋)이 쓰입니다. 중심의 기구는 금으로 만들고 중간은 은 그리고 바깥 재료로는 동(놋)이 사용되었습니다.

27장은 성막 주변의 뜰에 대한 설명으로서 이곳은 일반 집의 마당과 같은 곳입니다. 성막 주변으로 울타리가 되는 포장을 쳐서 뜰을 만들고, 뜰 안 성막 앞에 물두멍과 제단을 둡니다. 이 장에서는 제단만 설명되고 물두멍은 추가 지시에서 언급됩니다. 제단은 제물을 태워 드리는 곳이므로 번제단이라고도 하며 일반 가정의 부엌과 같은 곳입니다. 마지막으로 회막(성막)을 비추는 등불의 기름에 관한 지시가 내려지고 성막에 관한 설계가 마무리됩니다.

제사장(28~29장). 성소에 관한 지시에 이어 성소에서 봉사하는 제사장의 의복과 위임에 대한 지시가 설명됩니다.

28장은 제사장 의복에 대한 지시입니다. 아론과 그 아들들은 거룩한 성소에서 하나님을 섬기는 제사장인 만큼 그 직분에 걸맞게 정교하게 만든 거룩한 옷차림을 갖추어야 합니다. 특히 아론은 대제사장으로서 특별한 차림을 합니다. 에봇은 어깨에서 띠로 멘 앞치마처럼 생긴 것으로 제사장 의복에서 가장 겉에 입는 것입니다. 두 어깨받이에 각각 보석을 단 견장이 있으며, 거기에 열두 지파의 이름이 새겨 있습니다. 에봇 앞에 가슴 쪽에는 판결 흉패를 붙입니다. 여기에는 세 개씩 네 종류의 보석이 붙어 있으며 각 보석에는 열두 지파의 이름이 새겨 있습니다. 이것은 대제사장이 하나님 앞에 나아갈 때 보석과 같이 특별한 소유가 된 이스라엘 백성을 대표하여 서는 것을 상징합니다.

제사장 의복

판결 흉패의 안 주머니에는 우림과 둠밈이 있고, 하나님 앞에 물으러 갈 때는 이것들을 가슴에 붙입니다. 우림(빛)과 둠밈(완전)은 초기 왕정 시대까지 하나님의 뜻을 묻기 위해 쓰인 도구로서(민 27:21; 삼상 28:6), 그 재료나 모양에 대해서는 확실한 자료가 없습니다. 그 외에도 대제사장은 에봇 아래 청색으로 된 겉옷을 입고(28:31~35), 이마에는 "여호와께 성결"이라고 쓴 순금 패를 붙이며(28:36~39), 속옷을 입고 띠를 띠며 관을 쓰고 또 하체가 드러나지 않도록 속바지를 입습니다(28:40~43).

제사장(28~29장)	
의복(28장)	재료(28:1~5)
	에봇(28:6~14)
	판결 흉패(28:15~30)
	기타(28:31~43)
위임(29장)	성별(29:1~9)
	위임제(29:10~28)
	성의 이양(29:29~30)
	위임식 식사(29:31~34)
	7일 제사(29:35~37)
	상번제(29:38~46)

29장은 제사장 위임식에 대한 설명입니다. 아론에게 대제사장의 의복을 갖추게 하고 관유를 발라 거룩하게 하며(성별), 그의 아들들 역시 제사장의 속옷을 입고 함께 위임을 받습니다. 수송아지 한 마리와 숫양 둘로 절차를 따라 위임 제사를 드린 후에, 오직 제사장들만 위임식 고기를 먹습니다. 이후로 제사장들은 회막문 앞의 제단에서 매일 아침과 저녁으로 일 년 된 어린 양을 하나님에게 번제로 드립니다. 이것은 늘 드리는 번제라는 의미로 상번제라고도 하며, 하나님은 여기에서 이스라엘 백성과 만나시고 말씀하실 것을 약속하셨습니다. 백성은 왕 되신 하나님 앞에 헌물을 드리며, 하나

님은 말씀으로 그 백성을 통치하시는 것입니다.

추가 지시(30~31장). 30장은 분향단과 물두멍 등 기타 기구들에 대해 설명합니다. 성소에 놓인 분향단은 지성소와 가장 가까이 놓여 있으며, 〈요한계시록〉은 이것을 성도의 기도로 봅니다(계 5:8). 물두멍은 성막 앞에 놓여 있어 제사장이 성소에 들어가기 전에 씻는 곳으로서, 하나님 앞에 나아갈 때 성결해야 함을 강조합니다. 31장에서는 이 모든 공사를 책임질 지혜로운 기술자로서 브사렐과 오홀리압이 임명됩니다. 마지막은 안식일에 대한 규례로서, 하나님의 성소를 짓는 공사라 할지라도 반드시 하나님의 율법대로 안식일을 지켜야 할 것을 명령하십니다.

〈요한계시록〉 5장 8절을 적어 봅시다.

2) 금송아지(32~34장)

하나님이 이스라엘 백성과 언약을 맺으시고 율법을 주셨으며, 이제 성막을 지어 그들과 함께하실 것을 계획하시고 시내 산에서 모세에게 성막에 대해 지시하시는 동안 산 아래에서는 이스라엘 백성이 금송아지를 만들고 숭배하였습니다. 하나님이 신실하게 언약을 이루시기 위해 일하시는 동안에, 이스라엘 백성은 정반대로 언약을 어기고 있었습니다. 하나님 나라를 세워 가시는 역사가 다시 한 번 인간의 타락으로 좌절되는 순간입니다.

금송아지 만듦(32:1~14). 모세가 40일 동안 산에 머물러 있으므로 백성은 불안한 마음에 자기들 마음대로 우상을 만들고 숭배했습니다. 이에 하나님이 심히 진노하시고 모세를 내려가라 하시며 그들을 멸망시키신다고 하셨습니다. 다행히 모세의 중재 가운데 하나님은 일단 화를 내리시는 것을 멈추셨습니다.

깨진 언약(32:15~29). 하나님으로부터 증거판을 받아 내려온 모세는 이스라엘 백성이 금송아지를 숭배하는 광경을 보고 크게 진노하여 두 증거판을 산 아래로 던져 깨뜨렸습니다. 증거판은 하나님과 이스라엘 백성 사이에 맺어진 언약을 보증하는 언약 증서와 같은 것인데, 이스라엘 백성이 금송아지를 숭배하여 언약이 파기되었으므로 증거판의 존재는 의미가 없어진 것입니다.

모세는 금송아지를 불살라 없애고 가루를 빻아 물에 뿌려 이스라엘 백성으로 마시게 하였습니다. 그리고 "여호와의 편에 있는 자"들을 소집하자 레위 자손이 나섰고, 이들이 백성 중에 삼천 명을 칼로 처단하였습니다.

모세의 중재와 회복(32:30~34장). 백성의 일부를 처결한 후에 모세는 하나님 앞에 다시 올라가 백성을 대표해서 회개하고 사죄의 은총을 구했습니다. 여호와께서는 이 백성과 함께 가다가는 그들을 죽이실 것 같다고 하시면서, 그 백성만 가나안 땅으로 보내고 함께 가지 않으시겠다고 하셨습니다. 왕이신 하나님과 그 백성의 단절을 선포하신 것입니다. 이에 이스라엘 백성은 몸에 장신구를 떼어 내고 슬퍼하며 근신하였습니다. 하나님은 이들에게 은혜를 베푸시고 용서하셨으며 은총의 표시로서 모세 앞에 특별한 영광을 보이셨습니다. 그다음에 모세는 하나님의 명령에 따라 다시 산에 올라가 40일을 머무르며 새 증거판을 받아 왔고, 하나님은 그 백성과 다시 언약을 세우셨습니다(34:10).

3) 성막 공사(35~40장)

성막 공사(35~39장). 35장 이하에서 드디어 성막 공사가 시작됩니다. 백성이 기쁨으로 자원하여 예물을 드렸고, 또 하나님에게로부터 지혜를 얻은 기술

자들이 나서서 성막을 짓고 그 외 성막의 기구들과 제사장의 예복 등을 만들었습니다.

성막 공사(35~40장)	
준비 (35:1~ 36:7)	안식일(35:1~3)
	헌물 지시(35:4~29)
	사역자(35:30~36:1)
	넉넉한 예물(36:2~7)
성막 공사 (36:8~38:31)	성막(36:8~38)
	언약궤(37:1~9)
	상(37:10~16)
	등잔대(37:17~24)
	분향단(37:25~29)
	번제단(38:1~7)
	물두멍(38:8)
	뜰(38:9~20)
	비용(38:21~31)
제사장 (39:2~31)	에봇(39:2~7)
	흉패(39:8~21)
	기타(39:22~31)
마침	공사 완료(39:32~43)
	봉헌과 임재(40장)

봉헌(40장). 하나님의 말씀하신 대로 모든 일을 진행하여 출애굽한 그 이듬해에 모든 공사가 마쳐졌습니다. 성막을 봉헌할 때 구름이 성막에 덮이고 하나님의 영광이 그곳에 충만하였습니다. 이것은 하나님의 임재를 가시적으로 보여 주는 것으로서 시내 산에 강림하셨던 하나님이 이제 그 백성과 함께 장막에 거하시게 된 것을 의미합니다.

3. 제사(레 1~10장)

〈출애굽기〉의 마지막은 성막이 완성되어 하나님의 영광이 거기에 임하시기까지를 보여 주었습니다. 〈레위기〉가 시작되면서 하나님은 더 이상 시내 산에서 계시하지 않으시고 완성된 성막(회막)에서 모세와 만나시면서 계속해서 율법과 규례들을 주셨습니다. 애굽을 큰 권능으로 제압하셨던 하나님, 그리고 시내 산에서는 감히 근접조차 할 수 없었던 그 하나님이 이제 성막에 임재하시어 그 백성 가운데 함께 계십니다. 이 같은 상황은 그 백성으로 하여금 새로운 차원의 삶을 살아야 될 것을 요구합니다. 〈레위기〉의 율법과 규례들은 바로 하나님과 함께 사는 하나님 백성의 의무를 규정한 것입니다.

그중에서 〈레위기〉의 전반부(레 1~10장)는 성막에서 드려지는 제사에 대한 율법으로서, 이는 하나님의 계약에 따르는 두 번째 복, 즉 "제사장 나라가 되리라"는 약속과 관련이 있습니다. 먼저 제사의 종류와 절차를 설명하는 제사법이 설명되고(1~7장), 그다음에 제사장으로서 아론과 아들들이 위임을 받은 것과(8장), 위임받은 제사장이 행한 직무에 대한 기사가 나옵니다(9~10장).

1) 제사 규례(1~7장)

제사법은 대표적인 다섯 가지 제사에 대한 규례를 설명합니다. 그중에서 1:1~6:7은 "이스라엘 자손" 즉 일반 백성에게 지시하는 규례이며, 6:8~7:36은 특별히 제사장인 "아론과 그의 자손"에게 지시하는 제사장 규례입니다.

일반 규례	제사장 규례
여호와께서 …… 그에게 말씀하여 이르시되 이스라엘 자손에게 말하여 이르라(1:1~2)	여호와께서 모세에게 말씀하여 이르시되 아론과 그의 자손에게 명령하여 이르라(6:8~9a)
번제(1:3~17) 소제(2:1~16) 화목제(3:1~17) 속죄제(4:1~5:13) 속건제(5:14~6:7)	번제(6:9b~13) 소제(6:14~23) 속죄제(6:25~30) 속건제(7:1~10) 화목제(7:11~36)
이는 번제와 소제와 속죄제와 속건제와 위임제와 화목제의 규례라. 여호와께서 …… 시내 산에서 이같이 모세에게 명령하셨더라(7:37~38).	

각종 제사 규례

일반 규례(1:1~6:7). 이스라엘 백성 전체에게 주는 지시사항으로서 5대 제사의 종류와 절차를 설명합니다.

(1) 번제(1:3~17). 희생제물 전체를 완전히 태워 드리는 것이기 때문에 전번제라고도 합니다. 제물로는 소나 양이나 염소의 흠 없는 수컷을 드리고, 또는 형편이 어려운 경우 새의 번제로 산비둘기나 집비둘기의 새끼를 드립니다.

(2) 소제(2:1~16). 피 흘림이 없이 곡식으로 드리는 제사이며, 아마도 짐승으로 번제의 예물을 드릴 형편이 못된 사람들은 소제의 예물을 드렸을 것입니다. 또한 소제는 다른 제사에 추가적으로 드리는 제사이기도 합니다. 제물을 드리는 방식은 곡식을 고운 가루 그대로 가져오거나 혹은 여러 가지 방법으로 조

리하여 음식으로 가져왔습니다. 단 모든 소제물은 누룩을 넣지 않고 소금을 치도록 했습니다. 변하거나 썩지 않게 하는 것으로 하나님 앞에 순결하고 진실한 헌신을 드리는 것입니다. 소제의 경우 일부만 하나님 앞에 기념물로 태우고 나머지는 제사장의 몫으로 돌립니다.

(3) 화목제(3:1~17). 감사나 서원을 위해 드리는 제사로서(참고. 7:12, 16), 번제와 달리 희생제물을 전부 태워 드리지 않고 일부는 제사장의 몫으로 돌립니다. 또한 제사장뿐만 아니라 제사에 참여한 예배자와 가족이 함께 제물을 나눠 먹습니다. 화목제물로 암수 상관없이 소나 양이나 염소를 드리고, 여기에 새가 포함되지 않는 것은 아마도 화목제물은 여럿이 나눠먹는 것이기 때문일 것입니다. 단 기름과 피는 누구라도 먹는 것이 금지되었습니다.

(4) 속죄제(4:1~5:13). 비고의적으로 계명을 어겼거나 부정하게 된 사람이 속죄를 위해 드리는 제사입니다. 계명을 어긴 자는 하나님의 언약에서 소외되는 것이므로 하나님이 깨진 관계를 회복하게 하는 은혜를 베푸신 것입니다. 속죄제에서 특이한 것은 범죄자의 신분에 따라 제물이 달라진다는 것입니다. 제사장이나 이스라엘 온 백성의 범죄에 대하여는 수송아지를 드리고, 족장이 죄를 범하였을 때는 수염소를 바칩니다. "선생된 우리가 더 큰 심판을 받을 줄 알고"라는 말씀처럼(약 3:1), 하나님은 지도자들의 죄에 대해 더 큰 책임을 묻습니다. 일반 사람들은 암염소나 암양을 드리는데, 거기에도 힘이 미치지 못하는 사람은 새나 곡물로 대신 드릴 수 있습니다.

(5) 속건제(5:14~6:7). 속죄제와 비슷하나 대체적으로 속죄제보다 경미한 범죄로서 주로 성물이나 재산이 연루된 잘못을 속죄하는 제사입니다. 그래서 이 제사에는 희생제물과 함께 반드시 손해배상 혹은 보상이 따릅니다.

이상의 제사에서 번제, 소제, 화목제는 자원제로서 자발적으로 드리는 것입니다. 왕이신 하나님 앞에 예물을 드려 헌신과 감사를 표현하는 교제의 제사입니다. 그러나 속죄제와 속건제는 죄를 범하였을 때 반드시 드려야 하는 의무제입니다. 죄는 하나님과 단절을 의미하므로 희생제물을 드려 속죄함을 받아 단절된 관계를 회복하게 하는 것입니다. 어느 경우든 제사는 하나님과 그 백성의 언약관계를 돈독하게 유지하는 데 의미가 있습니다. 신약 시대의 성도는 예수 그리스도께서 당신의 몸을 드려 단번에 영원한 속죄를 이루셨기 때문에 더 이상 희생제사를 드리지 않습니다(히 7:27; 9:12, 26).

〈히브리서〉 7장 27절을 적어 봅시다.

____

____

____

제사장 규례(6:8~7장). 앞에서 설명한 5대 제사에 대해 제사장의 책무와 그들이 받을 몫이 따로 규정되어 있습니다. 번제는 모두 태워 드림으로 제사장의 몫이 따로 없으며, 제사장은 번제를 위해서 제단의 불이 꺼지지 않도록 잘 관리해야 합니다. 나머지 제사는 특별히 지정된 경우 외에는 제사장의 몫을 구별하여 회막 뜰에서 먹도록 했습니다. 이것은 하나님이 제사장들에게 지정하신 소득이었습니다.

5대 제사만 다루는 일반 규례와 달리 제사장 규례에서는 위임제가 중간에 삽입되어 있습니다(레 6:9~23). 하지만 이것은 위임제 중에서도 소제만 언급한 것이므로 소제의 규례 안에 포함되어 있습니다. 순서에 있어서 일반 규례에서는 화목제가 세 번째 설명되었지만 제사장 규례에서는 화목제가 마지막에 언급됩니다. 아마도 제사장 규례가 주로 제사장에게 돌리는 제물의 몫에 초점을 맞추고 있기 때문이라고 보입니다. 즉 화목제는 그 제물을 분배하여 먹는 절차가 다른 제사보다 더 복잡하기 때문에 나중에 설명되었다는 것입니다.

2) 위임(8장)

하나님이 명령하신 절차에 따라(출 29:1~37) 아론과 그의 아들들은 칠 일 동안 회막 문 앞에 머무르면서 제사장으로 위임을 받았습니다. 위임식의 핵심 요소는 성별과 속죄입니다. 성별은 관유를 발라 거룩하게 구별하는 것입니다(레 8:12). 이것은 일상적인 것과 구별되어 하나님 앞에 쓰임 받는 영화로운 존재가 되었음을 의미합니다. 그러나 다른 한편으로 제사장은 절대 거룩하신 하나님 앞에 서기에 부정한 존재이므로 속죄함을 받아야 합니다.

3) 직무(9~10장)

첫 제사(9장). 아론과 그 아들들은 칠 일 동안 위임식을 치르고, 제 팔 일에 첫 제사를 드림으로 제사장 직무를 시작했습니다. 아론은 자신과 백성을 위하여 속죄제와 번제 그리고 소제와 화목제를 드렸습니다. 모세와 아론이 회막에 들어갔다가 나와서 백성을 축복할 때 하나님의 영광이 나타나고 여호와 앞에 불이 나와서 번제물과 기름을 태웠습니다.

막중한 책임(10장). 아론과 그 아들들이 위임받은 후 성공적으로 제사장 직무를 이행하고 축제적인 분위기로 마무리되었던 9장과는 정반대로, 10장에서는 아론의 두 아들 나답과 아비후가 직무를 잘못하여 죽음에 이른 비극을 이야기합니다. 이들은 여호와께서 명령하시지 않은 다른 불을 담아 와서 여호와께 분향하다가 여호와 앞에서 나온 불에 의해 죽었습니다. 9장에서 불은 하나님이 제물을 기쁘게 받으시는 것을 알리는 영광스럽고 복된 불이었지만, 10장에서의 불은 '여호와께서 치신 불'(10:6) 곧 심판의 불이었습니다.

제사장으로서 하나님을 가까이에서 섬기는 것은 굉장한 특권이지만, 이것은 동시에 죽음으로 값을 치러야 할 만큼 무서운 책임을 요구하는 것입니다. 여기에 제사장 나라로서 이스라엘 백성이 새겨야 할 교훈이 있습니다. 하나님은 자신을 가까이 하는 자들 가운데서 하나님의 거룩함을 나타내시는 분입니다(10:3). 하나님이 거룩하신 분이기 때문에 하나님에게 가까이 가는 자는 스스로 거룩함을 유지하고, 또 그분의 거룩함이 손상되지 않도록 각별히 주의해야 합니다. 그러므로 제사장은 회막에 들어갈 때, 즉 하나님에게 가까이 가서 섬길 때에 반드시 포도주와 독주를 마시지 않고 바른 정신으로 들어가야 합니다. 그렇게 해야 거룩하고 속된 것을 구별하고 또 부정한 것과 정한 것을 온전히 구별해서 봉사할 수 있습니다(10:8). 마찬가지로 이스라엘 역시 제사장 나라로서 정한 것과 부정한 것, 거룩한 것과 속된 것을 구별하며 살아야 할 책임이 있습니다. 이에 따라 다음 단원은 '정한 것과 부정한 것, 거룩한 것과 속된 것'을 구별하는 율례에 대해 가르칩니다.

4. 거룩(레 11~27장)

〈레위기〉 후반부(11~27장)는 거룩하신 하나님과 함께 사는 하나님의 백성으로서 성결의 의무를 말합니다(11:44~45, 19:2). 그러므로 이 단원은 언약에 따른 세 번째 복, 즉 "거룩한 백성이 되리라"는 약속과 관련이 있습니다. 이 단원은 16장의 대속죄일을 기준으로 전반부(11~15장)는 정한 것과 부정한 것을 구별하는 정결 규례를 다루고, 후반부(17~27장)는 성결 규례를 다룬 후에 레위기를 마무리하는 말씀으로 끝이 납니다.

1) 정결 규례(11~15장)

생물(11장). 각종 생물의 정함과 부정함을 구별하는 규례로서, 먹을 것과 먹지 못할 것을 구별하는 음식법(1~23절)과 접촉 특히 주검의 접촉에 의한 부정

음식법(11:1~23)	
육류 (1~8절)	허용(2~3)
	금지(4~8)
어류 (9~12절)	허용(9)
	금지(10~12)
조류 (13~19절)	
	금지(13~19)
곤충 (20~23절)	허용(21~22)
	금지(20, 23)

을 다루는 정결법이 제시되고(24~40절), 마무리하는 말씀이 나옵니다(41~47절).

육류 중에는 굽이 갈라지고 새김질 하는 짐승이 먹도록 허용되었습니다. 어류 중에는 지느러미와 비늘이 있는 것이 허용되었고, 조류는 금지된 것들의 목록만 소개하였습니다. 곤충은 전반적으로 혐오할 것이지만 다리가 있어 뛰는 것은 허용되었습니다. 음식으로 부정한 생물은 접촉해도 부정하게 되고, 그 주검을 만지는 것도 부정하게 되며, 그것이 닿은 그릇과 물도 부정하게 되었습니다.

41~47절은 생물에 대한 정결 규례의 말씀을 마무리하면서 이스라엘 백성이 부정한 것으로 더럽혀지지 않아야 하는 이유를 설명합니다. 하나님이 거룩하시기 때문에 그 백성도 몸을 거룩하게 해야 한다는 것입니다. 정한 것과 부정한 것을 구별하며 살라고 하신 것은 언약 백성에게 거룩한 백성으로서의 의식을 고취하는 데 목적이 있습니다. 그것은 선민으로서의 우월감을 갖는 것이 아니라 거룩하신 하나님과 함께하는 경외심에서 나와야 하는 것입니다.

출산(12장). 출산하는 것은 하나님이 주신 복이지만 월경할 때와 같이 몸에서 피가 빠져나가는 것이기 때문에 불완전한 상태로서 부정한 것으로 간주되었습니다. 그러나 이것은 종교적 혹은 윤리적인 부정과 상관이 없고 오히려 정결기한 동안 산모가 조리할 수 있는 배려가 됩니다. 남아를 낳으면 7일간 부정하고 33일 후에 산혈이 깨끗해지며, 여아를 낳으면 14일간 부정하고 66일 후에 산혈이 깨끗해져 정결하게 됩니다.

피부질환 및 오염(13~14장). 나병(문둥병)이라고 성경에 나온 이 단어는 의복이나 집에도 적용되고 있는 것으로 봐서 오늘날의 한센병이라고 보기는 어렵습니다. 그러므로 이것은 각종 피부질환이나 곰팡이와 같은 감염병을 의미하는 것으로 보는 것이 자연스럽습니다. 여기에는 각종 피부병의 진단(13:1~46), 오염된 의복(13:47~59), 피부병에서 나은 사람의 정결예식(14:1~32), 그리고 오염된 가옥(14:33~53)에 대한 규정이 있습니다.

유출병(15장). 유출병은 몸에서(문자적으로는 '살에서') 진물이나 피가 흘러나오는 병입니다. 전반부(15:1~18)는 남성의 유출에 대한 규례이며, 만성적인 유출병과 정결예식(15:1~15) 그리고 간헐적인 유출(15:16~18)을 다룹니다. 후반부(19~30절)는 여성의 유출에 대한 것으로 정상적인 생리(15:19~24)와 비정상적인 유출병에 의한 부정과 정결예식(15:25~30)을 다룹니다. 이와 같은 유출별의 부정을 경계하는 이유는 "그들 가운데 있는 하나님의 성막을 더럽히지 않도록" 하는 것입니다(15:31).

2) 대속죄일(16장)

16장은 일 년에 한 번 있는 대속죄일에 대한 규례입니다. 이날에 대제사장과 제사장과 이스라엘 온 회중의 모든 부정과 죄를 씻고, 지성소의 속죄소와 회막과 제단을 정결하게 합니다. 이 의식을 위하여 수송아지 한 마리를 속죄제로 드리며, 수염소 두 마리를 가져와 제비 뽑아 한 마리는 속죄제로 드리고 다른 한 마리는 속죄 염소가 되어 아론이 안수하여 이스라엘의 모든 불의를 지게 한 후 광야로 내보냅니다.

3) 성결 규례(17~27장)

정한 것과 부정한 것의 구분에 이어 〈레위기〉의 마지막 부분은 세속적인 것과 거룩한 것의 구별을 다룹니다. 정결 규례는 부정한 것을 진 밖에 두게 하여 진의 정결을 유지하게 하는 데 목적이 있었지만, 성결 규례는 진 안에 사는 백성이 일상적인 삶에서 거룩을 유지하게 하는 책임을 가르치고 있습니다.

거룩한 생명(17장). 도살과 피에 대한 율법입니다. 생명은 하나님에게 속한 것입니다. 그래서 도살하여 고기를 얻고자 할지라도 그 생명을 상징하는 피는 먼저 하나님에게 화목제 예물로 드려 속죄해야 하며, 누구도 피를 먹을 수 없습니다.

거룩한 사회(18~20장). 하나님의 나라로서 이스라엘은 과거 그들에게 익숙했던 애굽의 풍속이나 앞으로 그들이 접하게 될 가나안의 풍속을 따르지 않고 오직 하나님의 규례와 법도를 따라 살아야 합니다(18:2~5). 즉 거룩함은 단지 의례적인 차원에서 부정한 것을 멀리하는 것뿐만 아니라, 일상적인 생활과 문화에서도 나타나야 합니다. 18장은 성적 문란과 패륜을 다룹니다. 19장은 사회 윤리로서 하나님 나라답게 자비와 정의가 그 사회에서 구현되어야 하는 것을 말씀합니다. 20장은 사형에 해당하는 심각한 범죄에 대한 것입니다.

거룩한 직분자(21~22장). 백성 가운데 특별히 구별된 제사장의 성결과 성물에 대한 구별 규정이지만, 이것은 사회의 일원으로서 제사장의 책임을 다루는 것입니다.

거룩한 절기(23~25장). 안식일, 안식년, 희년에 대해 다룹니다. 이 절기들은 한편으로 하나님의 구원의 역사를 기념하면서 동시에 이웃을 향한 사랑의 실천을 요구합니다.

26장은 하나님의 계명과 법도에 순종하면 복을 받고 불순종하면 저주가 내릴 것을 선포함으로 율법의 말씀을 인준하는 것입니다. 27장에서 서원 규례에 대한 추가 규정이며, 이로써 "여호와께서 시내 산에서 이스라엘 자손을 위하여 모세에게 명령하신 계명"이 마무리됩니다(27:34).

❖ 〈출애굽기〉와 〈레위기〉를 정리해 봅시다.

아브라함 땅 자손	땅과 자손의 약속		약속의 땅으로				약속의 땅에서	
	창 1~11장	창 12~50장	출 1~18장	출 19~40장 레위기	민수기	신명기	여호수아	사사기 룻기
	시 작	**족 장**	**구 출**	**언 약**				
	창조	아브라함	(　)	율법				
	타락	이삭	모세	(　)				
	홍수	야곱	(　　)	제사				
	분산	요셉	인도	(　)				

※ 〈출애굽기〉와 〈레위기〉 외에 나머지 빈칸은 해당 단원에 가서 차례로 정리할 것입니다.

3과
민수기, 신명기

〈출애굽기〉 후반부(19~40장)에서 이스라엘 백성은 시내 산에서 하나님과 언약을 맺고 공식적인 하나님의 백성이 되었습니다. 이에 하나님이 그들과 함께 계신다는 증거로 하나님이 거하실 성막이 세워졌습니다. 〈레위기〉에서 제사와 거룩의 규례를 주신 것은 하나님과 함께하는 언약백성으로서 그들이 하나님과 교제하며 또 구별된 삶을 사는 길을 가르치신 것입니다. 그러므로 이스라엘 백성이 시내 산에서 머무른 10개월은 그들이 하나님의 백성으로 거듭나는 영적 잉태의 과정이었습니다. 이제 〈민수기〉와 〈신명기〉는 이 백성이 시내 산을 떠나서 광야를 지나 요단 동편 곧 약속의 땅에 들어가기 직전까지의 과정을 보여 줍니다.

시내 산에서 약속의 땅 가나안까지는 사실 2주 정도면 충분히 들어갈 수 있는 거리였지만, 이스라엘 백성에게는 40년이 걸렸습니다. 왜냐하면 이 백성이 하나님을 불신하고 원망하다 심판을 받아 그 땅에 들어가지 못하고 광야에서 방황해야 했기 때문입니다. 그동안 애굽에서 나온 1세대는 광야에서 다 죽고(여호수아와 갈렙은 예외) 새로운 세대가 약속의 땅을 향해 들어가게 됩니다. 〈민수기〉는 이와 같이 광야에서 방황의 역사를 기록하고 있으며, 〈신명기〉는 요단 동편에 도착한 신세대를 향하여 모세가 죽기 전에 남기는 마지막 말씀을 기록한 것입니다.

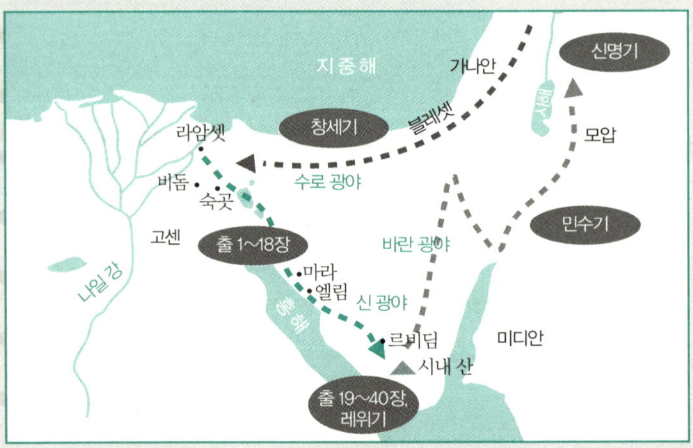

오경의 지리적 배경

A 광야

〈민수기〉는 이스라엘 백성이 시내 산부터 요단 동편 모압 평지에 이르기까지 40년 광야의 역사를 기록한 것이므로 그 주제는 '광야'라고 할 수 있습니다. 〈히브리서〉 책 제목 역시 그 첫 단어를 딴 '광야에서'라고 되어 있습니다. 〈민수기〉(民數記; Numbers)라는 제목은 헬라어 성경과 라틴어 성경에서 온 것으로 '백성의 수를 센다'라는 뜻입니다. 이것은 이 책의 전체 흐름이 그 안에 소개된 두 번의 인구조사를 따라 진행되기 때문입니다.

〈민수기〉의 구조와 요점

구분	요점		
1 채비 (1~10장)	이스라엘 백성이 시내 광야에서 각 지파별로 수를 세고 조직하여 약속의 땅으로 갈 채비를 하였습니다.		
	1) 진의 조직(1~4장) 지파별로 계수하여 성막 중심으로 진을 배치하고 레위인은 성막 이동 업무를 분담했습니다.	**2) 진의 성별**(5~8장) 진의 성결과 질서를 유지하도록 규율을 정하고 성막과 봉사자들을 성별하였습니다.	**3) 진의 이동**(9~10장) 성막에 계시는 왕 여호와 하나님의 명령을 따라 진을 이동하게 하였습니다.
2 반역 (11~14장)	이스라엘 백성이 가나안을 향해 행진하다 여호와를 원망하고 반역하여 들어가지 못하게 되었습니다.		
	1) 원망(11장) 이스라엘 백성이 탐욕을 부리며 원망하므로 하나님이 큰 재앙으로 치셨습니다.	**2) 비방**(12장) 미리암과 아론이 모세를 비방하고 그의 권위에 도전하니 미리암을 나병으로 치셨습니다.	**3) 정탐**(13~14장) 가나안 땅을 정탐한 후에 그 땅에 들어가지 않겠다고 반역하여 심판을 받았습니다.
3 방황 (15~25장)	이스라엘 백성이 요단 동편에 이르기까지 40년간 광야를 방황하다 출애굽 세대가 다 죽었습니다.		
	1) 제사 규례(15장) 약속의 땅에서 지킬 규례를 주심으로써 그 백성이 그 땅에 들어갈 것을 확증하셨습니다.	**2) 고라 반역**(16~19장) 레위인 고라가 당을 짓고 아론의 제사장 권위에 도전하다가 심판을 받았습니다.	**3) 여정 재개**(20~25장) 이스라엘 백성이 요단 동편으로 북진하여 모압 평지까지 왔습니다.
4 신세대 (26~36장)	광야에서 살아남은 신세대의 수를 세어 약속의 땅에 들어가 분배할 준비를 하였습니다.		
	1) 2차 계수(26~27장) 약속의 땅을 분배하기 위하여 모압 평지에서 2차로 백성을 계수하였습니다.	**2) 봉헌 규례**(28~30장) 약속의 땅에서 왕 되신 하나님에게 절기에 드릴 제물과 서원에 대한 규례입니다.	**3) 분배 준비**(31~36장) 지파별로 백성의 수를 따라 제비를 뽑아 약속의 땅을 분배할 준비를 했습니다.

1. 채비(민 1~10장)

이스라엘 백성은 시내 산에서 하나님과 언약을 맺고 율법을 받음으로 약속의 땅에 들어가기 위한 영적 준비를 마쳤습니다. 이제 남은 것은 어떻게 이 많은 백성이 움직여 가나안 땅에 들어갈 것인가 하는 것입니다. 〈민수기〉의 첫 단원은 이에 대한 실제적인 준비로서 이스라엘 백성이 가나안 행군을 위해 군사적으로 또 행정적으로 준비하는 과정입니다.

1) 진의 조직(1~4장)

행군 준비를 위해 가장 먼저 요구되는 것이 백성의 인구조사입니다. 이 조사는 먼저 열두 지파의 인구조사(1~2장)와 중앙의 성막 봉사를 위해 따로 구별된 레위 지파의 인구조사(3~4장)로 구분됩니다.

지파별 계수와 진영 배치(1~2장). 1장에서는 각 지파별로 책임자를 뽑아 백성의 수를 세어 보고합니다. 싸움에 나갈 만한 20세 이상의 남자를 대상으로 한 것은 한 가정을 꾸리는 가장을 대표로 한 것이며, 이것은 나중에 땅을 분배할 때에 가족 단위로 나눠 주기 위한 것입니다. 이렇게 해서 레위인을 제외하고 각 지파에서 가족과 종족을 따라 싸움에 나갈 만한 20세 이상의 남자를 계수하니 약 육십만 명에 이르렀습니다.

여기의 계수 순서는 〈창세기〉 35:23~26에 기록된 야곱의 아들들의 순서를 따릅니다. 이 목록은 모계별 분류로써 몇 가지 변화가 있습니다. 셋째 아들 레위의 자손은 나중에 계수하므로 1장에서는 빠져 있습니다. 요셉의 경우 두 아들 에브라임과 므낫세의 후손이 각각 한 지파처럼 계수되었습니다. 이는 야곱이 요셉의 두 아들을 자신의 아들처럼 삼아 다른 형제들과 함께 상속을 나누게 했기 때문입니다(창 48:5~6). 레아의 종 실바의 아들 중에 큰 아들 갓의 후손은 레위 지파를 대신하여 셋째 자리로 올랐고 실바가 낳은 작은 아들 아셀의 후손은 라헬의 여종 빌하의 후손 곧 단과 납달리의 후손과 함께합니다.

야곱의 아들들 (창 35:23~26)		계수 (민 1장)		배치 (민 2장)		
레아	르우벤	르우벤	46,500	동 (1)	**유다**	186,400
	시므온	시므온	59,300		잇사갈	
	레위	갓	45,650		스불론	
	유다	유다	74,600	남 (2)	**르우벤**	151,450
	잇사갈	잇사갈	54,400		시므온	
	스불론	스불론	57,400		갓	
라헬	요셉	에브라임	40,500	서 (3)	**에브라임**	108,000
		므낫세	32,200		므낫세	
	베냐민	베냐민	35,400		베냐민	
빌하	단	단	62,700	북 (4)	**단**	157,600
	납달리	아셀	41,500		아셀	
실바	갓	납달리	53,400		납달리	
	아셀	레위		중	레위	

열두 지파의 진 배치

2장에서는 각 지파를 성막을 중심으로 배치하되 세 지파씩 동서남북 4면에 진을 치도록 배당했고, 또 행진할 때 순서를 지정했습니다. 여기 배치의 순서에 나타난 변화에도 주목할 필요가 있습니다. 네 진영에서 가장 중요한 곳은 성막 입구가 있고 제사장들이 진을 치고 있는 동쪽인데 유다 지파의 진영이 여기에 배치되었습니다. 그리고 레아의 몸에서 난 자들로 유다의 동생인 잇사갈과 스불론의 자손이 유다 진영에 함께하였습니다. 행군할 때는 이 동쪽 지파들이 1대로 행진하였습니다. 그중에서 대표인 유다 지파가 선봉에 섰을 것입니다(참고. 삿 1:2, 20:18).

왜 이렇게 유다 지파가 가장 전면에 드러나게 되었을까요? 사실 유다는 야곱의 넷째 아들로서 그 위로 르우벤, 시므온, 레위가 있었습니다. 그런데 야곱이 자식들을 위해 마지막 기도를 할 때(창 49장) 이들은 축복이 아니라 저주를 받았습니다. 르우벤은 서모 빌하와 간통하여 저주를 받고 장자의 명분을 잃었습니다(창 35:22, 49:4). 시므온과 레위는 세겜 족속을 잔인하게 살육한 일로 이스라엘 가운데 흩어질 것이라는 저주를 받았습니다(창 34:25, 49:5~7).

형들과 달리 유다는 결정적인 순간마다 형제들 가운데 선한 지도력을 발휘했습니다(37:26~27, 43:3~10, 44:14~34). 그래서인지 야곱의 축복기도 가운데 첫 번째로 그리고 가장 출중한 축복을 받았습니다(49:8~12). 그는 형제들의 찬송이 되고 형제들의 절을 받는 위치에 서게 되고, 사자와 같이 용감하게 달려 나가서 대적을 정복할 것이며, 그의 후손 가운데 왕이 나와 모든 백성이 복종하게 될 것이라는 축복을 받은 것입니다. 이 예언적인 축복기도는 광야의 행진에서 유다 지파가 선봉에 서는 것으로 일차 성취되었습니다.

남쪽에는 레아의 아들로서 장자인 르우벤 자손의 진영이 배치되었습니다. 그리고 르우벤의 동생인 시므온과 레아의 여종 실바에게서 난 갓의 후손이 여기에 함께했고, 이들은 2대로 행진합니다. 서쪽에는 라헬이 낳은 아들 요셉의 후손인 에브라임과 므낫세 지파 그리고 라헬의 둘째 아들인 베냐민 지파가 함께 배치되었습니다. 이들은 3대로 행진하며, 그 가운데 대표는 에브라임 지파입니다. 므낫세가 형이지만 야곱이 요셉의 두 아들을 위해 축복기도할 때 손을 엇바꾸어 안수함으로 에브라임이 크게 될 것을 예언한 대로입니다(창 48장). 에브라임 지파는 나중에 유다 지파와 쌍벽을 이루며 북왕국 이스라엘의 중심이 됩니다. 마지막으로 북쪽에는 빌하에게서 난 단과 납달리 그리고 실바에게서 난 아셀의 후손이 자리했습니다. 이들은 4대에서 행군하며, 이 진영의 대표는 그 가

진의 배치

운데 만형 격인 단 지파입니다.

레위인 계수와 업무(3~4장). 레위인은 이스라엘 백성의 장자를 대신해서 하나님에게 헌신된 사람들로서(10:12~13), 제사장을 도와 성막을 위해 봉사하는 임무를 맡았습니다.

3장에서는 레위의 세 아들 게르손, 고핫, 므라리의 계보를 따라 1개월 이상의 남자를 센 다음, 각 계보를 따라 성막 주변으로 진을 칠 위치와 성막 이동을 위한 업무가 지정되었습니다. 레위인들을 성막 주변에 자리 잡게 하신 것은 외인이 함부로 성막에 접근해서 죽는 일이 생기지 않도록 막기 위해서입니다(3:10).

구분	조상	위치	직무
레위인	게르손(3:21~26)	서	장막: 성막, 덮개, 휘장, 줄 등
	고핫(3:27~32)	남	성물: 증거궤, 상, 등잔대 등
	므라리(3:33~37)	북	기둥: 널판, 받침, 말뚝, 줄 등
제사장	아론(3:38~39)	동	성소 안에서 직무

레위인의 진 배치와 업무 분담

4장에서는 실제 사역을 위한 봉사자들로 30~50세에 해당하는 남자들만 계수하였습니다. 그리고 이들이 성막 이동을 위해 해야 할 구체적인 업무가 분담되었습니다. 순서는 일반 백성을 위한 진영 배치와 마찬가지로 동쪽에서부터 시계 방향으로 진행합니다. 먼저 동쪽에 위치한 제사장 아론과 그의 아들들이 성소의 기구들을 포장하고 나면, 남쪽에 있는 고핫 자손이 성물을 메고 나갑니다. 그다음에 서쪽에 있는 게르손 자손이 장막과 덮개, 그리고 휘장 등을 걷어서 메고 가면, 마지막으로 북쪽에 있는 므라리 자손이 기둥과 받침, 말뚝과 줄을 걷어 메고 갑니다. 이상으로 백성의 계수와 진의 배치 그리고 레위인의 업무 분담이 이루어져 이스라엘이 하나님의 백성답게 질서와 조화를 이루며 진을 치고 행진하도록 조직이 갖춰졌습니다.

2) 진의 성별(5~8장)

진의 배치와 이동을 위한 조직이 정비된 후에 진을 유지하기 위한 규례들이 설명되었습니다. 5~6장은 일반 진영의 성결과 질서를 유지하도록 하는 것이며, 7~8장은 진의 중심에 있는 하나님의 성막과 성막의 봉사자에 대한 성별에 대해 말씀하고 있습니다.

진의 유지(5~6장). 성막을 중심으로 하는 이스라엘 진영이 내적 성결과 질서를 유지하여 거룩한 공동체가 되도록 다음과 같은 규례들이 설명됩니다.

1) **진의 정결(5:1~4):** 하나님이 진영 가운데 계시므로 부정한 자들을 진 밖으로 격리하게 하였습니다. 이것은 물리적으로도 진영을 정결하게 유지하게 하는 것입니다.
2) **경제 질서(5:5~10):** 이웃의 재물이나 혹은 성물에 피해를 입혔으면 배상하고 속죄하여, 경제적인 손실로 인해 공동체에 균열이 생기지 않도록 해야 합니다.
3) **가정 질서(5:11~31):** 여러 가정이 공동생활하는 가운데 간음으로 가정이 파탄나지 않도록 하고, 또 반대로 근거 없는 의심으로 불화가 나지 않도록 '의심법'을 주셨습니다.
4) **나실인 성결(6:1~21):** '나실인'은 일반인들 가운데 특별히 자원하여 성막의 봉사자로 헌신한 자들입니다. 그러므로 이들은 제사장처럼 성결을 유지하기 위해 포도주를 금하고 시체를 만지지 않아야 합니다. 또한 서원의 날 동안 머리를 깎지 않아서 구별되게 했습니다.
5) **축복기도(6:22~27):** 이스라엘이 성막을 중심으로 진영을 갖추고, 거룩한

공동체로 성별되었으므로, 하나님은 그 중심에서 중보자인 제사장을 통하여 언약 백성에게 축복을 선포하게 하십니다.

봉헌과 헌신(7~8장). 이스라엘 진영 전체의 성별에 이어 7~8장은 진영 중심의 성막의 봉헌(7장)과 성막 봉사자인 레위인의 위임(8장)을 다룹니다. 먼저 성막과 그 안의 기구들에 기름을 발라 성별한 다음 각 지파의 족장들이 12일 동안 하루에 한 지파씩 성소의 필요를 위한 예물과 제물을 드렸습니다.

레위인의 위임식 역시 새 왕실의 관원들을 임명하는 절차에 비교할 수 있습니다. 레위인은 이스라엘 각 집의 장자들을 대신하여 하나님에게 드려진 자들로서 성막에서 제사장을 도와 하나님을 섬기는 일을 합니다. 이들 역시 하나님에게 속한 구별된 직분자이므로 특별한 성결 규례가 요구되었습니다.

3) 진의 이동(9~10장)

이동 규칙(9~10장). 애굽에서 나온 지 거의 1년이 되어 시내 산에서 첫 유월절을 지키고 이스라엘 백성은 약속의 땅을 향한 행군을 시작합니다. 이들은 성막에 구름이 떠오를 때 행진하고 구름이 멈추는 곳에서 멈추었습니다.

10장은 행진의 시작을 보다 구체적으로 묘사합니다. 먼저 진의 이동을 위한 신호 체계로서 나팔을 불 때 각 진이 어떻게 움직일 것인가에 대한 지침이 내려졌습니다. 그다음에 구름이 성막에서 떠오르자 이스라엘 백성이 정해진

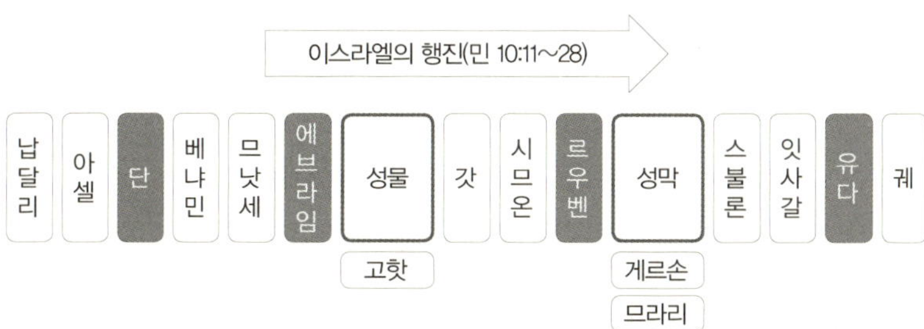

진의 이동

순서에 따라 각 군대대로 행진합니다. 이때 하나님의 언약궤가 이스라엘의 행진보다 3일 길을 먼저 간 것은 여호와 하나님이 이스라엘보다 앞서 가시며 그 대적들을 물리치시는 것을 의미합니다. 그 뒤로 유다 진영의 지파들이 1대로 나가고 게르손 자손과 므라리 자손이 각각 성막과 기둥을 거두어 메고 갑니다. 2대로 르우벤 진영의 지파들이 나간 다음에 고핫 자손이 뒤따릅니다. 그다음 3대로 에브라임 진영이 나가고 마지막 4대로 단 진영의 지파들이 나갑니다.

2. 반역(민 11~14장)

〈민수기〉의 첫 번째 장면은 이스라엘 백성이 시내 산을 떠나 가나안 땅으로 행진하기 위해 조직적으로 준비하는 과정이었습니다. 이제 두 번째 장면에서 이스라엘 백성은 광야의 길을 행군하여 갑니다.

그러나 불행하게도 이 백성은 어려움이 닥칠 때마다 눈앞의 현실에 급급하여 불평하고 원망하며, 심지어는 가나안 땅에 들어가기를 거부하기까지 했습니다. 이와 같은 반역에 대한 심판으로 말미암아 이 백성은 약속의 땅에 들어가지 못하고 40년간 광야에서 방황하게 됩니다.

1) 원망(11장)

심판의 불(11:1~3). 여기에서는 백성이 무엇에 대해 원망한 것인지 정확히 나타나 있지는 않습니다. 그러나 그 외에 이스라엘의 원망과 하나님의 심판, 그리고 모세의 중재로 말미암은 해결 등은 앞으로 펼쳐질 사건들에 대한 전조입니다. 여호와의 불이 진영의 끝을 사른 것으로 봐서 원망이 말단에서 시작되었음을 암시합니다. 이것은 또한 원망에 대해 하나님이 심판하신다는 것을 보여 주는 경고이기도 합니다.

탐욕의 무덤(11:4~35). 진영 끝을 사른 하나님의 경고에도 불구하고 이스라엘 백성은 또 광야에서 고기를 먹지 못하고 만나만 먹는다고 불평했습니다. 이와 같은 탐욕스런 원망은 애초에 이스라엘 백성이 애굽에서 나올 때 그들과 함께했던 잡족들에게서 나왔습니다. 이들의 불평에 동요하여 이스라엘 백성까지도 구원에 대한 감격이나 약속의 땅에 대한 소망을 잃어버리고, 과거 애굽에서 지내던 시절을 그리워했습니다.

2) 비방(12장)

모세가 구스 여인을 취한 것을 두고 아론과 미리암이 모세를 비방했습니다. 그러면서 "여호와께서 모세와만 말씀하셨느냐 우리와도 말씀하지 않으셨느냐"라고 했습니다. 이것은 미리암과 아론이 단순히 모세의 행실에 대해 비판하는 것이 아니라 자신들도 하나님 앞에서 모세와 동등한 권위를 가졌다고 주장하면서 모세를 깎아내리고자 한 것입니다. 결국 말단의 백성뿐만 아니라 중심부의 지도자들까지도 하나님의 뜻을 거스르고 자신들의 욕심을 드러내고 있다는 것을 알 수 있습니다. 그래서 하나님은 그들을 크게 꾸짖으시고 모세는 하나님과 대면하여 말씀을 듣는 특별한 위치에 있는 것을 선언하심으로 모세의 권위를 확실하게 세우셨습니다. 이것은 앞 장에서 70인 장로들에게 하나님의 영이 임하여 그들이 예언했던 상황과 비교됩니다(11:24~30). 장로들은 하나님의 영이 임하실 때만 잠깐 예언했지만 모세는 하나님으로부터 직접 말씀을 받아 전하는 권위를 가지고 있기 때문에 모세의 지도권은 특별히 존중을 받아야 합니다. 이와 같은 모세의 권위에 도전한 미리암을 하나님이 문둥병으로 치셨지만, 모세의 기도를 들으시고 다시 회복하게 하셨습니다.

3) 정탐(13~14장)

이스라엘 백성의 원망과 모세를 향한 도전은 가나안 정탐의 사건에서 그 정점에 이를 정도로 심각해졌고 이로 인해 40년간 광야에서 방황하게 되는 엄중한 심판을 받았습니다.

가나안 정탐과 백성의 반역(13:1~14:10). 이스라엘 백성은 약속의 땅을 향해 북으로 올라가다 가나안 접경 남쪽에 있는 오아시스 지역인 가데스 바네아에 도착하였습니다. 여기에서 하나님의 명령을 따라 각 지파에서 대표를 뽑아 가나안 땅에 보내 그 땅을 정탐하게 했습니다. 그런데 40일 동안 정탐을 마치고 돌아온 사람들 가운데 열 명은 그곳이 젖과 꿀이 흐르는 아름다운 땅이기는 하지만 그 땅에 사는 가나안 족속이 장대하고 그 성읍들은 견고하기 때문에 그 땅에 들어갈 수 없다고 보고했습니다. 이 말을 들은 백성은 애굽에서 나온 것 자체를 원망하고 차라리 애굽으로 돌아가자고 했습니다. 오직 남은 두 명, 여호수아와 갈렙은 여호와께서 함께하시므로 담대하게 그 땅을 정복하자고 설득했지만, 백성은 듣지 않고 오히려 그들을 돌로 치려고 할 정도였습니다.

하나님의 심판(14:11~45). 이스라엘 백성이 가나안 땅에 들어가기를 거부하고 애굽으로 돌아가자고 한 것은 하나님에 대한 반역입니다. 왜냐하면 지금까지 큰 기적으로 그들을 구원하시고 인도하신 여호와를 인정하지도 않고, 그분의 뜻을 거역하는 것이기 때문입니다. 그래서 하나님이 크게 진노하시고, 여호수아와 갈렙을 제외한 모든 성인, 곧 시내 산에서 20세 이상으로 계수함을 받은 모든 사람은 약속의 땅을 보지 못하고 광야에서 40년간 방황하다 죽게 될 것이라고 선언하셨습니다. 하나님의 심판이 떨어진 다음에야 백성은 후회하며 다시 그 땅에 들어가려고 시도하였지만, 가나안 족속에게 패배하고 쫓겨나왔습니다. 더 이상 하나님이 그들과 함께하시지 않았기 때문입니다. 그래서 결국 이스라엘 백성은 광야의 유랑생활에 접어들게 됩니다.

3. 방황(민 15~25장)

〈민수기〉의 세 번째 장면은 이스라엘 백성이 광야에서 방황하는 40년의 역사입니다. 그러므로 출애굽 세대들이 계속 죽어가는 사건들이 이어집니다.

1) 제사 규례(15장)

이스라엘의 불신에 대한 하나님의 심판 선언 다음에 갑자기 하나님에게 드리는 제사에 대해 거론하는 것은 부자연스러워 보이지만 여기에는 중요한 의미가 있습니다.

자원제(15:1~21). 번제와 화목제 등 자원하여 하나님에게 예물을 드리는 제사에 대해 먼저 설명하고 있습니다. 여기의 제사 규례들은 "내가 주어 살게 할 땅에 들어가서"(15:2) 혹은 "내가 인도하는 땅에 들어가거든"(15:18)이라는 전제와 함께 시작하고 있는 것을 주목할 필요가 있습니다. 이것은 비록 이스라엘 백성이 심판으로 말미암아 광야에서 방황하게 되지만, 하나님의 궁극적인 뜻은 이 백성이 약속의 땅에 들어가 하나님을 섬기며 살게 되는 것임을 확증하는 것입니다.

속죄제(15:22~41). 속죄제 역시 하나님의 은혜의 표시입니다. 하나님은 죄에 대해 무조건 심판하시는 그런 무서운 분이 아닙니다. 그분은 만약 누군가 비고의적으로 하나님의 계명을 범했다면 속죄제를 통하여 죄사함 받을 수 있도록 길을 열어두신 은혜의 하나님입니다. 하지만 고의로 범죄한 자는 죽음의 형벌을 받게 될 것을 경고하셨습니다. 이것은 하나님을 멸시하고 그 명령을 파괴하는 것이기 때문입니다.

안식일에 나무를 하다 사형을 당한 사람은 바로 하나님의 엄중한 심판을 받은 실례입니다(15:32~36). 이것은 또한 앞으로 이스라엘 백성이 광야에서 겪게 될 엄청난 죽음의 심판에 대한 서곡과도 같습니다. 하나님의 말씀을 어기는 데는 무서운 심판이 따르므로, 하나님은 이스라엘의 남자들로 하여금 옷단 귀에 특별한 술을 달게 하여 하나님의 계명을 기억하고 지키도록 명령하셨습니다(15:37~41).

2) 고라 반역(16~19장)

고라의 도전에 대한 심판(16장). 미리암과 아론이 모세의 권위에 도전하다가 징계를 받은 선례가 있음에도 불구하고, 레위 지파에 속한 고라가 당을 짓고 무리를 선동하여 모세와 제사장 아론의 지도권에 도전을 했습니다. 하나님은 반역자들과 그들의 가족, 그리고 거기에 동조하는 모든 사람을 지진과 불 및 염병으로 죽게 하셨습니다.

레위인과 제사장의 직무(17~18장). 고라당의 반역 이후 하나님은 아론의 권위 곧 제사장의 권위가 레위인의 권위와 다른 것을 확실하게 보여 주셨습니다. 하나님은 각 족장에게서 지팡이 하나씩을 모으고 레위 지파에서는 아론의 지팡이를 취하여 함께 성막 안에 두게 하셨습니다. 그리고 다음 날 아론의 지팡이에만 싹이 나고 꽃이 나고 열매가 맺게 하심으로써 아론과 그 자손의 제사장 직권을 확증하셨습니다(17장). 또한 제사장의 직무와 소득 그리고 레위인의 직무와 소득을 확실하게 구별하셨습니다(18장).

시체로 인한 부정의 정결(19장). 이 장은 시체를 접촉하여 부정하게 된 사람이 정결하게 되는 규례를 설명하고 있습니다. 제사장인 엘르아살의 입회하에 붉은 암송아지를 진영 밖에서 도살하여 불사르고 그 재를 가지고 부정을 씻는 잿물을 준비합니다(19:1~10). 시체를 만진 자는 7일 동안 부정하되, 셋째 날과 일곱째 날에 잿물을 뿌려 정결하게 해야 합니다. 이와 같은 정결 규례가 지금의 문맥에서 필요한 것은 이스라엘 백성이 40년 동안 광야에서 방황하면서 사람들이 계속 죽어가고 있기 때문이었습니다.

3) 여정 재개(20~25장)

이스라엘 백성은 다시 행진을 시작하여 가데스에서 에돔 변경을 지나 요단강 동편 모압에 이르게 되는데, 이 기간 동안에도 많은 사람이 죽어갑니다.

출애굽 주역들의 한계(20장). 이 장은 출애굽 역사에서 주도적인 역할을 했던 미리암과 모세, 그리고 아론에게 초점을 맞추어 그들이 약속의 땅에 들어가지 못한 것에 대해 이야기합니다. 가데스에서는 미리암이 죽어 장사를 치렀습니다(20:1). 므리바에서 백성이 물이 없다고 원망할 때 모세가 그들 앞에서 화를 내고 반석을 두 번 쳐서 물이 나오게 했습니다. 이 일로 말미암아 모세와 아론이 하나님의 거룩함을 나타내지 못하였기 때문에 약속의 땅에 들어갈 수 없게 되었습니다. 결국 출애굽한 지 40년 광야생활 막바지에 이르렀을 때 아론은 죽고 그의 아들 엘르아살이 뒤를 이어 대제사장이 되었습니다(20:22~29, 33:38~39).

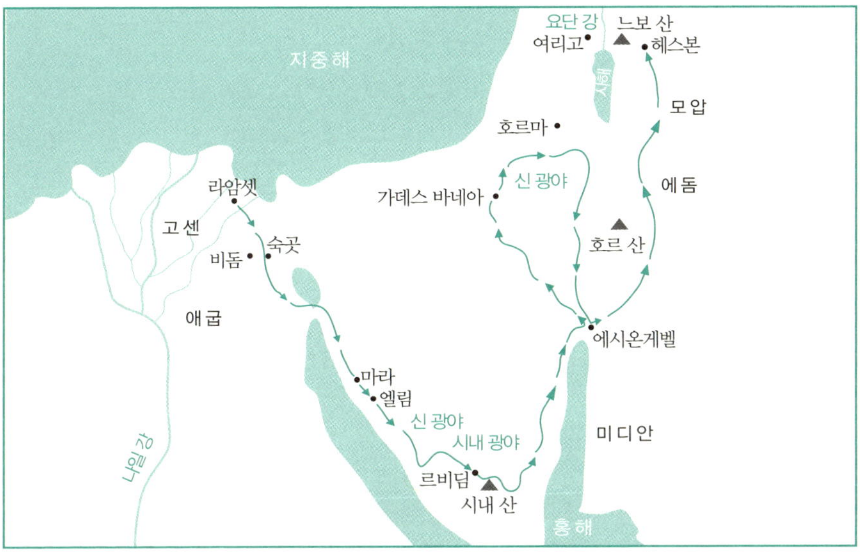

출애굽과 광야 여정

에돔 우회 길(21장). 에돔은 이스라엘이 자기들의 땅을 통과하지 못하도록 막기는 했지만 이스라엘을 직접 공격하지는 않았습니다. 그러나 가나안 땅 남쪽에 거주하는 아랏 왕은 이스라엘을 쳐서 포로들을 잡아갔습니다(21:1~3). 이스라엘은 하나님에게 서원하고 도우심을 받아서 적들의 성읍을 멸망시키고 그곳을 "호르마"(멸망)라고 이름 지었습니다.

하나님의 도우심을 받고 큰 승리를 거둔 역사를 체험했음에도 불구하고 이스라엘 백성은 여전히 하나님을 원망하다 또 심판을 받았습니다(21:4~9). 이들은 에돔을 바로 통과하지 못하고 우회하느라 험한 길을 가면서 먹을 것과 마실 것이 없다고 불평하며 하나님과 모세를 원망했습니다. 그래서 하나님이 불뱀의 심판을 내리시므로 많은 사람이 불뱀에 물려 죽었습니다. 백성의 간청으로 모세가 하나님에게 기도하자 은혜로우신 하나님은 해결책을 주셨습니다. 놋뱀을 만들어 장대 위에 달게 하여 그것을 쳐다보는 사람마다 살도록 하신 것입니다.

놋뱀으로 위기를 모면한 뒤 이스라엘 백성은 계속 북진하여 요단 동편 모압의 북쪽 아모리와의 접경 지역에 도착했습니다. 이스라엘은 에돔에게 했던 것처럼 아모리 왕에게 사신을 보내 평화롭게 그 땅을 지나갈 수 있도록 요청했습니다. 그런데 아모리 왕은 요청을 거절하였을 뿐만 아니라 군사를 몰고 와서 이스라엘을 공격했습니다. 그래서 이스라엘은 아모리 족을 무찌르고 암몬 접경까지 아모리인의 땅을 정복했습니다. 또한 이스라엘이 바산 길로 갈 때 바산 왕이 공격하여 오므로 바산 땅도 정복하였습니다. 이렇게 해서 이스라엘이 차지한 요단 동편의 땅은 나중에 르우벤, 갓, 므낫세 반 지파의 기업이 됩니다.

〈요한복음〉 3장 14~15절을 적어 봅시다.

발람의 예언(22~24장). 이스라엘이 모압 평지에 진을 치고 있을 때, 모압 왕 발락은 주변 족속이 이스라엘에게 정복당하는 것을 보면서 두려워했습니다. 그래서 그는 발람을 불러와 이스라엘을 저주하도록 요청했습니다. 그러나 하나님은 발람을 통하여 이스라엘을 축복하게 하시고 오히려 이스라엘을 대적하는 원수들을 저주하게 하셨습니다. 발람의 예언은 네 차례에 걸쳐 선포되었으며, 그 중심 내용은 다음과 같습니다.

1) **첫째 예언(23:7~10):** 하나님이 이스라엘을 여러 민족 중에 특별하게 선택하셨고, 그들을 번성하게 하셨다.
2) **둘째 예언(23:18~24):** 하나님은 이스라엘을 선택하신 것을 후회하지 않으시고, 그들의 허물과 반역을 용서하신다.
3) **셋째 예언(24:3~9):** 이스라엘 나라는 크게 흥왕하고 그 땅은 풍요로울 것이다.
4) **넷째 예언(24:15~24):** 이스라엘에 왕이 나와서 주변의 대적들을 정복할 것이다.

이상에서 보듯이 발람의 예언은 이스라엘을 통하여 이루시는 하나님 나라의 역사와 관련이 있습니다. 이와 같은 축복의 예언은 이스라엘 백성에게 큰 위로가 됩니다. 왜냐하면 비록 이스라엘 백성이 심판을 받아 광야에서 죽어가는 암울한 과정에 있지만, 하나님의 은혜는 여전히 그 백성에게 베풀어지고 있으며 반드시 하나님 나라를 이루실 것을 확증하는 것이기 때문입니다.

최종 심판(25장). 하나님은 여전히 이스라엘에게 복 주시는데도 불구하고 그 백성은 모압 여인들과 음행하면서 그들의 우상인 바알브올을 숭배하였습니다. 그래서 하나님의 심판으로 염병이 내리고 많은 사람이 죽었습니다. 이 장면은 비록 이스라엘을 축복한 발람의 예언과 크게 어긋나지만, 이 심판을 마지막으로 출애굽 세대에 대한 광야의 저주가 끝이 납니다.

4. 신세대(민 26~36장)

〈민수기〉의 마지막 장면은 광야 40년간의 긴 방황 뒤 새롭게 출발하는 신세대의 역사입니다. 이들은 이제 광야생활을 마치고 가나안 땅에 들어가기 위해 그 땅의 분배를 계획하고 또 그 땅에서 지켜야 할 규례들에 대해 듣습니다.

1) 2차 계수(26~27장)

2차 인구조사(26장). 시내 광야에서 인구조사를 하고 거의 40년 만에 모압 평지에 와서 2차 인구조사가 이루어졌습니다. 1차 조사와 비교했을 때 순서는 에브라임과 므낫세가 바뀐 것 말고는 같습니다. 그동안에 에브라임은 줄고 므낫세는 많이 늘어서 두 지파의 강성함이 역전되었습니다. 2차 인구조사에서는 각 지파에서 종족 이름까지 언급되고 있습니다. 그 이유는 아마도 이 조사의 목적이 땅 분배인 만큼(26:53~56) 보다 구체적인 분류가 필요했기 때문일 것입니다.

	계수 (민 1장)	(민 26장)
르우벤	46,500	43,730
시므온	59,300	22,200
갓	45,650	40,500
유다	74,600	76,500
잇사갈	54,400	64,300
스불론	57,400	60,500
에브라임	40,500	32,500
므낫세	32,200	52,700
베냐민	35,400	45,600
단	62,700	64,400
아셀	41,500	53,400
납달리	53,400	45,400
계	603,550	601,730
레위	22,273	23,000

각 지파의 인구 수에서 므낫세 지파 외에 주목할 만한 변화는 시므온 지파가 확연하게 줄었다는 것입니다. 이것은 아마도 25장 모압에서 음행 사건으로 말미암아 받은 심판의 여파로 보입니다. 그 당시 시므온 지파의 지도자가 미디안 여인과 함께 침상에서 살해되고 염병이 끝이 났습니다(25:6~9, 14). 여기에서 시므온 지파가 음행과 우상숭배에 많이 연루되어 심판을 받았을 것이라고 추정할 수 있습니다. 인구조사의 말미에 "시내 광야에서 계수한 이스라엘 자손은 한 사람도 들지 못하였으니"라고 하며 하나님의 심판이 엄중하게 이루어졌음을 말합니다(26:63~65). 이것은 또한 완전한 세대교체가 이루어져 새로운 출발이 시작된 것을 강조하는 것이기도 합니다.

슬로브핫 딸들(27:1~11). 가나안 땅의 분배를 위한 인구조사가 마쳤는데 문제는 20세 이상으로 전쟁에 나갈만한 남자를 기준으로 했기 때문에 아버지나 아들이 없이 딸만 있는 집은 분배에서 빠지게 된다는 것입니다. 남성을 기준으로 분배하게 한 것은 가정 단위로 공평하게 땅이 분배되게 하고, 또 부계 가족을 따라 기업이 유지되게 함으로써 특정 소수에게 땅이 집중되는 것을 방지하려는 목적이었습니다. 그런데 슬로브핫의 딸들처럼 광야에서 심판으로 갑작스럽게 아버지가 죽고 아들 없이 딸만 남은 집은 기업을 분배받지 못할 처지가 되었습니다. 그러므로 이런 경우에 있는 가정들이 소외되지 않도록 사회복지 차원에서 예외적인 규정을 세웠습니다.

신세대 지도자(27:12~23). 인구조사와 함께 신세대를 이끌어 나갈 지도자의 세대교체도 이루어졌습니다. 모세는 므리바 사건으로 약속의 땅에 들어갈 수 없게 되었으므로 하나님에게 후임을 요청하였고, 하나님은 여호수아를 지정하셨습니다.

2) 봉헌 규례(28~30장)

기업 분배에 앞서 그들이 가나안 땅에 들어가서 절기를 따라 드릴 제물과 서원에 관한 규례들을 설명하고 있습니다. 약속의 땅에서 사람이 취할 것보다 왕 되신 하나님 앞에 돌릴 것을 먼저 생각하게 하는 것입니다.

절기의 제물(28~29장). 절기를 지키고 제물을 드리게 하는 것은 정기적으로 하나님을 기억하고 섬기게 하기 위한 것입니다. 28장은 매일 제사에서 시작하여 연중 절기로 확대되는 절기 규례를 설명합니다. 〈민수기〉의 절기 규례는 〈출애굽기〉와 〈레위기〉에 소개된 규례들에 비해서 제물을 강조하는 특징이 있습니다.

단위		절기	시기	제물
매일		상번제(28:3~8)	아침과 저녁	2 어린 숫양 + 소제와 전제
매주		안식일(28:9~10)	일곱째 날	
매달		월삭일(28:11~15)	초하루	2 수송아지, 1 숫양, 7 어린 숫양 1 속죄제 숫염소 + 소제와 전제
매년	1월~2월	유월절(28:16)	1월 14일	
		무교절(28:17~25)	유월절 후 7일간	
		칠칠절(28:26~31)	무교절부터 7주 후	
	7월	나팔절(29:1~6)	7월 1일	1 수송아지, 1 숫양, 7 어린 숫양 1 속죄제 숫염소 + 소제와 전제
		속죄일(29:7~11)	7월 10일	
		장막절(29:12~38)	7월 15~22일	수송아지(13,12,11,10,9,8,7+1)외

매년 일곱째 달에는 특별한 절기로 지킵니다. 7월 1일 나팔절에 나팔을 부는 것은 왕이신 하나님이 그 백성을 그들의 대적에게서 구원하시고 소집하시는 것을 의미합니다(10:1~10). 7월 10일은 속죄일로서 백성의 모든 죄와 허물을 씻는 날입니다. 7월 15일부터 7일간 장막절로 지키고 제8일에는 장엄한 대회로 모여 절기를 마무리합니다. 이렇게 7월의 절기는 하나님이 그 백성을 구원하시고 속죄하시며 그들과 함께 거하시는 것을 기념하는 것이며, 특히 장막절은 궁극적으로 완성될 완전한 하나님 나라를 소망하게 합니다. 그래서 장막절의 희생제물은 특이한 절차를 지시하셨습니다. 첫째 날 수송아지 열세 마리와 숫양 두 마리 일년생 어린 숫양 열네 마리를 드리고, 둘째 날부터 수송아지는 한 마리씩 줄여서 일곱째 날에는 일곱 마리를 드립니다. 마지막 8일째 대회는 나팔절과 속죄일의 제사와 같은 방식으로 드립니다.

서원 규례(30장). 여기의 서원 규례는 특히 여성의 서원에 대해 다루고 있습니다. 서원은 마땅히 지켜야 하지만 여성의 서원에 대해서는 그것을 이행하거나 무효하게 하는 권한이 어린 딸은 아버지에게 그리고 결혼한 여인은 남편에게 있습니다. 이것은 재산의 책임을 진 가장의 권위를 세워줌으로써 서원으로 인한 갈등이나 혼란이 생기지 않도록 한 것입니다.

3) 분배 계획(31~36장)

31장은 미디안과의 전쟁을 치르고 탈취한 전리품에 대한 처리와 분배에 대한 기록입니다. 이것은 앞으로 정복 전쟁 후 있을 가나안 분배에 대한 예시와도 같은 것입니다. 32장은 요단 동편의 땅이 갓, 르우벤, 므낫세 반 지파에게 분배된 것을 이야기합니다. 33장은 이스라엘이 애굽을 떠나서 모압 평지에 이르기까지 여정을 기록하고 있으며, 마지막은 가나안 땅을 제비뽑아 각 지파별로 분배하라는 하나님의 명령을 전하고 있습니다.

34장부터는 본격적으로 가나안 본토의 분배에 대한 말씀입니다. 먼저 이스라엘 본토의 경계를 지정한 다음(34:1~12), 분배를 위한 총 책임자로 엘르아살과 여호수아를 임명하고, 각 지파의 대표를 선정했습니다(34:17~29). 대표들의 명단은 남쪽에서부터 시작하여 북쪽으로 올라갑니다.

35장은 기업 분배에서 빠진 레위인들의 거주지가 될 사십팔 성읍(35:1~8)과 여섯 도피성(35:9~34)에 대한 것입니다. 36장은 다시 슬로브핫 딸들의 기업에 대해 설명하고 있는데, 여기에서는 특히 그 딸들이 시집갈 때 그 기업이 어떻게 될 것인가의 문제를 다룹니다. 왜냐하면 그 딸들이 다른 지파 사람에게로 시집가면 그들에게 속한 기업이 다른 지파로 넘어가게 되는 문제가 생기기 때문입니다. 그래서 이 문제에 대한 해결책으로 슬로브핫의 딸들은 조상의 지파 내에서 남편을 얻게 하여 그 기업이 다른 지파로 넘어가지 않도록 정했습니다.

이와 같이 각 지파와 종족을 따라 기업 분배를 계획하면서 약속의 땅에 들어갈 행정적인 준비를 마쳤습니다. 이제 다음에 오는 〈신명기〉는 영적인 준비를 위한 것으로서 이제 기업으로 얻은 땅에서 어떻게 살 것인가에 대해 가르치는 것입니다.

설교 B

〈민수기〉의 마지막 장면은 광야 40년 동안 성장한 신세대가 요단 동편 모압 평지에서 약속의 땅에 들어갈 준비를 하는 것이었습니다. 〈신명기〉는 이 신세대를 위하여 모세가 죽기 전에 남긴 고별설교 세 편을 기록한 것입니다. 첫 번째 설교는 과거를 회고하며 율법 순종을 권고합니다. 두 번째 설교는 당장 백성이 지켜야 할 하나님의 율법을 설명하는 것이므로 현재적입니다. 세 번째 설교는 율법의 준수 여부에 따른 복과 저주를 선포하는 것이므로 미래적입니다. 세 편의 설교를 마치고 모세는 다음 세대를 위한 후계자로 여호수아를 세우고 나서 죽어 모압 땅에서 장사되었습니다.

〈신명기〉의 구조와 요점

구분	1)	2)	3)
1 회고 (1~4장)	이스라엘 백성이 시내 산을 떠난 후 모압 평지에 오기까지 광야에서 방황한 역사를 회고합니다.		
	1) 광야 방황(1장) 시내 산을 떠난 후에 가데스 바네아에서 반역하여 광야에서 방황했던 역사를 회고합니다.	**2) 요단 동편**(2~3장) 요단 동편으로 올라오면서 친족국은 지나고 적대국은 싸워 정복한 역사를 회고합니다.	**3) 순종 권고**(4장) 모세가 백성에게 전할 율법은 유일하신 여호와께서 주신 명령이니 순종하라고 권고합니다.
2 율법 (5~26장)	이스라엘 백성이 약속의 땅에 들어가서 지켜야 할 하나님의 율법을 다시 설명합니다.		
	1) 기초(5장) 십계명은 하나님이 백성에게 직접 음성으로 주신 것으로써 율법의 기초입니다.	**2) 원리**(6~11장) 하나님이 복을 주시려고 율법을 주신 것이니, 그를 사랑하고 계명을 지켜야 합니다.	**3) 조항**(12~26장) 하나님을 사랑하고 이웃을 사랑하는 삶을 위한 율법의 구체적인 조항들을 설명합니다.
3 화복 (27~30장)	율법을 지키면 복을 받고 지키지 않으면 저주를 받는 것을 선포하며 순종을 권고합니다.		
	1) 선포식(27장) 요단을 건넌 후에 에발 산에 율법을 기록한 돌비를 세우고 복과 저주를 선포하라고 합니다.	**2) 복과 저주**(28장) 율법을 지킴으로 얻을 복된 삶과 불순종하여 겪을 저주의 삶을 구체적으로 묘사합니다.	**3) 마무리**(29~30장) 언약 백성 모든 세대가 복과 저주의 갈림길에 있음을 상기시키며 설교를 마무리합니다.
4 승계 (31~34장)	모세가 여호수아에게 이스라엘 백성을 인도할 사명을 위임한 후에 모압 땅에서 죽었습니다.		
	1) 후계(31장) 모세의 후계자로 여호수아가 세워지고 그 백성을 가나안으로 인도할 사명을 받았습니다.	**2) 유언**(32~33장) 모세가 이스라엘 백성의 미래에 대하여 노래의 말씀으로 전하고 그들을 축복하였습니다.	**3) 죽음**(34장) 모세가 느보 산에 올라가 약속의 땅을 바라보고 난 후 최후를 맞이하였습니다.

1. 회고(신 1~4장)

첫 설교에서 모세는 40년 전 이스라엘 백성이 호렙 산(시내 산)을 출발하던 때부터 회고하기 시작합니다. 시내 산에서 율법을 받은 상황에 대해서는 4장에서 나옵니다. 왜 시내 산부터일까요? 이 산은 이스라엘 백성이 하나님과 언약을 맺고 율법을 받아 하나님의 소유된 백성으로 세워진 역사적인 곳이었습니다. 모세는 율법을 설명하는 목적으로 설교를 하고 있기 때문에 처음 율법을 받았던 시내 산에서의 역사로 거슬러 올라가는 것입니다.

1) 광야 방황(1장)

서론(1:1~5). 첫 부분은 〈신명기〉의 성격을 보여 주는 전체의 서론입니다. 이 책은 출애굽 이후 40년 11월 첫째 날 모압 땅에서 모세가 이스라엘 백성을 위하여 하나님에게 받은 율법을 다시 설명하는 것입니다. '율법의 재판(再版)'이라는 뜻의 책 이름 〈신명기〉(申命記; Deuteronomy)는 여기에서 비롯된 것입니다. 모세는 출애굽의 주역이며 광야 40년 이끌어온 위대한 영도자였지만 그는 약속의 땅을 보기만 할 뿐 들어갈 수 없었습니다. 그의 사명과 역할은 거기까지였습니다. 그래서 모세는 마지막으로 그 땅에 들어갈 백성에게 율법을 다시 가르치면서, 그들이 그 땅에서 하나님의 백성으로서 그분의 계명에 순종하며 살도록 권고하고자 했습니다. 이 설교를 듣는 청중은 신세대로서 시내 산에서 처음 하나님이 그 백성과 언약을 맺으실 때, 20세가 되지 않았거나 또는 광야의 방황 기간 중에 태어난 사람들입니다. 그래서 그들은 하나님의 율법을 직접 받지 못했습니다. 이에 모세는 신세대에게 하나님의 율법을 다시 설명하고 하나님과 언약을 갱신하게 함으로써 약속의 땅에 들어가기 위한 영적 준비를 하게 한 것입니다.

출정 명령과 조직(1:6~18). 시내 산에서 거의 1년을 머무른 다음에 하나님이 이스라엘 백성에게 시내 산을 떠나 약속의 땅에 들어가 그 땅을 차지하라고 명령하셨습니다(6~8절). 모세는 이 백성이 약속의 땅을 차지할 수 있는 것은 하나님이 그들에게 주셨기 때문이라는 사실을 상기시키고 있습니다. 즉 하나님이 그 땅의 주권자이시므로 그 율법에 순종해야 하는 것은 마땅한 이치입니다. 이때 모세는 자신과 함께 동역할 지도자들을 세워 조직을 정비하였습니다. 이 지도자들은 지혜 있고 인정받는 자들로서 그들의 역할은 '재판장'이었습니다. 그러므로 이 지도체제 조직의 목적은 하나님의 율법이 모든 백성에게 공정하고 효과적으로 적용되게 하려는 것입니다. 이것은 이스라엘이 하나님의 율법에 기초한 법치공동체라는 것을 의미합니다.

반란과 심판(1:19~46). 모세는 계속해서 시내 산을 떠난 이스라엘이 가데스 바네아에서 하나님을 믿지 않고 가나안 족속을 두려워하여 그 땅에 들어가기를 거부했던 반란의 역사를 회고합니다(1:19~33). 그 반란으로 말미암아 이스라엘은 하나님의 심판을 받아 바로 가나안에 들어가지 못하고 광야에서 방황하게 되었습니다. 그렇게 광야에서 40년을 방황하는 동안 여호수아와 갈렙 두 사람을 제외하고는 출애굽 세대가 모두 죽었습니다. 그러나 하나님 나라의 역사는 거기서 끝나지 않고 광야에서 새롭게 성장한 새로운 세대를 통해서 계속 이어집니다. 모세는 그 방황의 역사를 "가데스에 여러 날 동안 머물렀나니"라고 간략하게 언급하고 넘어갑니다. 여기에서 모세의 의도는 전체 역사를 반복해서 회고하려는 것이 아닙니다. 그는 오직 여호와의 명령에 순종한 여호수아와 갈렙만 약속의 땅을 기업으로 얻게 되고, 불순종한 다른 사람들은 그 땅을 보지도 못하게 되었다는 것을 강조하고 있습니다.

2) 요단 동편(2~3장)

이스라엘은 뒤늦게 후회하고 들어가려고 시도했으나 패배하고 후퇴하여 동남쪽 홍해 연안까지 내려왔습니다. 세월이 지난 후에 때가 되어 다시 하나님이 북으로 올라가라는 명령이 떨어졌습니다(2:1~3). 올라가는 길에 여러 나라의 땅으로 지나가게 되는데 전쟁을 피해야 했던 친족국과 그들을 대적하므로 싸워서 정복한 적대국이 있었습니다.

친족국(2:4~25). 이스라엘이 한참 머무른 세일 산 주변은 에서의 후손 곧 에돔 족속의 땅이었습니다. 모압과 암몬 역시 롯의 후손으로서 이스라엘의 친족국이었습니다. 이들이 차지하고 있는 땅은 하나님이 기업으로 주신 것이었기 때문에, 하나님은 이스라엘 자손으로 하여금 그들과 싸우지 않고 그 땅을 통과하게 하셨습니다.

적대국(2:26~3:11). 헤스본 왕 시혼과 바산 왕 옥은 이스라엘을 공격해왔기 때문에 이스라엘이 그들과 싸워 이겨서 그들의 땅을 정복했습니다. 여기에 대해 성경은 하나님이 그 왕들의 마음을 강퍅하게 하셔서 이스라엘의 행진을 막으셨다고 했습니다(2:30). 이것은 하나님이 과거에 바로의 마음을 완고하게 하셨던 것과 같은 이치입니다.

요단 동편에 정착한 지파들(3:12~22). 아모리 두 족속을 정복하고 얻은 요단 동편은 르우벤 지파와 갓 지파 그리고 므낫세 반 지파의 요청으로 그들에게 분배되었습니다. 그런데 이렇게 요단 동편의 지파들은 이미 분배 받을 기업을 확보했지만, 그들은 여전히 요단 강을 건너가서 형제들과 함께 가나안 정복 사업을 완수할 사명이 있었습니다. 이것은 이스라엘 전체의 일치와 연합을 위해 꼭 필요한 일이었기 때문에 모세는 그들에게 다른 형제들과 함께 가서 정복 사명을 완수할 것을 촉구했습니다.

모세의 가나안 입성 금지(3:23~29). 자의적으로 요단 동편에 기업을 얻은 지파들과 달리 모세는 가나안 본토에 들어가는 것이 금지되었습니다. 모세는 요단을 건너가 약속의 땅을 보기라도 할 수 있기를 기도했지만 하나님은 허락하지 않으셨습니다. 모세는 "너희 때문에 내게 진노하사 내 말을 듣지 않으시고"(3:26, 참고. 4:21)라고 했습니다. 이것은 모세가 책임을 회피하거나 전가하려는 말이 아닙니다. 모세는 하나님의 진노를 받은 출애굽 세대의 대표로서 요단을 건너지 못하고 광야에서 죽었고, 이로써 옛 시대가 종결되었다는 것입니다. 그리고 새 시대의 역사는 하나님이 모세의 뒤를 이어 세우신 여호수아와 함께 진행될 것입니다.

〈신명기〉 4장 21절을 적어 봅시다.

3) 순종 권고(4장)

모세는 첫 번째 설교를 마무리하기 위해 시내 산 언약을 회고하면서 백성의 순종을 권고합니다. 특히 애굽에서의 구원 역사와 시내 산에서 이스라엘 백성에게 계시하실 때 보여 주신 하나님의 절대적인 탁월하심을 강조하면서 그의 규례와 법도를 잘 지키라고 장려합니다. 다른 한편으로 모세는 이 백성의 연약함을 염려하며 장차 이들이 하나님 앞에 범죄하여 심판을 받게 되는 것에 대해 경고합니다. 그들이 우상을 섬기면 하나님이 그들을 망하게 하시고 이방 땅에 흩으실 것입니다. 그러나 그런 심판 중에라도 하나님을 전심으로 찾고 회개하면 자비하신 하나님이 그들을 버리지 않으시고 회복하실 것도 말하였습니다. 이것은 후대 이스라엘의 역사에서 그대로 이루어집니다.

2. 율법(신 5~26장)

두 번째 설교에서 모세는 본격적으로 하나님의 율법에 대해서 이야기합니다. 먼저 율법의 기초인 십계명을 제시하고(5장), 그다음에 율법에 대한 기본적인 원리를 설명합니다(6~11장). 마지막으로 실제적인 율법 조항들을 구체적으로 제시합니다(12~26장).

1) 기초(5장)

십계명(5장). 시내 산에서 처음 율법을 받을 때와 마찬가지로, 먼저 율법의 근본이 되는 십계명을 제시하고 있습니다(참고. 출 20장). 십계명은 다른 율법과 달리 하나님이 시내 산 불 가운데 선포하실 때 모든 백성이 직접 음성으로 들은 말씀입니다. 백성은 그 음성을 듣는 가운데 두려움을 느끼고 더 이상 직접 듣기를 피할 정도였습니다. 그만큼 하나님이 엄중한 분이신 것을 알고 그를 경외하여 그의 모든 명령을 지켜야 합니다.

십계명에 대한 설명 가운데 〈출애굽기〉의 그것과 중요한 차이점이 있습니다. 안식일 준수에 대해서 〈출애굽기〉는 창조 원리를 언급했는데, 〈신명기〉는 안식일 준수의 근거로서 하나님이 그들을 애굽의 속박에서 해방하신 것을 말하고 있습니다(출 20:11, 신 5:15). 이것은 하나님과 이스라엘 사이의 특별한 언약적 관계를 강조하고 있는 〈신명기〉 전체의 분위기와 잘 조화를 이룹니다(참고. 신 4:32~40). 율법을 준수하는 것은 구원을 받기 위해서가 아니라 하나님의 특별한 은혜와 사랑을 받아 구원받은 백성이 감사함으로 응답하여 그의 말씀을 지키는 것입니다. 이것이 다음 6~11장에서 반복적으로 설명하는 율법의 근본정신입니다.

〈신명기〉 5장 15절을 적어 봅시다.

2) 원리(6~11장)

6~11장에는 "들으라", "지키라", "삼가라"는 말씀이 자주 반복됩니다. 실제적인 율법을 제시하기 전에 순종하도록 마음을 다지게 하고 있기 때문입니다. 잘 짜인 논고처럼 논리적이고 설득력 있게 율법의 원리와 근본 정신을 설명하면서 율법을 지킬 것을 권고하고 있습니다.

사랑의 대상과 미움의 대상(6~7장). 6장에서는 전심으로 하나님을 사랑하고 친근히 하여 그의 계명을 지키라고 합니다. 반대로 7장에서는 가나안 족속과 우상은 미워하라고 합니다. 가나안 족속을 가까이 하여 언약을 맺거나 통혼하지 말 것이며, 또 결코 그들을 두려워하지 말고 더 크고 두려우신 하나님을 믿고 과감하게 그들을 쫓아내며 이방 풍속을 제거하라는 말씀입니다.

번영의 약속과 경계(8장). 8장 전반부(8:1~10)에서 하나님의 명령을 들으면 반드시 약속의 땅을 차지하고 거기에서 번영할 것을 약속했습니다. 후반부(8:11~20)에서는 번영하였을 때 교만하여 여호와를 잊어버리지 않도록 경계하라는 명령을 덧붙였습니다.

과거의 불순종과 두 번째 기회(9:1~10:11). 모세는 그 백성이 불순종했던 과거를 잊지 말라고 하며 순종을 다짐합니다. 모세가 호렙 산(시내 산)에서 언약의 두 돌판을 받아오는 동안 백성은 금송아지를 만들어 하나님을 거역했고, 이에 모세는 그들 앞에 언약의 두 돌판을 깨뜨렸습니다(8:6~21). 이 백성은 가데스 바네아에서도 가나안 땅에 들어가 그 땅을 차지하라는 하나님의 명령을 거역하였습니다(8:22~24). 하나님이 이렇게 반역적인 백성을 멸망시키려고 하셨다가도, 모세의 중재를 들으시고 번번이 심판을 거두셨습니다. 모세는 하나님이 언약의 두 돌판을 다시 주신 것을 말합니다(8:10:1~11). 이것은 이스라엘이 여전히 하나님의 언약 백성의 위치를 유지하도록 두 번째 기회를 주신 것입니다. 모세가 율법을 신세대에게 다시 설명할 수 있는 것도 하나님이 두 번째 돌판을 주셨기 때문에 가능한 것입니다.

사랑의 순종(10:12~11장). 하나님이 주신 두 번째 기회를 놓치지 않도록 전심으로 하나님의 명령을 지켜야 합니다. 모세는 서두에서 "들으라"(쉐마) 하고 강력하게 외쳤던 것처럼(6:4~5), 하나님에 대한 사랑을 강조하며 계명을 지키라고 합니다(10:12~11:7). 사랑이 순종과 섬김의 바탕이 되어야 합니다(6:5, 7:9, 10:12, 11:1, 13, 22, 19:9, 30:16, 20). 다시 말해서 마지못해 율법을 지키거나 겉치레로 하는 것이 아니라 온 마음으로 하나님을 사랑하여 진정으로 그분의 말씀에 순종하라는 것입니다. 그리고 그렇게 순종할 때에 하나님이 복을 주시지만 순종하지 않으면 저주가 있을 것을 경고합니다(11:8~32).

3) 조항(12~26장)

십계명과 근본 원리를 설명한 다음에 모세는 12~26장에서 실제적인 상황 속에서 십계명을 적용하는 구체적인 율법 조항들을 제시합니다. 십계명의 구조를 따라 전반부(12:1~16:17)는 하나님 사랑을 위한 의식법(儀式法)으로서 예배와 제사 그리고 성결의 문제 등을 다룹니다. 후반부(16:18~26장)는 이웃 사랑에 대한 시민법(市民法)으로서 공동체의 사회 규범과 행정에 관계된 것들입니다.

	십계명(5장)	상세 조항(12~26장)
의식법 (12장~16:17)	1. 다른 신	이방 민족을 따라 그들의 신을 섬기지 말라(12:29~31). 다른 신을 섬기자고 선동하는 자는 죽이라(13:1~18).
	2. 우상숭배	바른 예배: 이방 우상과 제단을 헐고, 아무 곳에서나 번제를 드리지 말고 오직 하나님이 택하신 한 곳에서 제사를 드리라(12:2~28).
	3. 여호와의 이름	여호와의 성민으로서 정결함을 지키라(14:1~21). 여호와의 이름을 두시려고 택하신 곳에서 십일조를 드리고, 기업이 없는 레위인과 고아와 과부를 돌보라(14:22~29).
	4. 안식일	안식년 면제(15:1~11), 종(15:12~18), 초태생 제물(15:19~22). 유월절(16:1~8), 칠칠절(16:9~12절), 무교절(16:13~17).
시민법 (16:18~26장)	5. 부모 공경	재판장과 지도자의 책임(16:18~20), 종교적 문제 재판(16:21~17:7), 난해한 재판(17:8~13). 왕(17:14~20), 제사장과 레위인(18:1~8), 선지자(18:9~22). 패역한 아들 사형(21:18~21) [처형된 시신 처리(21:22~23)].
	6. 살인	도피성: 고의성이 없는 우발적인 살인자의 피난처(19:1~13). 전쟁: 징집 면제(20:1~9), 지경 밖 나라와는 화친하라(20:10~20). 살인자를 알 수 없는 시체에 대한 속죄(21:1~9).
	7. 간음	결혼: 포로 가운데 아내를 얻은 자(21:10~14), 두 아내를 둔 사람의 장자 상속권(21:15~17), 순결의 법과 그 외(22:13~30). 거룩한 총회(23:1~8), 거룩한 진영(23:9~14).
	8. 도둑질	이웃의 경계표를 옮기지 말라(19:14). 이웃의 길 잃은 가축을 외면하지 말라, 그 외(22:1~12).
	9. 거짓 증거	두세 증인을 놓고 재판하라(19:15~21).
	10. 탐심	이혼과 재혼, 죽은 형제에 대한 의무 등(24:1~25:12). 공정한 저울추(25:13~16). 토지 소산의 맏물과 십일조(26:1~15).

3. 화복(신 27~30장)

율법을 설명하는 긴 설교를 마치고, 세 번째 장면에서 모세는 율법 준수 여부에 따른 복과 저주를 극명하게 대비시킴으로써 율법을 지킬 것을 권고하고 있습니다. 27~28장에서는 두 번째 설교를 마무리하면서 복과 저주를 선포합니다. 그중에서 27장은 요단 강을 건너 약속의 땅에 들어가서 치룰 복과 저주의 선포식에 대한 명령입니다. 그리고 28장은 복과 저주에 따라 삶이 어떻게 달라지는지 그 결과를 설명합니다. 29~30장은 세 번째 설교로서 최종적으로 언약 설교를 마무리합니다.

1) 선포식(27장)

앞 단원 율법의 원리(5~11장) 마무리 부분에서 에발 산과 그리심 산에서 복과 저주를 선언하라는 명령이 있었습니다(11:26~32). 마찬가지로 상세조항(12~26장)을 마무리하면서 에발 산과 그리심 산에서 복과 저주를 선포할 것을 다시 한 번 지시합니다(27장). 석회를 바른 돌비에 율법을 기록하고 그것들을 에발 산에 세우라는 것은 언약의 비준에 앞서 그 조항들을 기록하여 후대를 위한 증거와 기념이 되게 하라는 것입니다. 그다음에 선포식을 할 때에 여섯 지파는 기름진 땅 그리심 산에 서고, 나머지 여섯 지파는 척박한 땅 에발 산에 섭니다. 그래서 레위인이 율법을 어겼을 때 저주가 있을 것을 선포하고 백성은 아멘으로 동의해야 합니다. 이것은 하나님과의 언약 관계를 대대로 되새기게 하는 것입니다. 이 의식은 여호수아의 인도로 이스라엘 백성이 가나안 땅에 들어가서 여리고 성과 아이 성을 정복한 후에 지켜졌습니다(수 8:30~35).

2) 복과 저주(28장)

순종에 따른 복(28:1~14). 하나님의 명령을 지키면 언제 어디서든지 복을 받습니다(1~6절). 대적들이 공격해 와도 하나님이 이기게 하실 것이며, 땅의 모든 민족이 언약 백성을 두려워하게 될 것입니다(7~14절).

불순종에 따른 저주(28:15~68). 하나님의 명령을 지키지 않으면 언제 어디서든지 저주를 받습니다(15~19절). 하나님이 질병과 재앙으로 그 백성을 치실 것입니다(20~24절). 그들은 대적들이 쳐들어올 때 패배할 것이며, 이 땅에서 평안하게 살지 못하고 이방 나라에 포로로 끌려갈 것입니다(25~68절).

3) 마무리(29~30장)

과거와 현재의 세대(29:1~13). 서두에서 모세는 과거에 초점을 맞추어 출애굽부터 요단 동편 정복에 이르기까지 하나님이 이스라엘 백성에게 보여 주신 권능과 은혜를 상기시키며 순종을 권고합니다(29:1~9). 그다음 현재로서 모세 당대의 지도자로부터 비천한 자까지 남녀노소 모두가 하나님과의 언약에 참여하기 위하여 모여 있다는 것을 말합니다(29:10~13).

미래 세대(29:14~30:10). 마지막으로 모세는 미래 세대에 초점을 맞춥니다. 이스라엘 자손 대대로 언약 백성에 속하기 때문에 그들 역시 언약적 책임을 가지고 있습니다. 그래서 만약 그들이 불순종하고 다른 신을 섬긴다면 반드시 언약적 저주에 따라 심판을 받게 된다는 것을 경고합니다(29:14~29). 그러나 심판을 받아 약속의 땅에서 쫓겨났을 때, 진심으로 회개하고 다시 순종의 삶을 살기로 하면 하나님이 그 백성을 회복하신다는 것을 확신시킵니다(30:1~9).

복과 저주의 갈림길(30:11~20). 모세가 백성에게 가르친 율법의 말씀은 어려운 것도 아니고 불가능한 것도 아닙니다(11~14절). 쉽고 가까운 것이지만 그것은 생명과 복이냐 아니면 사망과 저주냐를 가름하는 중요한 기준이 됩니다. 모세는 이 백성에게 여호와를 사랑하고 그의 계명을 지키면 약속의 땅에서 생명과 복을 누리며 살게 될 것을 분명하게 선포하며 말씀을 마무리합니다.

4. 승계(신 31~34장)

〈신명기〉의 마지막은 모세가 후계자로 여호수아를 세우고 최후를 맞이하는 장면입니다. 모세의 죽음과 함께 출애굽 시대를 마감하고 여호수아와 함께 새로운 역사의 장이 열릴 것입니다.

1) 후계(31장)

출애굽과 광야의 지도자 모세는 이제 그의 사역을 마무리하고 역사의 뒤안길로 물러서려고 합니다. 그래서 여호수아에게 지도자의 직분을 위임하고, 새 지도자와 온 이스라엘에게 강하고 담대하게 약속의 땅을 정복할 것을 권고합니다(31:1~8). 여호수아가 모세의 직분을 계승하는 것은 하나님이 정하신 것이었습니다. 그래서 하나님이 친히 여호수아를 모세와 함께 그의 회막에 부르셔서 여호수아의 위임을 확증하시고, 두 사람에게 이스라엘 총회 앞에서 노래의 말씀을 가르쳐 읽게 하셨습니다(31:14~30).

2) 유언(32~33장)

32장은 앞 장에서 하나님이 모세와 여호수아에게 명령하신 노래의 말씀을 기록한 것입니다. 그 노래는 이스라엘 백성이 하나님에게 범죄하여 징계를 받게 될 것이지만 궁극적으로 하나님이 그들을 구원하실 것이라는 예언의 말씀입니다. 32장은 이스라엘의 실패를 그리고 있어 암울한 분위기를 띠지만, 33장은 모세가 이스라엘 자손을 축복하는 밝은 내용을 담고 있습니다. 서두(33:1~5)와 마무리(33:26~29)는 이스라엘을 여수룬(곧바른, 정직한)이라 부르며 이스라엘 전체에 대해 축복을 하고 그 사이에 열두 지파에 대한 축복이 나옵니다(33:6~25). 서두는 하나님이 온 이스라엘의 왕으로서 그들 가운데 강림하시어 율법을 주신 것을 찬양합니다. 본론에서 시므온을 제외한 열두 지파를 각각 축복합니다. 마치 〈창세기〉의 마지막에서 야곱이 임종을 앞두고 그 열두 아들의 미래에 대해 예언했던 것처럼 모세 역시 죽기 전에 열두 지파에 대해 유언적인 축복을 남기고 있습니다. 마지막으로 마무리에서 모세는 하나님이 이스라엘의 용사가 되시어 대적의 손에서 구원하고 보호하실 것을 기원합니다.

3) 죽음(34장)

34장은 일종의 후기로써 모세의 죽음과 장례, 그리고 그에 대한 평가를 기록하고 있습니다. 모세는 느보 산에 올라가 비스가 산 꼭대기에서 약속의 땅을 바라볼 수 있었습니다. 비록 그 땅에 들어가지는 못했지만 출애굽 세대의 다른 사람들과 달리 모세로 하여금 그 땅을 직접 보게 하신 것은 하나님의 은혜였습니다(참고. 신 1:35). 죽을 때까지 그의 눈이 흐리지 않고 기력이 쇠하지 않았으므로 그가 고별설교를 마칠 수 있었습니다. 전무후무한 위대한 선지자 모세는 모압 땅에서 최후를 맞이하고, 그의 죽음과 함께 오경이 마무리되었습니다. 그리고 이제 여호수아와 함께 새로운 역사의 장이 열립니다.

〈신명기〉 1장 35절을 적어 봅시다.

❖ 〈민수기〉와 〈신명기〉를 정리해 봅시다.

	땅과 자손의 약속		약속의 땅으로				약속의 땅에서	
아브라함 땅 자손	창 1~11장	창 12~50장	출 1~18장	출 19~40장 레위기	민수기	신명기	여호수아	사사기 룻기
	시 작	**족 장**	**구 출**	**언 약**	**광 야**	**설 교**		
	창조	아브라함	노역	율법	(　)	회고		
	타락	이삭	모세	성막	반역	(　)		
	홍수	야곱	열 재앙	제사	(　)	화복		
	분산	요셉	인도	거룩	신세대	(　)		

※ 〈민수기〉와 〈신명기〉 외에 나머지 빈칸은 해당 단원에 가서 차례로 정리할 것입니다.

4과

여호수아, 사사기/룻기

〈창세기〉에서 하나님은 아브라함에게 '자손과 땅에 대한 약속'을 주셨고 이삭과 야곱에게 그 약속을 이어 가게 하셨습니다. 〈출애굽기〉부터 〈신명기〉에서는 야곱의 자손 이스라엘 백성을 '약속의 땅으로' 인도해 오셨습니다. 이제 〈여호수아서〉와 〈사사기〉, 〈룻기〉는 이스라엘 백성이 요단 강을 건너 들어간 '약속의 땅에서' 펼쳐지는 역사를 보여 주고 있습니다. 그중에서 〈여호수아서〉는 가나안에 입성하여 그 족속을 정복했던 '승리의 역사'인 반면, 〈사사기〉는 가나안 족속과 섞여 살면서 하나님을 배반하고 그래서 가나안 족속에게 짓밟히며 살았던 '패배의 역사'입니다. 한편 〈룻기〉는 사사 시대에 살았던 신실한 이방 여인 룻의 기사로서, 사사 시대의 불행을 종식시킬 이스라엘 왕 다윗이 등장하게 되는 배경을 보여 줍니다.

자손과 땅의 약속		약속의 땅으로				약속의 땅에서	
창 1~11장	창 12~50장	출애굽기	레위기	민수기	신명기	여호수아	사사기, 룻기
하나님 나라의 시작과 퇴행	족장에게 자손과 땅의 약속을 주심	이스라엘을 구출하시고 언약을 맺으심		시내 산에서 광야를 지나 요단 동편으로 인도하심		가나안 족속을 정복함	가나안 족속에게 시달림
온 세상 〉〉 가나안 ⇨ 애굽		애굽 ⇨ 시내 산 ⇨ 광야⇨ 요단 동편				가나안	

Ⓐ 정복

〈신명기〉는 광야에서 살아남은 신세대를 향한 모세의 고별설교였습니다. 〈신명기〉의 마지막 장면은 모세가 죽고 여호수아가 후계자로 등장하는 것이었습니다. 〈신명기〉 다음에 나오는 책 〈여호수아서〉는 새 지도자의 이름을 딴 것으로서 이스라엘 백성이 가나안 땅에 들어가 그 땅을 정복하는 역사를 기록한 것입니다. 요단 강 동편에 머물러 있던 이스라엘 백성은 여호수아의 지휘 아래 가나안 땅에 입성하여 가나안 족속과 싸웁니다. 전쟁이 끝나고 그 땅을 지파별로 분배한 다음 여호수아도 고별설교를 남기고 최후를 맞이합니다.

〈여호수아서〉의 구조와 요점

구분	요점	1)	2)	3)
1 진입 (1~5장)	이스라엘 백성이 여호수아의 지휘 아래 요단 강을 건너 약속의 땅에 진입했습니다.	**1) 진입 준비**(1~2장) 여호수아가 모세를 이어 이스라엘 인도의 사명을 받고 가나안 입성을 준비했습니다.	**2) 요단 도하**(3~4장) 이스라엘 백성이 언약궤를 앞세워 요단 강을 가르고 가나안에 입성하였습니다.	**3) 언약 의식**(5장) 광야에서 시행하지 못했던 할례의식을 하고 유월절을 지켰습니다.
2 전쟁 (6~12장)	이스라엘 백성이 약속의 땅을 얻기 위해 가나안 족속과 전쟁을 했습니다.	**1) 중부**(6~8장) 가나안에서 처음으로 정복한 여리고 성을 진멸하였고 아이 성을 점령했습니다.	**2) 남부**(9~10장) 기브온 족속과 속아서 화친한 후, 남부의 동맹군과 싸워 이겼습니다.	**3) 북부**(11~12장) 북부의 동맹군을 이긴 후 정복 전쟁이 끝나고, 전쟁 역사를 요약했습니다.
3 분배 (13~21장)	전쟁을 마치고 가나안 땅을 제비뽑아 각 지파별로 분배하여 정착했습니다.	**1) 요단 동편**(13장) 르우벤 지파와 갓 지파와 므낫세 반 지파는 요단 동편에 기업을 얻었습니다.	**2) 유다 요셉**(14~17장) 요단 서편에서 유다 자손과 요셉 자손에게 기업이 분배되었습니다.	**3) 남은 지파**(18~21장) 남은 일곱 지파에게 기업이 분배되고 레위 지파를 위한 성읍이 분배되었습니다.
4 권고 (22~24장)	여호수아가 죽기 전에 백성에게 오직 하나님만 섬길 것을 권고하고 언약을 갱신하게 했습니다.	**1) 요단 동편**(22장) 여호수아가 요단 동편 지파들에게 여호와의 율법을 지킬 것을 권고하고 돌려보냈습니다.	**2) 고별설교**(23장) 여호수아가 고별설교를 통해 이스라엘 백성에게 하나님만 섬기라고 권고했습니다.	**3) 언약 갱신**(24장) 여호수아가 온 백성과 함께 여호와만 섬길 것을 맹세하고 언약을 갱신했습니다.

1. 진입(수 1~5장)

〈여호수아서〉의 첫 번째 장면은 요단 동편 모압 평지에서 진을 치고 있던 이스라엘 백성이 요단 강을 건너 약속의 땅 가나안으로 진입하는 과정입니다.

1) 진입 준비(1~2장)

여호수아의 소명과 확신(1장). 모세는 하나님을 대신하여 큰 기적을 행하여 이스라엘 백성을 애굽에서 구출하여 내고, 또 하나님과 대면하여 직접 계시를 받았던 전무후무한 위대한 선지자였습니다(신 34:10~12). 그런 모세의 후계자가 되어 이스라엘 백성을 인도할 사명을 맡은 여호수아로서는 엄청난 부담과 두려움이 있었을 것입니다. 이런 상황에서 하나님은 여호수아에게 모세와 함께하셨던 것처럼 그와 함께하시겠다고 약속하시면서 가나안 정복의 사명을 맡기셨습니다. 이때 주신 하나님 말씀은 여호수아를 통하여 이루고자 하시는 하나님의 계획이므로 이것이 앞으로 〈여호수아서〉에서 펼쳐질 사건들입니다.

1. 진입: 너는 이 모든 백성과 더불어 일어나 이 요단을 건너 …… 그 땅으로 가라(2절).
2. 전쟁: 너희 발바닥으로 밟는 곳은 모두 내가 너희에게 주었노니 …… 네 평생에 너를 능히 대적할 자가 없으리니……(3~5절).
3. 분배: 너는 내가 그들의 조상에게 맹세하여 그들에게 주리라 한 땅을 이 백성에게 차지하게 하리라(6절).
4. 권고: 나의 종 모세가 네게 명령한 그 율법을 다 지켜 행하고 우로나 좌로나 치우치지 말라(7~8절).

하나님의 명령과 약속의 말씀을 듣고 여호수아는 담대함을 얻고 온 백성을 독려하여 가나안 땅으로 진입할 채비를 하게 했습니다(1:10~11). 또한 요단 동편에 정착하기로 한 르우벤 지파, 갓 지파, 그리고 므낫세 반 지파에게도 함께 요단 강을 건너 정복 전쟁에 참여할 것을 명령했습니다. 이들 역시 기꺼이 모세에게 순종했던 것처럼 여호수아에게 순종할 것을 약속하며 여호수아를 격려했습니다. 이렇게 해서 여호수아는 하나님과 온 이스라엘의 지지를 받으며 이스라엘의 새 지도자로서 가나안 정복의 사명을 이끌어 가게 됩니다.

가나안 정탐과 라합(2장). 가나안 진입에 앞서 여호수아는 정탐꾼을 먼저 보내 여리고 성과 그 밖에 가나안 땅의 정황을 살펴보게 했습니다. 두 명의 정탐꾼이 여리고 성의 기생 라합의 집에 숨어 있다가 그녀에게서 그 성 안의 분위기를 들었습니다. 여리고 주민들은 이스라엘이 하나님의 능력으로 홍해를 가르고 출애굽했고, 또 요단 동편까지 정복했다는 소식을 듣고 벌써부터 두려움에 떨고 있었습니다. 이와 같은 정탐꾼들의 보고를 받고 여호수아와 이스라엘 백성은 가나안 정복이 하나님의 섭리 안에서 이루어질 것을 확신하며 요단 강을 건널 용기를 얻었습니다.

여기에서 라합은 단지 두려워 떠는 것에 그치지 않았습니다. 라합은 전지전능하신 하나님을 믿었기에 목숨을 걸고 이스라엘의 두 정탐꾼을 숨겨주었습니다. 또한 라합은 하나님을 섬기는 이스라엘이 결국 여리고를 정복할 것을 확신하고, 정탐꾼들에게 자기 가족들을 선대해 줄 것을 부탁했습니다. 이와 같은 믿음과 헌신이 자신과 자신의 가족을 살렸습니다(히 11:31). 또한 이로써 언약 백성의 일원이 되었을 뿐만 아니라(수 6:25), 다윗 왕과 예수 그리스도의 조상이 되는 영광을 누렸습니다(마 1:5).

〈히브리서〉 11장 31절을 적어 봅시다.

2) 요단 도하(3~4장)

갈라진 요단 강(3장). 레위인이 언약궤를 메고 앞서 진행하여 요단 강에 들어서자 강물의 흐름이 멈추었고, 이스라엘 백성은 그 사이의 마른 땅을 밟고 가나안으로 건너갔습니다. 이것은 홍해 사건의 재현으로서, 하나님이 모세와 함께하셨던 것처럼 여호수아와 함께하신다는 것을 입증하는 사건이었습니다(3:7, 14). 또한 언약궤가 앞서서 나갈 때 요단 강 물이 갈라진 것은 하나님의 능력으로 가나안 족속이 쫓겨나게 될 것을 상징적으로 보여 주는 것입니다(3:10; 참고. 민 10:35, 14:44).

열두 기념비(4장). 요단 강을 건너면서 여호수아는 각 지파의 수대로 열두 돌을 취하여 강 가운데 언약궤를 멘 제사장들이 섰던 곳에 세웠습니다(4:9~14). 또한 요단 강에서 가져온 열두 돌을 가져다가 그들이 가나안에 들어가서 처음 진을 친 길갈에 기념비로 세웠습니다(4:19~5:1). 이 모든 것은 이스라엘이 하나님의 초자연적인 개입으로 요단 강을 건넜다는 것을 증거하는 것입니다. 그렇게 해서 땅의 모든 백성으로 하여금 하나님의 능력을 알게 하고 또 이스라엘 백성이 자자손손 영원토록 하나님을 경외하게 하려는 것이었습니다(4:24).

3) 언약 의식(5장)

할례(5:2~9). 요단 강을 건넌 다음 이스라엘 백성은 길갈에 진을 치고 이곳을 가나안 정복의 전초 기지로 삼았습니다. 여기에서 그들은 하나님의 명령을 따라 할례를 시행했습니다. 할례는 하나님이 가나안 땅을 아브라함과 그 자손에게 주신다고 약속하시면서, 언약의 징표로서 아브라함과 그의 자손 대대로 모든 남자가 받도록 정하신 것입니다(창 17:1~14). 그래서 할례는 언약 백성의 신분을 알리는 표징이었습니다. 그러나 이스라엘 백성이 광야 40년 방황을 하다가 할례를 시행하지 못했고, 그래서 가나안 땅에 들어와서 일제히 할례식을 거행한 것입니다.

전쟁을 앞두고 할례를 한다는 것은 인간적인 시각으로 보면 무모하고 위험한 결정입니다. 할례에 따른 고통 때문에 전투는 물론 일상생활조차도 힘들기 때문입니다. 과거에 시므온과 레위가 자신들의 누이를 범한 세겜 족속에게 복수할 때 할례를 하게 해서 그들을 살육했던 사건은 할례가 얼마나 치명적인 결과를 가져다 줄 수 있는지 잘 보여 주는 실례입니다(창 34:24~27). 그럼에도 이스라엘 백성이 정복 전쟁을 앞두고 장정들이 할례를 시행한 것은, 그들이 하나님을 온전히 신뢰하며 그분과의 언약 관계에 충실하고자 한다는 것을 입증합니다. 이스라엘 백성이 이 땅을 차지할 수 있는 것은 그들 스스로의 힘으로 정복해서가 아니라 하나님이 그들에게 언약적 선물로 주셨기 때문입니다.

유월절(5:10~12). 할례를 받고 나서 이스라엘 백성은 유월절도 지켰습니다. 유월절은 하나님이 큰 권능으로 이스라엘을 애굽에서 구원하신 것을 기념하여 해마다 지켜야 할 절기였지만, 이스라엘 백성이 할례를 받지 못한 상태에서는 유월절 식사를 할 수 없었기 때문에 유월절을 지키지 못했습니다(참고. 출 12:48~49). 유월절 다음에 이스라엘 백성이 그 땅에서 난 곡식을 먹기 시작하면서 만나가 그쳤습니다.

〈출애굽기〉 12장 48~49절을 적어 봅시다.

여호와의 군대 대장(5:13~15). 할례와 유월절을 지키고 난 후, 여호수아는 여리고 가까이에서 칼을 든 한 사람을 만났습니다. 그는 "여호와의 군대 대장"이었습니다. 여호와 군대대장이 출현한 것은 앞으로 있을 전쟁을 하나님이 주도하신다는 의미입니다. 그 앞에 엎드려 절하는 여호수아에게 “네 발에서 신을 벗으라 네가 선 곳은 거룩하니라”고 말했습니다. 이제 여호수아가 치를 전쟁은 하나님이 그들 가운데 함께 계시며 대적들을 치시는 거룩한 전쟁(聖戰, holy war)이 될 것이므로(참고. 3:10), 하나님을 온전히 경외하는 가운데 그분의 명령에 전적으로 순종하며 전쟁에 임해야 할 것입니다.

2. 전쟁(수 6~12장)

요단 강을 건너 가나안에 진입한 이스라엘 백성은 본격적으로 여호수아의 지휘 아래 가나안 족속과 전쟁을 합니다. 이스라엘 군사는 맨 먼저 가나안 중부를 공략하여 여리고 성과 아이 성을 정복했습니다(6~8장). 그다음에 남부 동맹군과 싸우고(9~10장), 마지막으로 북부 연합군(11장)과 싸워 이겨서 전쟁이 끝이 났습니다.

여호수아의 정복 전쟁

1) 중부(6~8장)

여리고 성 전투(6장). 이스라엘이 맨 처음 대적한 상대는 요단 강에 인접한 여리고 성이었습니다. 이 성은 난공불락의 요새였습니다. 하지만 하나님이 명령하신 대로 언약궤와 함께 온 백성이 그 성을 7일간 돌며 행진한 후 나팔 소리에 맞춰 큰 소리를 지르자 견고한 성벽이 무너졌습니다. 이스라엘 백성은 하나님의 명령을 따라 여리고 성에 들어가 모든 사람과 가축을 진멸하고, 금과 은, 동철 기구들은 여호와의 곳간(성소 창고)에 들이게 하였습니다. 이 성은 가나안 정복의 첫 열매로서 하나님에게 온전히 바쳐져야 했습니다. 전쟁에서 "온전히 바친다"(헤렘, '바친 물건')는 것은 완전한 파괴를 의미합니다. 즉 사람이나 가축을 막론하고 모든 생명을 멸절시키고 아울러 모든 전리품은 다른 용도로 쓰지 못하고 전적으로 하나님에게 바친다는 것입니다. 그러나 이스라엘은 온전히 이 명령을 지키지 못하여 다음 전쟁에서는 쓰라린 패배를 맛보게 됩니다.

아이 성 전투(7~8:29). 가나안 땅에서 첫 전쟁에 승리한 이스라엘은 중앙으로 더 진출하여 아이 성을 치려고 했습니다. 이스라엘은 이미 막강한 여리고 성과의 전투에서 대승을 경험했기 때문에 사기가 충천했습니다. 게다가 아이 성은 여리고 성보다 훨씬 작았으므로 소수의 군사만으로도 충분히 이길 수 있다고 보고 삼천의 군사만 갔습니다. 그러나 결과는 이스라엘의 참패였습니다. 이들의 패배하게 된 이유는 여리고와의 전쟁 때에 아간이 욕심을 품고 전리품을 훔친 죄 때문이었습니다. 이스라엘 총회가 아간의 죄를 징벌하고 난 다음 비로소 아이 성을 쳐서 점령할 수 있었습니다.

복과 저주의 선포식(8:30~35). 여리고 성과 아이 성 전투는 앞으로 있을 정복 전쟁과 그 이후 약속의 땅에서의 삶을 가름하는 중요한 표본을 제시합니다. 하나님의 말씀에 순종하는 것이 승리의 비결이요, 불순종은 패망의 길이라는 것입니다.

2) 남부(9~10장)

기브온 족속과의 화친(9장). 이스라엘이 여리고 성과 아이 성을 점령했다는 소식을 듣고 가나안 족속은 동맹을 맺고 이스라엘을 대적하려고 했습니다. 그러나 기브온 족속은 거기에 가담하지 않고, 가나안 족속이 아니라 멀리서 온 나라인 것처럼 이스라엘을 속여서 화친을 맺었습니다. 나중에 그들의 거짓을 알게 되었으나 일단 화친을 맺었기 때문에 그들을 죽이지 않고 하나님의 집에서 나무를 패며 물을 긷는 종으로 일하게 하였습니다(9:23, 27).

남부 동맹 격퇴(10장). 기브온이 이스라엘과 동맹하자 예루살렘 왕을 비롯해 남부의 다섯 왕이 연합하여 기브온을 쳤습니다. 그러자 기브온은 이스라엘에게 도움을 요청했고, 여호수아는 군사를 이끌고 가서 남부 동맹군을 격퇴하고 그들의 성읍들을 진멸하였습니다. 이렇게 이스라엘이 승리할 수 있었던 것은 하나님이 해와 달을 멈추면서까지 그들을 위하여 싸워 주셨기 때문입니다(10:12~14, 42). 계속해서 여호수아의 군대는 파죽지세로 밀고 나가 남쪽으로는 가데스 바네아까지와 서쪽 지중해 연안의 가사(블레셋) 그리고 서남쪽 애굽 접경의 고센까지를 점령하였습니다(10:41).

3) 북부(11~12장)

북부 정복(11:1~15). 남부가 완전히 이스라엘의 손에 넘어갔다는 소식을 듣고 북부에 있는 가나안 족속이 또 군대를 모아 이스라엘을 대적했습니다. 이스라엘은 다시 하나님의 도우심으로 나가 싸워서 그 땅을 정복했습니다. 여호수아는 그중에서 우두머리 격인 하솔은 완전히 불사르고, 다른 산지의 성읍들의 경우 거주민들은 진멸하고 재물과 가축은 탈취하였습니다.

정복 역사 요약(11:16~12장). 북부 동맹 점령을 끝으로 전쟁이 끝나고 11장 후반부와 12장은 정복 전쟁의 역사를 요약정리하고 있습니다. 여호수아가 정복한 지역(11:16~23)은 요단 서편 산지와 평지로서 남쪽으로는 이집트의 고센 지역 그리고 북쪽으로는 레바논과 시리아 접경에 있는 헤르몬 산 아래까지 이르는 광범위한 땅이었습니다. 애굽에서 바로의 마음을 완고하게 하셨던 것처럼, 하나님은 대적들의 마음을 완악하게 하셔서 그들이 싸우러 올 때 진멸하게 하셨습니다. 특히 아낙 자손을 정복한 것을 중요하게 언급합니다. 40년 전 출애굽 세대는 그들을 보고 두려워서 가나안 정복을 포기하려고 했던 역사가 있었기 때문입니다(민 13:33; 신 1:28, 9:2). 그 당시에 "그들은 우리의 밥이라"고 담대하게 외쳤던 여호수아와 갈렙의 믿음대로 이제 이스라엘 백성이 하나님의 도우심으로 그 장대한 족속을 완전히 섬멸한 것입니다.

이스라엘 백성이 가나안 땅의 족속을 진멸한 것은 하나님의 명령에 따른 것입니다(6:21, 10:40, 11:10~15). 이렇게 잔인한 명령은 하나님의 속성이나 성경의 원리와 맞지 않는 것 같이 보이지만 여기에는 분명한 이유가 있습니다. 하나님이 아브라함에게 가나안 땅을 그와 그 자손에게 주시겠다고 약속하실 때 바로 주시지 않은 이유는 "아모리 족속의 죄악이 아직 가득 관영하지 아니함이니라"고 하셨습니다(창 15:16). 그러나 이제는 가나안 족속의 죄가 가득하였고, 그 족속은 자신들의 가증한 죄 때문에 그 땅에서 제거되었습니다(레 18:24~30, 신 9:4~5). 그러므로 하나님이 이스라엘 백성을 가나안으로 오게 하시고 그 족속을 진멸하고 쫓아내게 하신 것은 단순한 민족주의적 편애가 아니라 그 땅의 족속의 죄에 대한 심판의 성격을 띠고 있는 것입니다.

하나님은 무조건 이방 나라들과 싸워 땅을 정복하라는 제국주의적 침략을 말씀하지 않으셨습니다. 하나님이 모세를 통해 명령하신 것은 가나안 땅에서 멀리 있는 성읍들에 대해서는 가급적 평화를 유지하고, 오직 가나안 땅 지경 내의 거민들을 진멸하라고 하셨습니다. 이것은 이스라엘 백성이 가나안 족속과 더불어 살면서 그들의 영향을 받아 그들의 가증한 우상을 섬기는 죄를 범하지 않도록 하기 위한 것입니다(신 20:16~18). 하지만 이스라엘은 여호수아가 죽은 후에 가나안 족속을 완전히 쫓아내지 못하고 그들과 함께 살면서 배교하여 큰 심판을 받았습니다.

12장은 이스라엘 백성이 정복한 지역과 왕들의 이름을 열거하면서 정복 전쟁의 역사를 마무리합니다. 1~6절은 모세가 요단 동편에서 정복한 지역과 왕들의 명단입니다. 7~24절은 여호수아의 지휘 아래 가나안 땅에 들어와서 정복한 지역과 왕들입니다.

〈신명기〉 9장 4~5절을 적어 봅시다.

3. 분배(수 13~21장)

〈여호수아서〉의 세 번째 장면은 가나안 족속과의 전쟁에서 승리한 이스라엘 백성이 그 정복한 땅을 각 지파의 기업으로 분배하는 것을 보여 줍니다. 기업 분배에 대한 기사는 셋으로 나누어 볼 수 있습니다: 1) 요단 동편의 두 지파 반의 기업(13장), 2) 요단 서편 가나안 본토의 유다 자손과 요셉 자손의 기업(14~17장), 3) 나머지 일곱 지파의 기업과 레위인의 성읍(18~21장).

1) 요단 동편(13장)

기업 분배의 명령(13:1~7). 모세의 후계자로서 가나안 정복 전쟁을 주도해왔던 여호수아도 이제 노인이 되었습니다. 그러나 아직 가나안 정복은 미완성의 과제로 남아 있었습니다. 왜냐하면 큰 전쟁은 끝났지만 아직 그 땅에 가나안 족속이 곳곳에 남아 있었기 때문입니다. 그래서 하나님은 여호수아에게 그 땅의 이방 족속을 완전히 몰아내어 가나안 정복을 완수하도록 그 땅을 아홉 지파와 므낫세 반 지파에게 나누어 기업이 되게 하라고 하셨습니다.

요단 동편의 기업 (13:8~33). 분배 명령을 주시면서 아홉 지파와 므낫세 반 지파로 언급하신 것은 이미 모세 때에 요단 동편에서 기업을 받은 지파들이 있기 때문입니다(8~14절). 여기에 해당되는 지파는 르우벤 지파(15~23절), 갓 지파(24~28절), 그리고 므낫세 반 지파(29~31절)입니다. 한편 레위 지파는 하나님의 성전의 봉사자들로서 하나님이 직접 그들의 기업이 되시므로 그들은 따로 기업을 받지 않았습니다(13:14, 32~33).

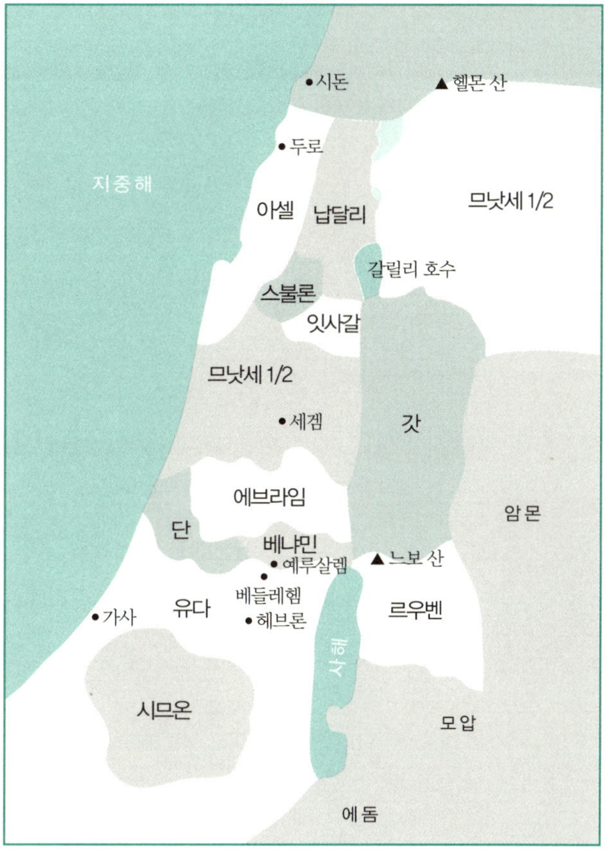

가나안 분배

2) 유다 요셉(14~17장)

14장부터는 요단 서편 곧 가나안 본토의 기업 분배를 설명합니다. 먼저 유다 자손(14~15장)과 요셉 자손(16~17장)의 기업이 확정되었습니다. 이들은 남과 북의 유력 지파들로서 후대의 분열 왕국 시대에 남왕국과 북왕국의 주축이 됩니다.

유다 자손의 기업(14~15장). 14장에서 성경 기자는 기업 분배에 임하는 갈렙의 자세에 주목합니다. 갈렙은 출애굽 세대 중에서 유일하게 여호수아와 함께 살아남아 가나안 땅에 들어온 믿음의 용사입니다. 그는 45년 전 가데스 바네아에서 그랬듯이 여전히 하나님을 믿으며 적극적이고 진취적인 자세로 기업을 얻고자 합니다. 갈렙이 요청한 기럇 아르바(헤브론)는 거인족인 아낙 사람들 가운데서도 가장 큰 사람들이 있었습니다. 게다가 그 성읍은 크고 견고한 산지에 있는데, 85세의 노인 갈렙은 그 땅을 정복하겠다고 나섰습니다. 갈렙이 이렇게 한 것은 모세 때 제비를 뽑아 땅을 분배할 때 하나님이 그 땅을 주시기로 하셨고, 그렇기 때문에 하나님이 함께하시면 아무리 무서운 대적이라도 반드시 몰아내고 그 땅을 차지할 수 있다는 확고한 믿음을 가지고 있었기 때문입니다. 이에 여호수아는 그를 축복하며 헤브론을 그의 기업으로 지정해 주었습니다. 15장은 유다 자손의 지파가 차지한 기업의 경계와 그들이 차지한 성읍들을 열거하고 있습니다.

요셉 자손의 기업(16~17장). 요셉은 야곱의 열한 번째 아들이지만 라헬의 장자로서 두 몫의 지분을 받아 그의 두 아들 에브라임과 므낫세가 각각 한 몫씩의 기업을 받았습니다. 16장은 에브라임 자손의 기업을 설명하고 17장은 요단 서편의 므낫세 반 지파의 기업을 설명합니다.

여기에서도 주목할 것은 분배에 임하는 요셉 자손의 태도입니다. 요셉 자손은 분배 받은 기업에 대해 불만을 품고 있었습니다(17:14). 사실 므낫세 반 지파는 이미 요단 동편에서 한 몫을 받았었고, 또 요단 서편 가나안 본토의 분배에 있어서도 그들의 땅은 중앙의 상당한 부분을 차지할 정도로 큰 기업이었습니다. 그럼에도 불구하고 그들은 배당받은 것이 적다고 불평하고 있는 것입니다. 요셉 자손이 불평하므로 여호수아는 그들에게 분배 받은 땅이 좁거든 스스로 삼림 지역을 개척하라고 권고했습니다. 그러나 정작 그들은 그 땅의 거민들을 두려워하며 주저했습니다. 45년 전 가데스 바네아에서 출애굽 세대가 그랬던 것처럼 이들은 여전히 하나님을 온전히 신뢰하지 못하고 가나안 족속을 두려워하고 있습니다.

3) 남은 지파(18~21장)

일곱 지파의 기업 (18~19장). 여호수아는 길갈에서 유다 자손과 요셉 자손을 위해 기업을 분배한 다음, 실로에 와서 남은 지파를 위한 기업 분배를 마쳤습니다. 이 일곱 지파는 남아 있는 이방 족속을 두려워하여 그 땅을 점령하기를 지체하고 있었습니다(18:3). 그래서 여호수아는 그들을 독려해 각 지파의 대표들로 하여금 남은 땅의 지도를 그려오게 해서 제비를 뽑아 그 땅을 분배했습니다.

18:11~19:48은 일곱 지파가 분배받은 땅의 지경을 설명합니다. 각 지파들을 위해 기업이 분배되고 마지막으로 여호수아가 받은 기업에 대한 언급으로 기업 분배에 대한 말씀이 마무리됩니다. 이렇게 14~19장의 가나안 본토의 기업 분배는 갈렙의 기업 분배로 시작해서 여호수아의 기업 분배로 끝이 납니다.

베냐민 지파(18:11~28)	라헬의 후손
시므온 지파(19:1~9)	레아의 후손
스불론 지파(19:10~16)	
잇사갈 지파(19:17~23)	
아셀 지파(19:24~31)	실바의 후손
납달리 지파(19:32~39)	빌하의 후손
단 지파(19:40~48)	

레위인의 성읍(20~21장). 기업 분배에서 제외된 레위 지파를 위해 48성읍이 지정되었습니다. 그리고 그중에서 특별히 여섯 성읍은 도피성으로 따로 구별했습니다(참고. 민 35:7, 12). 20장은 도피성의 원리를 자세히 설명하면서, 요단 동편의 세 성읍과 가나안 본토의 세 성읍을 도피성으로 지정했습니다. 도피성은 실수로 살인한 자가 피하여 숨는 곳입니다. 그러나 고의로 살인한 자는 보응을 받아야 합니다.

21장은 도피성과 함께 레위인이 받은 다른 일반 성읍에 대해 설명합니다. 이 성읍들은 모든 지파 가운데 골고루 흩어져 있습니다. 이것은 한편으로 레위의 후손이 흩어지게 될 것이라는 야곱의 예언에 따라 이루어진 것이지만, 다른 한편으로 레위인과 이스라엘 전체에게 유익을 가져오는 것입니다.

4. 권고(수 22~24장)

이스라엘 백성은 약속의 땅에 진입하여 가나안 족속과 싸워 이겼고, 그렇게 해서 얻은 땅을 각 지파의 기업으로 분배함으로써 이제 그 땅의 새 정착민이 되었습니다. 이것은 하나님이 이스라엘 백성의 조상 때부터 주신 약속이 성취된 것입니다(수 21:43~45; 참고. 창 13:14~15, 15:18). 즉 하나님 나라를 회복하시기 위하여 아브라함을 택하시고 그에게 주신 "자손의 번성과 땅의 유업"에 대한 약속을 이루신 것입니다. 하나님은 이 약속을 지키실 것을 모세에게 거듭 확인하셨고(출 6:8, 13:5; 신 1:8), 또 여호수아에게 사명을 맡기실 때도 약속하셨습니다(수 1:2~6). 언약에 신실하신 하나님은 약속하신 대로 그 땅을 이스라엘 백성에게 주셨습니다. 이제 남은 것은 이 백성이 유업으로 얻은 땅에서 하나님의 통치 아래 사는 삶, 즉 그가 주신 명령과 법도에 순종하며 사는 것입니다. 그래서 이 책의 마지막 장면에서 여호수아는 죽기 전에 이스라엘 백성에게 하나님의 율법을 지키고 오직 그분만을 섬김으로써 하나님과의 언약에 충실하게 살 것을 권고하고 있습니다. 이것은 마치 신명기에서 보듯이 모세가 생애 마지막 순간에 하나님 말씀에 순종할 것을 권고하는 설교를 한 것과 같으며, 이러한 흐름은 사무엘과 다윗에게 계속 이어집니다(삼상 12장, 왕상 2:1~9).

〈창세기〉 13장 14~15절을 적어 봅시다.

1) 요단 동편(22장)

요단 동편 지파들에 대한 권고(22:1~9). 르우벤 지파와 갓 지파, 그리고 므낫세 반 지파는 요단 동편에 기업을 정하였으나 형제들과 함께 가나안 본토에 들어와 정복 전쟁에 참여했었습니다. 여호수아는 이들이 충실하게 책임을 다 한 것을 칭찬하고, 자기들의 기업에 돌아간 후에도 변함없이 여호와를 사랑하고 그의 계명을 지킬 것을 권고하고 축복한 후 그들을 돌려보냈습니다.

요단 강 가에 쌓은 제단(22:10~34). 그런데 이 지파들이 요단 강을 건너가서 단을 쌓자 다른 이스라엘 백성은 그것을 우상숭배로 여기고 전쟁을 하려했습니다. 요단 동편 지파들은 그것이 우상숭배를 위한 것이 아니라 나중에 자신들이 여호와의 신앙공동체에서 제외될 것을 염려하여 표징으로 세워놓은 것임을 밝히고 오해를 풀었습니다.

2) 고별설교(23장)

23장에서 여호수아는 지도자들을 불러 모아 놓고 마지막 설교를 합니다. 여기에서 여호수아는 한편으로 과거의 승리를 상기시키고 다른 한 편으로 미래의 승리를 전망합니다. 즉 하나님이 지금까지 그 백성을 위해 싸우시고 그들에게 이 땅을 기업으로 주셨으며(23:3~4, 9), 앞으로도 하나님이 그들을 도우셔서 그들은 가나안 족속을 쫓아내고 그 땅을 완전히 차지하게 될 것이라고 말합니다(23:5, 10). 그러나 미래의 승리는 자동적으로 보장된 것이 아닙니다. 언약적 의무를 지켜야 합니다. 언약적 의무는 한편으로 하나님을 사랑하고 가까이 하여 그의 율법을 지키고(23:6, 8, 11) 다른 한편으로 가나안 족속을 멀리하고 그 우상들을 섬기지 않는 것입니다(23:7). 권고의 말씀을 전한 다음에 여호수아는 모세가 불순종에 대한 저주를 선포했던 것처럼 이 백성이 가나안 족속과 가까이하면 이방 나라들이 가시와 올무가 되어 이스라엘을 괴롭힐 것이며, 그들은 기업으로 얻은 이 땅에서 멸망하게 될 것이라고 경고했습니다(23:12~16). 불행하게도 이 경고는 여호수아 다음 사사 시대에 현실화되었고, 북 이스라엘과 남 유다의 멸망으로 그대로 이루어졌습니다.

3) 언약 갱신(24장)

고별설교 후에 여호수아는 세겜에서 이스라엘 총회를 소집하여 국가적 차원에서 언약을 갱신하게 했습니다. 여호수아는 먼저 그들의 조상 때부터 시작하여 출애굽과 가나안 정복에 이르기까지 하나님이 베푸신 은혜를 상기시켰습니다(24:2~13). 역사적 회고 다음에 백성에게 여호와 하나님을 섬길 것인지 다른 신들을 섬길 것인지 선택하라고 하자 백성은 여호와를 택하고 그를 섬길 것이라고 했습니다(24:14~18). 다시 여호수아가 언약을 어기면 저주가 있을 것을 경고하자 백성은 거듭 여호와만 섬길 것을 맹세했고(24:19~24), 이에 여호수아는 율법의 말씀을 책으로 기록하고 또 언약을 증거하는 큰 돌을 세웠습니다. 이렇게 언약 예식을 마친 후에 백성을 자기 기업으로 돌려보내고 여호수아도 최후를 맞이했습니다.

여호수아의 장사 기록과 함께 성경 기자는 요셉과 엘르아살의 장사 기록으로써 이 책을 마무리합니다. 요셉은 본향에 대한 소망을 가지고 자신의 뼈를 가나안에 가져가도록 유언했는데 마침내 그의 믿음대로 약속의 땅에 묻히게 된 것입니다. 엘르아살은 아론의 아들로서 여호수아와 함께 사역했던 대제사장이었습니다. 여호수아와 엘르아살의 죽음으로 가나안 정복 세대도 역사의 무대에서 사라졌습니다.

B 배교

〈사사기〉는 가나안 정복을 이끌었던 지도자 여호수아가 죽고(주전 1400년경) 그다음에 왕정이 들어서기 전까지(주전 1050년) 사사들이 이스라엘을 다스리던 약 350년의 과도기의 역사입니다. 믿음으로 가나안을 정복한 세대와 달리 이 시기에 이스라엘은 주변 족속의 침입과 압제에 시달렸는데, 이것은 그들이 하나님을 버리고 가나안 족속과 왕래하며 우상을 숭배함으로 징계를 받은 결과였습니다. 그러나 신실한 이방 여인 룻의 기사는 사사 시대의 어둠 속을 비치는 한줄기 희망의 빛이었습니다. 왜냐하면 바로 룻의 계보에서 영원한 왕권을 약속받은 다윗 왕이 나오기 때문입니다.

〈사사기〉와 〈룻기〉의 구조와 요점

1 실패 (삿 1:1~3:6)

이스라엘이 가나안 족속을 완전히 쫓아내는 데 실패하고 그들의 우상을 섬겼습니다.

1) 군사적 실패(1:1~2:5) 이스라엘 각 지파가 자기들 기업에서 가나안 족속을 완전히 쫓아내지 못했습니다.

2) 종교적 실패(2:6~3:6) 가나안 족속과 왕래하며 그들의 우상을 따라 섬김으로 하나님의 진노를 샀습니다.

2 사사 (삿 3:7~16장)

이스라엘이 징계 받아 외적들에 시달리다 회개하면 하나님은 사사를 세워 구원하셨습니다.

1) 드보라 외(3:7~5장) 초기의 사사들과 드보라는 비교적 건실하게 사사로서 사역하였습니다.

2) 기드온(6~9장) 기드온은 미디안을 이겼지만, 나중에 우상숭배의 원인을 제공했습니다.

3) 입다 외(10~12장) 입다는 암몬과 싸워 이겼으나 딸을 인신 제물로 바쳤습니다.

4) 삼손(13~16장) 방탕한 삼손은 블레셋에 잡혀 괴롭힘 당하다, 그들과 함께 죽었습니다.

3 혼란 (삿 17~21장)

이스라엘에 왕이 없으므로 백성이 자기 소견에 옳은 대로 행하여 나라가 혼란했습니다.

1) 종교적 혼란(17~18장) 미가가 자기 집에 신상과 레위인 제사장을 두었는데, 단 지파가 약탈해 갔습니다.

2) 군사적 혼란(19~21장) 한 레위인 가정의 비극으로 말미암아 베냐민 지파와 온 이스라엘이 싸웠습니다.

4 희망 (룻 1~4장)

보아스를 통해 룻이 자식을 얻었고 그 후손으로 이스라엘의 희망인 다윗 왕이 나왔습니다.

1) 고난자(1장) 나오미는 유다 베들레헴을 떠났다가 남편과 두 아들을 잃어 괴로움을 겪었습니다.

2) 헌신자(2장) 나오미를 따라 온 룻은 시어머니를 헌신적으로 봉양했습니다.

3) 구속자(3장) 나오미의 지시대로 룻은 보아스에게 구속자가 되어줄 것을 요청했습니다.

4) 회복자(4장) 보아스가 룻과 결혼해 나오미의 회복자가 될 아들을 낳게 해주었습니다.

1. 실패(삿 1:1~3:6)

〈사사기〉의 첫 단원은 전체의 서론으로서 암흑기의 단초가 되는 이스라엘의 실패를 다룹니다. 이스라엘은 군사적으로 가나안 족속을 쫓아내는 데 실패하였고(1:1~2:5), 그래서 이방 족속과 어울리며 그들의 우상을 섬기다 하나님의 심판을 받게 됩니다(2:6~3:6).

1) 군사적 실패(1:1~2:5)

1장은 여호수아의 죽음 이후 각 지파들이 자기들의 기업에서 행한 군사적 활동을 기록하고 있습니다. 먼저 전반부(1:1~21)는 유다 지파를 중심으로 남부 상황을 설명하고, 후반부(1:22~36)는 요셉 자손을 비롯한 북부 지역의 군사 활동을 설명합니다.

남부 상황: 유다 지파 외(1:1~21). 여호수아가 죽고 나서 이스라엘에는 남은 전쟁을 이끌만한 뚜렷한 지도자가 없었습니다. 이스라엘 백성이 하나님에게 "우리 가운데 누가 먼저 올라가서 가나안 족속과 싸우리이까"라고 물었을 때 하나님은 유다 지파를 지명하셨습니다. 이런 상황은 〈사사기〉 마지막 장면에서 다시 한 번 반복되며 여기에는 특별한 의미가 있습니다(20:18). 야곱이 열두 아들을 축복하는 기도에서 유다는 형제들 가운데 높임을 받고, 사자처럼 원수들을 정복하며, 또 그 가운데 왕이 나올 것을 예언 받았습니다(창 49:9~10). 시내 산을 떠나 광야에서 유다 지파는 진의 동쪽에 머무르며 행진할 때는 1대로 선두에 섰습니다(민 2:3, 9). 여호수아가 기업을 분배할 때 유다 지파의 갈렙은 투철한 믿음으로 거대한 아낙 자손과 싸우겠다고 하며 헤브론을 기업으로 받았습니다(수 14:6~15). 이와 같이 성경은 계속해서 유다 지파의 선두적 위치를 암시해왔고 〈사사기〉 역시 서두와 말미에서 이 점을 강조하고 있습니다. 이것은 "왕이 없으므로" 일어나는 혼란의 상황을 묘사하는 〈사사기〉 마지막 장면과 함께 유다 지파에서 왕이 나올 것을 예고합니다. 그래서 〈사사기〉 다음에

나오는 <룻기>는 유다 지파의 한 가족에서 나오는 다윗 왕의 계보를 설명하고, 그다음에 <사무엘서>는 본격적으로 다윗 왕의 등장을 보여 줍니다.

하나님의 지명으로 선두에서 가나안 족속과 싸우게 된 유다 지파는 시므온 지파에게 협조를 요청해서 함께 나섭니다. 시므온 지파는 유다 지파의 지경 내에서 기업을 얻었기 때문에 이와 같은 동맹은 자연스럽습니다(수 19:1, 9). 그렇게 해서 유다 지파는 예루살렘과 헤브론을 비롯해 남부를 점령했고, 또 시므온을 도와 남단의 호르마를 점령하게 했습니다. 그러나 유다 지파는 철병거를 가진 골짜기의 족속은 쫓아내지 못했고(1:19), 또 베냐민 지파는 예루살렘의 여부스 족을 마저 쫓아내지 못했습니다(1:21). 군사적인 실패의 조짐이 보이기 시작하고 있습니다.

<창세기> 49장 9~10절을 적어 봅시다.

____

____

____

____

북부 상황: 요셉 지파 외(1:22~36). 북부의 상황은 더 좋지 않았습니다. 요셉 자손은 벧엘을 정복하면서 한 사람과 타협하여 그 가족을 살려 주었고, 그 가족은 그들 가운데 한 성읍을 건축하여 살았습니다. 그다음에 남은 기록은 각 지파들이 가나안 족속을 쫓아내지 못했다는 말을 반복하고 있습니다.

하나님의 심판(2:1~5). 이스라엘 각 지파들이 가나안 족속을 쫓아내지 못한 것에 대해서 여호와의 사자가 와서 꾸중을 합니다. 사자는 길갈에서 보김으로 왔습니다. 길갈은 이스라엘 백성이 여호수아와 함께 요단을 건넌 후 할례를 했던 곳으로 하나님이 그 백성의 수치를 '굴러가게' 하신 곳입니다. 그곳에서 여호와의 군대 장관이 나타나서 정복 전쟁을 이끌었습니다. 그런데 이제 여호와의 사자가 길갈에서 와서 더 이상 이방 나라들을 쫓아내지 아니하겠다고 선언했으며 그들이 이스라엘을 괴롭히는 가시와 올무가 될 것이라고 했습니다. 그 이유는 이 백성이 가나안 족속과 언약을 맺고 그들의 제단들을 헐지 않았기 때문이었습니다. 여호수아 때 각 지파별로 기업을 나누어 주면서 각자의 기업에서 가나안 족속을 완전히 몰아내 정복 사업을 완수할 것을 명령했는데, 이스라엘 백성은 이방 족속의 위세에 겁을 먹거나 혹은 당장 그들을 부릴 수 있다는 욕심 때문에 그들을 완전히 쫓아내지 않았습니다. 그런데 그들이 이렇게 현실에 야합한 것이 오히려 암흑기를 가져오게 만든 것입니다. 이에 백성이 울면서 그곳을 '보김'(우는 자들)이라고 이름하였습니다.

2) 종교적 실패(2:6~3:6)

이스라엘 백성의 군사적 실패는 영적 실패로 이어졌습니다. 그들은 그 땅에 남아 있는 원주민들과 언약을 맺고 통혼하고 교류하면서 이방 신들을 섬기고 그들의 가증스러운 풍속을 따랐기 때문입니다. 이것은 〈여호수아서〉의 마지막 장면에서 오직 여호와만 섬기기로 맹세한 언약을 저버린 것입니다. 그래서 하나님은 더 이상 이스라엘을 위해 가나안 족속을 쫓아내지 않으시고 오히려 그 백성을 이방 족속에게 넘겨주셔서 노략을 당하게 하셨습니다(2:14). 이스라엘은 이방인의 압제 아래 고통을 받고 나서야 비로소 회개하고 하나님에게 부르짖었습니다. 그래서 하나님이 사사를 일으키셔서 이스라엘 백성을 구원하시면 이스라엘은 태평 시대를 보내게 되는데, 그러다 또 다시 우상숭배하고 또 심판을 받았습니다. 이와 같이 '범죄 ⇒ 징벌 ⇒ 회개 ⇒ 구원 ⇒ 태평 시대 ⇒ 재범죄'로 연속되는 악순환이 이 시대의 특징입니다. 그래서 이와 같은 악순환이 다음에 이어지는 사사들의 이야기에서 계속 반복됩니다.

2. 사사(삿 3:7~16장)

이 단원은 〈사사기〉의 중심 단원으로서 이스라엘을 구원하기 위해 하나님이 세우신 '사사'들의 활동을 주로 묘사하고 있습니다. 그러나 이것은 단순한 영웅담이 아니라 이스라엘의 끊임없는 배교에 대한 하나님의 진노와 그 가운데 구원을 베푸시는 하나님의 은혜를 설명하는 신학적인 선포의 말씀입니다. 그 모든 역사의 중심은 영웅적인 인간들이 아니라 하나님이십니다. 이스라엘의 위기는 단순한 정치 외교 혹은 군사적인 요인에서 나온 것이 아니라 그들의 배교에 대한 하나님의 심판이었습니다. 그 백성을 구원하시는 것도 사사들을 통하여 역사하시는 여호와의 신(神)의 활동이지 사사들 자신의 개인적 역량에 의한 것이 아닙니다.

〈사사기〉에는 모두 열두 명의 사사가 소개되었는데, 그중에서 특히 네 명의 사사, 드보라(바락), 기드온, 입다, 삼손에 대해 자세히 설명하고 있습니다. 〈사사기〉 1장에서 유다와 베냐민의 남부 상황에 대한 묘사에서 시작하여 요셉 자손을 중심으로 북부로 넘어갔던 것처럼 사사들의 기록 역시 남부에서 시작해서 북부로 진행합니다. 그리고 사사들의 행적을 보면 초기에는 대체로 건실하나 점점 나빠지고 있습니다.

1) 드보라(3:7~5장)

드보라 이전 사사(3:7~31). 드보라보다 먼저 사역한 초기의 사사들로는 세 사람의 사사가 있었습니다. 옷니엘은 갈렙의 조카이며 사위로서 북쪽 메소보다미아(아람)의 지배에서 이스라엘을 건져내어 40년을 평안하게 했습니다(3:7~11). 옷니엘은 잘 알려져 있지 않지만 가장 이상적인 사사로 꼽힙니다. 에훗은 베냐민 지파 사람으로 왼손잡이이며 이스라엘을 18년 동안 괴롭힌 모압을 굴복시켰고 그 후로 그 땅은 80년 동안 평온하였습니다(3:12~30). 블레셋과 싸운 삼갈은 출신이 명확하지 않으나 아낫의 아들이라고 한 것으로 봐서 납달리 지파 출신으로 추정됩니다(참고. 1:33; "벧아낫"[아낫의 집]).

사사	출신	압제 세력
1. 옷니엘(3:7~11)	유다	아람
2. 에훗(3:12~30)	베냐민	모압
3. 삼갈(3:31)	(납달리)	블레셋
4. 드보라(4~5장)	에브라임	가나안
5. 기드온(6~9장)	므낫세	미디안
6. 돌라(10:1~2)	잇사갈	
7. 야일(10:3~5)	므낫세	
8. 입다(10:6~12:7)	므낫세	암몬
9. 입산(12:8~10)	유다	
10. 엘론(12:11~12)	스불론	
11. 압돈(12:13~15)	에브라임	
12. 삼손(13~16장)	단	블레셋

드보라(바락) (4~5장). 드보라는 여선지자로서 백성을 재판하며 다스렸습니다. 그 당시 이스라엘은 가나안 북부 하솔을 도읍으로 하는 가나안 족속의 압제를 받고 있었고, 드보라는 바락에게 군사를 일으켜 가나안 군대와 싸우라는 하나님의 명령을 전했습니다. 하나님이 승리를 약속하셨음에도 불구하고 바락은 용감하게 홀로 나서지 못하고 드보라를 의존해서 함께 나가기를 요청했습니다. 그래서 바락은 가나안 군대를 이기기는 했지만 승리의 영광은 누리지 못했습니다. 왜냐하면 드보라의 예언대로 가나안의 군대 장관을 죽이고 전쟁을 끝낸 사람은 야엘이라는 여자였기 때문입니다. 5장의 승리의 노래는 그 말미에서 야엘의 업적을 칭송하고 있습니다(5:24~26). 결국 남자들이 믿음 없고 소심할 때 하나님은 믿음의 여인들을 통해 이스라엘을 구원하셨습니다. 드보라의 사역으로 그 땅은 40년 동안 평온하였습니다.

2) 기드온(6~9장)

이스라엘이 다시 악을 행하므로 하나님이 심판하시어 미디안 족속에게 7년을 시달리게 하셨습니다. 이스라엘이 여호와께 부르짖으므로 하나님은 기드온을 세워서 이스라엘을 구원하셨습니다. 사실 기드온은 여러 면에서 보잘 것 없는 사람이었습니다. 므낫세 지파 출신으로서 그의 집안은 세력이 약한데다가 그의 집에는 바알의 제단이 있었습니다(6:15, 25). 기드온은 집안에서도 가장 작은 자였고 소심한 사람이었습니다. 기드온이 군대를 소집했을 때 3만이 넘는 군사가 모였습니다. 그러나 하나님은 많은 군인을 돌려보내게 하시고 단 300명의 적은 수로 수많은 미디안 군과 싸워 승리하게 하셨습니다.

그런데 사람들은 전쟁이 끝난 후에 기드온이 자기들을 건져냈다 하여 그를 왕으로 추대하고 기드온의 집을 통해 세습적인 왕조를 세우려고 했습니다(8:22). 기드온이 왕권을 사양하고 하나님에게 돌리기는 했지만, 그것이 바른 동기에서 그런 것이 아니라 더 이상 전쟁에 나가서 백성을 이끌지 않겠다는 회피였던 것 같습니다. 만약 그가 바른 마음이었다면 그들을 건져내신 분은 하나님이시라는 것을 분명하게 깨우쳐야 했습니다. 그러나 기드온은 그 대신에 사람들에게 금패물을 받아서 에봇을 만들었고 사람들은 그것을 음란하게 섬겼습니다. 게다가 많은 첩을 거느리고 70명의 아들을 낳았습니다. 기드온이 하나님의 명령을 따라 적은 수로 전쟁에 나가 승리한 것은 믿음의 본으로 인정될 만했습니다(참고. 히 11:32). 그러나 말년의 기드온은 하나님의 도구로서 책임은 회피하고 백성을 실족하게 하며 사리사욕만 챙기는 부패한 지도자였습니다. 기드온의 부패함의 결과는 다음 세대에 가서 큰 비극으로 나타납니다(9장). 기드온의 아들 아비멜렉이 세겜에 있는 외가 쪽 식구들을 선동하고 불량배들을 동원하여 다른 형제 70명을 몰살하고 왕이 되었습니다. 하나님은 아비멜렉과 세겜 사람들을 불화하게 하시고 결국 둘 다 망하게 심판하셨습니다.

3) 입다(10~12장).

입다의 등장 배경(10장). 입다 이전에 잇사갈 지파의 돌라가 사사로서 23년을 다스렸고, 그 후에 길르앗 사람 야일이 22년을 다스렸습니다(10:1~5). 그런데 다시 이스라엘 백성이 우상을 숭배하는 악을 행하므로 하나님이 심판하시어 18년을 블레셋과 암몬에게 시달리게 하셨습니다. 암몬 족속이 또 쳐들어오자 백성은 회개하고 하나님에게 부르짖으며 군대를 이끌 지도자를 찾았습니다.

입다의 활동(11:1~12:7). 길르앗 사람 입다는 큰 용사였으나 기생의 아들이었기 때문에 다른 형제들에게 천대받고 쫓겨났었습니다. 그리다가 이스라엘이 암몬 자손에게 침입을 받을 때 입다에게 도움을 청했고, 입다는 하나님의 권능으로 암몬 족속을 굴복시켰습니다. 그런데 불행하게도 이때 그는 잘못된 서원으로 말미암아 자신의 무남독녀를 잃었습니다. 그는 전쟁에 나가기 전에 승리를 기원하면서 자신이 돌아올 때 맨 먼저 영접하는 자를 번제물로 드리겠다고 서원했는데, 불행히도 그 딸이 제일 먼저 나와 영접했던 것입니다.

사람을 번제로 드리는 것은 분명히 성경에 금한 일이었음에도 불구하고(레 18:21, 20:2; 신 12:31) 입다가 이와 같이 서원했다는 것은 그 당시 이스라엘이 더러운 이방 풍속에 얼마나 깊이 물들어 있었는가를 잘 보여 줍니다. 암몬 자손은 몰록(혹은 몰렉)을 섬기는 족속이었고(왕상 11:7), 이 우상에게 자식을 불살라 번제로 바치는 것이 그들의 특징이었습니다. 그런 암몬 족속을 물리친다고 하면서 그들의 풍속을 좇아 서원했다는 것은 아주 모순입니다. 입다에게는 이미 여호와의 신이 임하셨으므로 그에게는 승리가 보장되어 있었습니다(11:29). 기드온이나 삼손 등 다른 사사들도 여호와의 신이 임하였을 때 큰 힘을 발휘하여 구원의 역사를 이루었습니다(6:34, 14:6, 19, 15:14). 그러나 입다는 이에 대한 확신이 없이 두려워서 혹은 인간적인 조바심에 섣부른 서원을 한 것입니다.

입다 시대에 또 다른 불행은 길르앗과 에브라임 사이에 다툼이 일어난 것입니다(12:1~6). 에브라임 사람들은 입다가 암몬과 싸울 때에 자신들을 소외시켰다 하여 입다와 그의 집을 불사르겠다고 협박했습니다. 입다는 자기가 에브라임 사람을 불렀어도 오지 않았다고 하며 길르앗 사람들을 모아 에브라임과 싸웠습니다. 그 전쟁에서 길르앗 사람들은 에브라임 사람 42,000명을 도륙했습니다.

〈신명기〉 12장 31절을 적어 봅시다.

입다 이후 사사(12:8~15). 입다가 죽고 그 뒤로 베들레헴 출신 입산(7년), 스불론 출신 엘론(10년), 그리고 에브라임 산지 비라돈 출신 압돈(8년)이 이스라엘을 다스렸습니다.

4) 삼손(13~16장)

삼손은 태어나기 전부터 이미 구별된 나실인이었습니다. 그럼에도 불구하고 삼손은 이스라엘의 대적인 블레셋 여인들에게 빠져 방탕한 생활을 했습니다. 그러다 그들의 모략에 빠져 자신의 힘의 원천이었던 머리카락을 다 깎이게 되고 두 눈까지 뽑힌 채 원수들의 조롱거리가 되고 말았습니다. 이와 같은 삼손의 불행한 인생은 사사 시대 이스라엘의 축소판과 같습니다. 삼손이 성별된 나실인으로 태어난 것처럼 이스라엘은 하나님이 특별히 선택하신 구별된 백성이었습니다. 그리고 삼손이 이방 여인들을 좇아다니다 곤경에 처하게 된 것처럼 이스라엘 역시 가나안 족속을 가까이하고 그들의 우상을 좇다가, 오히려 이방 나라들에게 짓밟히는 비참한 지경에 이르렀습니다. 삼손은 평생을 방탕하며 살았던 실패한 인생이었지만 그래도 마지막 순간에 하나님에게 힘을 얻어 블레셋에 대한 원수를 갚았습니다.

3. 혼란(삿 17~21장)

〈사사기〉의 마지막 장면은 암흑기의 혼란한 상황을 보다 적나라하게 고발하는 두 가지 사건을 다루고 있습니다. 17~18장은 종교적 혼란으로서 우상숭배의 한 실태를 묘사하고, 19~21장은 도덕적 부패와 그로 말미암은 내부의 분쟁을 다루고 있습니다.

1) 종교적 혼란(17~18장)

미가 집의 제사장이 된 레위인(17장). 에브라임 산지에 미가라는 사람이 어머니의 은을 훔쳤다가 돌려주자 어머니는 그 일부를 가지고 그 아들을 위해 은세공인을 시켜 새긴 신상과 부어 만든 신상을 만들게 했습니다. 미가는 그 신상들을 자기 집 산당에 두고 에봇과 드라빔을 만들고 또 자기 아들을 제사장으로 삼았습니다. 이것은 "이스라엘에 왕이 없었으므로 사람마다 자기 소견에 옳은 대로" 행하였기 때문에 일어난 일이었습니다. 그러다가 유다 베들레헴을 떠나서 거주할 곳을 찾아다니는 레위 소년을 만나 자기 집의 제사장으로 삼았습니다. 그래 놓고 미가는 레위인이 자기 집의 제사장이 되었으니 여호와께서 복을 주실 것이라고 기대했습니다.

단 지파의 제사장이 됨(18장). 그 즈음에 기업의 땅을 찾던 단 지파는 미가의 집에서 그 신상들을 무력으로 강탈하고 그 레위 소년까지 데려다가 자기 지파의 제사장으로 삼고자 했습니다. 레위 소년은 개인 집의 제사장보다 한 지파의 제사장이 된다는 출세욕에 빠져 기꺼이 단 지파를 따라 나섰습니다. 그 후 단 지파는 한 성읍을 약탈하여 그곳을 단이라 이름하고 거기에 신상을 세우고 제사장을 두었습니다.

2) 군사적 혼란(19~21장)

첩을 잃은 레위인(19장). 에브라임 산지에 살던 레위인이 유다 베들레헴 출신의 첩을 얻었는데, 그 첩이 친정으로 돌아가 버렸습니다. 레위인은 첩을 달래서 다시 데려오려고 유다 베들레헴에 갔다가 장인의 후한 대접을 받고 길을 떠났습니다. 그러다가 예루살렘을 지나오게 되었는데 그 당시에는 그곳이 여부스 족의 성읍이었으므로 레위인은 이방인의 성읍에서 유숙하지 않으려고 일부러 베냐민 지파에 속한 기브아로 들어갔습니다. 거기에서 한 노인의 집에 머무르게 된 것까지는 좋았는데, 그 밤에 불량배들이 찾아와서 그 사람을 끌어

내고 욕보이려고 하였습니다. 이에 레위인은 자기 첩을 내주었고 그들은 밤새도록 그 여인을 능욕하다 새벽에 놓아주었습니다. 레위인은 아침에 집을 나서다가 쓰러져 있는 첩을 발견하고 아무 일 없었다는 듯이 일어나 가자고 깨웠습니다. 여자가 죽은 것을 알고 시체를 나귀에 싣고 자기 집으로 와서 시체를 열두 토막으로 내어 이스라엘 각 지파에 보냈습니다. 이런 일련의 행동 속에서 레위인에게는 그 여인에 대한 연민이나 보호하지 못한 죄책감은 전혀 보이지 않았습니다.

이스라엘과 베냐민의 전쟁(20장). 이 흉악한 사건으로 인해 총회가 모였고, 레위인의 변명과 선동에 휘둘린 이스라엘 온 회중은 기브아를 징계하러 나섰습니다. 그러나 베냐민 지파가 기브아를 두둔하며 보호하자 이 일은 결국 베냐민 지파와 나머지 이스라엘 백성 간의 전쟁으로 확대되었습니다. 하나님은 이스라엘을 두 번의 싸움에서 패하게 하셨다가 세 번째 싸움에서 이기게 하셨습니다. 아마도 여기에서 하나님은 양쪽을 다 징계하신 것 같습니다. 어쨌든 결과적으로 이 싸움에서 베냐민 지파가 대패하여 25,000명이 죽고 겨우 600명만 살아남았습니다.

베냐민 지파의 존속(21장). 전쟁 후에 베냐민 지파에 남자는 600명만 남았고, 또 이스라엘 백성이 딸을 베냐민 사람에게 아내로 주지 않기로 맹세한 바 있으므로 베냐민 지파는 멸족할 위기에 놓였습니다. 이스라엘 백성은 이것을 뉘우치고 베냐민 지파를 존속하게 할 방법을 찾았습니다. 그래서 자기들이 맹세할 때 참여하지 않은 야베스 길르앗을 쳐서 진멸하고 젊은 처녀 400명을 잡아다가 베냐민 사람들에게 주었습니다. 그래도 아내를 얻지 못한 베냐민 사람들에게는 실로에서 여호와의 명절에 춤추러 나온 여자들을 납치하여 아내로 삼게 했습니다.

이상과 같이 사사 시대의 혼란과 무질서를 보여 주는 두 사건에는 몇 가지 공통점이 있습니다. 첫째, 두 사건의 중심에 레위인이 개입되어 있습니다. 첫 이야기에는 미가 집의 제사장이 되었다가 단 지파의 제사장이 된 기회주의자 레위인이 있고, 두 번째 이야기에서는 죽은 첩의 시체를 토막 내서 온 이스라엘에 보낸 포악한 레위인이 있습니다. 이스라엘을 영적으로 돌봐야 할 레위인이 바로 서지 못함으로 여러 문제를 일으킨 셈입니다. 둘째, 두 사건의 지리적인 배경이 유사합니다. 처음 레위인은 유다 베들레헴을 떠나 에브라임 산지로 갔고(17:8), 둘째 레위인은 에브라임 산지에 사는 사람으로서 유다 베들레헴에서 첩을 맞이했다가, 그녀가 집으로 가 버리는 바람에 그녀를 찾으러 유다 베들레헴으로 가서 장인 집에 머물다 에브라임 산지로 떠나는 길에 봉변을 당했습니다(19:18). 요약하면 두 사건은 유다 베들레헴에서 떠나는 사람들에 대한 이야기이고 이것은 다음에 오는 〈룻기〉에서 유다 베들레헴을 떠나 모압으로 가서 비극을 겪은 한 가정의 이야기로 연결됩니다(룻 1:1~2). 셋째, 두 사건은 모두 "왕이 없으므로" 비롯된 혼란입니다(17:6, 18:1, 19:1, 21:25). 이렇게 해서 〈사사기〉의 마지막 장면은 왕의 필요성을 강조하고, 유다 베들레헴에서 출현한 이상적인 왕 다윗을 바라보게 합니다. 선지자 미가는 이 유다 베들레헴에서 장차 이상적인 다윗 같은 왕이 날 것을 예언하였고(미 5:2), 이 예언대로 예수 그리스도가 베들레헴에서 태어나셨습니다(마 2:6, 눅 2:4, 11).

〈마태복음〉 2장 6절을 적어 봅시다.

4. 희망(룻 1~4장)

〈룻기〉는 사사 시대의 한 이방 여인으로서 이스라엘의 한 가정에 시집온 효부 룻에 대한 이야기입니다. 히브리 성경에서는 룻기가 잠언 뒤에 배열되어 있으므로 룻이 "현숙한 여인"의 표본으로 제시되어 있다고 볼 수도 있습니다(3:11; 잠 31:10~31). 그러나 〈룻기〉는 단지 현숙한 여인 혹은 효성스러운 며느리의 표본을 제시하는 것보다 더 중요한 목적이 있습니다. 그것은 미완성의 가나안 정복으로 말미암아 배교와 혼란으로 점철된 사사 시대에 종지부를 찍고 새 시대를 이끌어 갈 신실한 왕 다윗의 등장을 알림으로써 사사 시대의 암흑기에 한줄기 희망의 빛을 비춰주는 것입니다.

1) 괴로운 자(1장)

사사 시대에 가나안 땅에 흉년이 들자 유다 베들레헴 사람인 엘리멜렉은 그 아내 나오미와 두 아들을 데리고 모압으로 이주했습니다. 이와 같은 선택은 분명히 바람직하지 않았습니다. 왜냐하면 이스라엘 백성은 하나님이 기업으로 주신 약속의 땅에서 개척하여 그 땅을 관리하고 살 책임이 있었기 때문입니다. 그런데 엘리멜렉의 가족은 어려움이 닥치자 해결책을 찾아 이방 땅 모압으로 떠났던 것입니다. 거기에서 엘리멜렉이 죽고 모압 여인들과 결혼했던 두 아들마저 죽었습니다. 이에 나오미는 고향으로 다시 돌아가고자 하여 두 며느리에게 각자 자신들의 집으로 돌아가 재혼할 것을 권유했습니다. 그런데 그중에서 룻은 "어머니의 백성이 나의 백성이 되고, 어머니의 하나님이 나의 하나님이 되시리니(1:16)"라고 하며 나오미와 함께 모압을 떠나 유다 베들레헴으로 건너왔습니다. 이와 같은 룻의 결단은 여리고 성의 여인으로서 구원받은 라합의 결단과 비슷합니다. 라합 역시 이스라엘의 하나님을 믿고 그들을 도움으로 여리고 성을 진멸하는 가운데 살아남아 언약 백성의 일원이 되었습니다. 그렇게 해서 라합은 살몬과 결혼하였고 그 가운데 낳은 아들이 바로 보아스입니다(4:21, 마 1:5).

베들레헴에 돌아온 나오미는 사람들에게 자신을 나오미가 아니라 "마라"(괴로움)라고 불러달라고 했습니다. 전능자 하나님이 징벌하시고 괴롭게 하셨기 때문이라는 것입니다. 나오미는 그전에도 며느리를 돌려보내려고 할 때 "여호와의 손이 나를 치셨다"(1:13)고 했었습니다. 이와 같은 나오미의 상황은 당시의 이스라엘의 실상을 보여 주는 것입니다. 하나님이 이방인들과 섞여 살며 배교한 이스라엘에게 재앙을 내리셔서 그들로 하여금 대적들에게서 압박과 괴로움에 시달리게 하셨기 때문입니다(참고. 삿 2:11~15). 이런 맥락에서 〈룻기〉의 후반부에서 하나님이 나오미를 회복하게 하신 것은 이스라엘 백성의 궁극적인 구원을 암시한다고 볼 수 있겠습니다.

2) 헌신자(2장)

룻은 시어머니를 봉양하기 위해 남의 밭에 나가서 떨어진 이삭을 주웠습니다. 그러다가 엘리멜렉의 친족 가운데 유력한 자인 보아스의 밭에서 이삭을 줍고 있었는데, 때마침 밭에 나와 있던 보아스의 눈에 띄었습니다. 보아스는 사환으로부터 룻이 나오미의 며느리로서 낯선 땅에 와서 헌신적으로 시어머니를 봉양한다는 이야기를 들었습니다. 이에 보아스는 룻에게 계속 그의 밭에 머물며 이삭을 줍도록 하고, 또 다른 일꾼들이 함부로 룻을 건드리지 못하도록 지시하였으며, 그 외에도 여러 가지로 룻에게 은혜를 베풀었습니다. 룻이 나오미에게 돌아와 보아스의 밭에서 일한 것과 그가 베푼 친절을 이야기하자, 나오미는 보아스가 가까운 친족으로서 기업을 무를 자인 것을 알고 룻에게 보아스의 밭에만 나갈 것을 권유했습니다. 그렇게 해서 룻은 보아스와 나오미의 말대로 추수를 마칠 때까지 보아스의 밭에서 이삭을 주우며 나오미와 함께 지냈습니다.

3) 구속자(3장)

나오미는 룻이 안정된 가정을 찾을 수 있도록 룻을 기업 무를 자인 보아스와 맺어주고자 했으며 이를 위해 룻에게 그녀가 해야 할 일을 가르쳐 주었습니다. 룻은 시어머니의 지시를 따라 보아스에게 가서 자신을 거두고 기업을 무를 것을 요청했습니다. 이에 보아스는 자신보다 더 가까운 친족이 있으므로 그가 기업 무를 책임을 하지 않을 경우 자신이 기꺼이 그 책임을 다할 것을 약속하고 룻에게 많은 양식을 주어 돌려보냈습니다.

기업 무를 자(구속자)는 이스라엘 사람이 어려운 상황에서 기업을 팔았거나 혹은 자신을 종으로 팔았을 때 가까운 친족으로서 속량하여 즉 대신 값을 치루고 사서 그 사람으로 하여금 잃어버린 기업을 회복하고 자유민으로 살 수 있도록 도와주는 사람입니다(참고. 레 25:25, 47~49). 이스라엘 사람 중에 상속할 아들이 없이 죽은 경우 그의 형제나 가까운 친척이 그 미망인을 아내로 삼아 자식을 낳게 해 줌으로써 죽은 자의 대를 잇고 기업을 유지하게 하는 계대결혼(繼代 結婚)도 친족의 의무입니다(신 25:5~10). 그러므로 보아스가 기업 무를 책임을 한다는 것은 하나님이 주신 율법을 따라 나오미와 룻에게 원래의 기업을 회복하게 하는 신실한 행동입니다.

4) 회복자(4장)

보아스는 자기보다 더 가까운 친족에게 나오미와 룻을 위해 기업을 무를 의사가 있는지 확인했고, 그 친족은 무를 의사가 없다고 공표하였음으로 보아스는 합법적으로 기업 무를 자가 되었습니다. 그래서 많은 증인 앞에서 자신이 룻을 아내로 맞이하고 죽은 자의 기업을 잇게 할 것을 선언했습니다. 사람들의 축복 속에 보아스와 룻이 결혼하였고, 룻은 아들 오벳을 낳았습니다. 그리고 이 아들에게서 다윗 왕의 아버지인 이새가 나왔습니다.

룻이 보아스와 결혼하여 아들을 낳은 것은 현숙한 여인이자 효부인 룻을 위한 보상일 뿐 아니라 나오미의 복이기도 했습니다. 사람들은 나오미에게 축하하며 "네 생명의 회복자이며 네 노년의 봉양자"라고 했습니다. '기쁨'이라는 뜻을 가진 이름 "나오미" 대신에 '괴로움'이라는 뜻의 "마라"라는 이름으로 자신을 부르도록 할 만큼 그녀의 삶은 고통과 슬픔으로 가득했지만, 헌신된 룻과 선한 구속자 보아스를 통해 회복자인 후손을 얻었습니다. 성경 저자는 이 모든 것을 이루신 분이 여호와 하나님이신 것을 강조합니다. 사람들은 보아스에게 축복하면서 하나님이 룻으로 말미암아 그에게 후손(상속자)을 주시기를 기원했고(4:12), 또 이 아들이 태어났을 때는 나오미에게 축하하기를 "여호와께서 네게 기업 무를 자가 없게 하지 아니하셨도다"고 했습니다(4:14). 전에는 하나님이 나오미를 치셨으므로 그녀가 괴로움을 당했지만 이제는 하나님이 구속자를 예비해 두시고 그에게서 회복자인 후손을 낳게 하심으로 나오미의 기업을 회복되게 하셨습니다. 이와 같은 하나님의 구원의 역사는 사사 시대의 이스라엘에 큰 소망이 됩니다. 즉 〈룻기〉에는 나오미가 하나님에게 징벌을 받아 괴로움을 당했던 것처럼(라아, 룻 1:21) 이스라엘 역시 하나님에게 범죄함으로 재앙(라아, 삿 2:15)을 받고 있지만, 하나님이 나오미에게 하셨던 것처럼 이스라엘 가운데 구속자를 예비하시고 회복자를 주실 것이라는 소망의 메시지가 들어있습니다. 〈룻기〉의 마지막 부분의 족보(4:18~22)는 하나님이 주신 회복자가 바로 다윗이며 그를 통해 암울했던 사사 시대가 마감되고 이스라엘의 기업이 온전하게 회복되는 새 시대가 열릴 것을 암시하고 있습니다. 그리고 하나님은 예수 그리스도를 다윗의 후손으로 이 땅에 보내시고 우리의 구속자요 회복자가 되게 하셨습니다(히 9:15, 마 20:28).

〈히브리서〉 9장 15절을 적어 봅시다.

❖ 〈여호수아서〉와 〈사사기〉, 〈룻기〉를 정리해 봅시다.

아브라함 땅 자손	땅과 자손의 약속		약속의 땅으로				약속의 땅에서	
	창 1~11장	창 12~50장	출 1~18장	출 19~40장 레위기	민수기	신명기	여호수아	사사기 룻기
	시 작	**족 장**	**구 출**	**언 약**	**광 야**	**설 교**	**정 복**	**배 교**
	창조	아브라함	노역	율법	채비	회고	(　　)	실패
	타락	이삭	모세	성막	반역	율법	전쟁	(　　)
	홍수	야곱	열 재앙	제사	방황	화복	(　　)	혼란
	분산	요셉	인도	거룩	신세대	승계	권고	(　　)

High light Bible

하 이 라 이 트 성 경

2부

사무엘서~에스더

다윗 언약 : 왕권

율법서와 초기 역사서(〈창세기〉~〈룻기〉)는 아브라함에게 주신 '땅과 자손의 약속'을 중심으로 펼쳐지는 역사를 다루었습니다. 이제 나머지 역사서(〈사무엘서〉~〈에스더〉)는 다윗에게 주신 '왕권의 약속'을 중심으로 전개됩니다. 이 역사는 3단계로 구분됩니다. 1단계는 '왕권의 형성'으로 〈사무엘서〉가 여기에 해당합니다. 최초의 왕으로 사울이 세워졌다가 버림받고 그 대신 다윗이 왕이 되어 영원한 왕권을 약속받았습니다. 2단계는 '왕권의 흥망'으로 〈열왕기〉와 〈역대기〉에 기록된 역사입니다. 다윗 이후로 솔로몬 때 전성기를 이루었지만 그 이후로 남북으로 분열되어 이스라엘이 망했습니다. 3단계는 '왕권의 회복'으로 에스라, 느헤미야 시대에 포로들이 귀환하여 유다 왕국을 재건하는 역사입니다.

1과
사무엘서

〈사무엘서〉는 신정 정치(theocracy)에서 왕정 정치(monarchy)로 전환을 보여 주면서 '왕권의 형성'을 설명하고 있습니다. 〈사무엘서〉의 서두와 말미가 왕권을 주제로 긴밀하게 연결되고 있음을 주목해 보십시오.

한나의 노래(삼상 2장)	다윗의 노래(삼하 22장)
여호와께서 …… 자기 왕에게 힘을 주시며 자기의 기름 부음을 받은 자의 뿔을 높이시리로다(10절 하).	여호와께서 그의 왕에게 큰 구원을 주시며 기름 부음 받은 자에게 인자를 베푸심이여 영원하도록 다윗과 그 후손에게로다(51절).

한나가 이 노래를 할 때는 아직 이스라엘에 왕이 없었습니다. 그러므로 한나의 노래는 장차 하나님이 왕을 기름 부어 세우시고 높이실 것을 예고하는 것입니다. 다윗의 노래는 다윗과 그 후손이 바로 하나님이 예정하신 기름 부은 왕이라고 선포합니다. 이와 같은 연결에 비추어 볼 때 〈사무엘서〉의 주제는 한마디로 다윗 왕조는 하나님의 은혜와 섭리 안에서 세워졌다는 것입니다. 그러므로 〈사무엘서〉의 주인공은 사실상 사무엘이 아니라 다윗입니다. 그중에서 〈사무엘상〉은 다윗이 왕으로 세워지기 전까지의 과정을 묘사하고, 〈사무엘하〉는 왕이 된 다윗의 역사를 기록한 것입니다.

A 선택

〈사무엘상〉은 네 명의 중심인물, 곧 엘리와 사무엘 그리고 사울과 다윗의 이야기로 구성됩니다. 처음 두 사람은 사사 시대의 마지막 사사들이며, 뒤의 두 사람은 왕정 시대를 여는 초기 왕들입니다. 엘리와 사울은 하나님 앞에 신실하지 못하여 버림을 받고, 사무엘과 다윗이 그들을 대신해 세움을 받습니다. 이 같은 과정을 한마디로 말하면 '선택'입니다. 왕을 세우기 위해 신실한 제사장으로 하나님에게 선택받은 이는 사무엘이고, 신실한 왕으로 선택받은 이는 다윗입니다. 그로부터 하나님이 인정하시는 이스라엘 왕정의 역사가 시작됩니다. 이러한 선택은 하나님을 존중히 여기는 자를 존중히 여기시고, 반대로 그분을 멸시하는 자를 경멸하시는 하나님의 주권적인 섭리에 따라 이루어진 것입니다(삼상 2:30; 참고. 2:6~8).

〈사무엘상〉의 구조와 요점

<table>
<tr><td rowspan="2">1
엘리
(1~2장)</td><td colspan="3">**사무엘이 태어날 때 제사장이던 엘리는 하나님을 멸시한 아들들을 바로잡지 못해 버림받았습니다.**</td></tr>
<tr><td>**1) 사무엘 출생**(1~2장)
자식이 없어 고통 받던 한나는 기도하여 하나님의 응답으로 사무엘을 낳았습니다.</td><td>**2) 한나의 기도**(2:1~11)
불임을 해결받은 한나가 하나님의 은혜에 감사하며 왕권의 등장을 예고합니다.</td><td>**3) 엘리 집의 저주**(2:12~36)
엘리의 두 아들이 하나님을 멸시하여 심판이 선고되었습니다.</td></tr>
<tr><td rowspan="2">2
사무엘
(3~8장)</td><td colspan="3">**엘리를 대신하여 사무엘은 하나님의 충실한 제사장이 되었고 또 선지자와 사사로 섬겼습니다.**</td></tr>
<tr><td>**1) 선지자 사무엘**(3장)
어린 사무엘이 하나님의 계시를 받은 후 하나님의 말씀을 전하는 선지자가 되었습니다.</td><td>**2) 언약궤 이동**(4~6장)
이스라엘이 블레셋과의 전투에서 패배하여 언약궤를 빼앗겼다가 다시 찾았습니다.</td><td>**3) 사사 사무엘**(7~8장)
사무엘은 블레셋과 전쟁을 승리로 이끈 후, 사사로서 이스라엘을 다스렸습니다.</td></tr>
<tr><td rowspan="2">3
사울
(9~15장)</td><td colspan="3">**사울이 초대 왕으로 기름 부음 받았으나 하나님의 명령에 순종하지 않으므로 버림받았습니다.**</td></tr>
<tr><td>**1) 왕이 된 사울**(9~11장)
사울이 왕으로 기름 부음 받고, 암몬과 싸워 이겨 백성의 인정을 받았습니다.</td><td>**2) 사무엘 설교**(12장)
사무엘은 고별설교에서 왕과 백성에게 여호와의 명령에 순종할 것을 권고했습니다.</td><td>**3) 사울의 실책**(13~15장)
사울은 사무엘의 권고를 잊고 하나님의 명령에 순종하지 않아 버림받았습니다.</td></tr>
<tr><td rowspan="2">4
다윗
(16~31장)</td><td colspan="3">**다윗은 사울을 대신할 왕으로 기름 부음 받았으나, 사울를 피해 그가 죽을 때까지 도망 다녔습니다.**</td></tr>
<tr><td>**1) 다윗의 등장**(16~17장)
다윗이 사울을 대신할 왕으로 기름 부음 받고 등장하며 새 영웅으로 인정받았습니다.</td><td>**2) 다윗의 도망**(18~26장)
사울이 다윗을 질투하여 죽이려 하자 다윗은 사울을 피해 다녔습니다.</td><td>**3) 블레셋 망명**(27~31장)
다윗은 블레셋까지 망명했고, 사울은 블레셋과의 전쟁에서 죽었습니다.</td></tr>
</table>

1. 엘리(삼상 1~2장)

〈사무엘서〉의 첫 장면은 사무엘의 출생 배경과 함께 그 당시 제사장인 엘리 집안의 죄와 몰락에 대해 기록하고 있습니다. 또한 이 단원은 〈사무엘서〉 전체에서 펼쳐질 일들에 대한 많은 암시를 포함하는 서론 역할을 합니다.

1) 사무엘의 출생(1장)

사무엘은 에브라임 산지에 사는 레위인 엘가나의 가정에서 태어났습니다(참고. 대상 6:12~28, 33~38). 레위인들은 이스라엘 전역에 흩어져 살았기 때문에 아버지 엘가나를 에브라임 사람이라고 한 것은 거주지를 가리키는 말입니다. 엘가나에게는 두 아내 한나와 브닌나가 있었는데, 한나는 남편의 사랑을 받았지만 자식이 없었고, 브닌나에게는 자식이 있었습니다. 자식이 없는 한나는 브닌나 때문에 고통과 설움을 받다가 눈물로 기도한 끝에 하나님의 응답으로 사무엘을 낳았습니다. 그리고 한나는 자신이 서원한 대로 사무엘을 하나님에게 바쳐서 그 앞에서 섬기게 했습니다.

2) 한나의 기도(2:1~11)

한나의 기도 역시 〈사무엘서〉의 전체적인 흐름을 암시하는 예언적인 성격을 가지고 있습니다. 이 노래는 여호와 하나님이 자신의 뿔을 높이셨음을 찬양하는 것으로 시작하여(2:1), 하나님이 기름 부음 받은 자의 뿔을 높이실 것이라는 선포로 끝납니다(2:10). 그리고 중간에는 여러 인생의 엇갈림을 말하고(2:4~5), 또 그것이 하나님이 하신 일이라는 것을 강조합니다(2:6~8). 이것은 바로 여호와 하나님이 엘리를 낮추시고 사무엘을 세우셨으며, 사울을 낮추시고 다윗을 높이시는 것을 암시합니다.

3) 엘리 집의 저주(2:12~36)

사무엘 출생 당시 제사장이던 엘리의 집은 대대로 하나님을 섬기는 영광스러운 직분을 가졌습니다. 엘리의 두 아들 홉니와 비느하스는 아버지와 함께 성막에서 봉사하였는데, 그들은 하나님에게 드리는 제사를 멸시하고 또 많은 악행을 저질렀습니다. 그런데 엘리는 그 아들들을 깊이 책망하지 않다가 하나님의 심판을 받았습니다. 그래서 제사장으로서의 영화로운 직분을 이어 갈 특권을 박탈당했고, 그 복은 하나님을 신실하게 섬길 다른 제사장 사무엘에게 넘어가게 되었습니다. 이때 하나님은 엘리 집에 심판을 선포하시는 가운데 "나를 존중히 여기는 자를 내가 존중히 여기고 나를 멸시하는 자를 내가 경멸하리라"(1:30)고 말씀하셨습니다. 높이시고 낮추시는 하나님의 주권이 다시 언급되면서 이번에는 그 기준이 분명히 제시되었습니다.

2. 사무엘(삼상 3~8장)

3장 이하에서 사무엘의 행적이 본격적으로 소개되고 있습니다. 그는 부패한 엘리 집을 대신하여 세워진 충실한 제사장이었고(2:35, 7:9~10), 또 하나님의 말씀을 받아 백성에게 선포하는 선지자였습니다(3:19~21). 그런가 하면 사울을 기름 부어 왕으로 세우기 전까지 사무엘은 마지막 사사로서 이스라엘을 다스리는 왕 같은 역할을 하며 전쟁을 진두지휘했습니다(7:15~17). 그러나 사무엘의 노년에 이스라엘 백성은 왕을 세워 줄 것을 요구했습니다.

1) 선지자 사무엘(3장)

하나님이 엘리의 집을 버리기로 작정하신 후에 하나님은 사무엘에게 당신의 뜻을 계시하기 시작하셨습니다. 사무엘이 받은 첫 번째 계시는 엘리 집의 죄와 그에 따른 분명한 심판에 대한 것이었습니다(3:11~14). 이후로부터 사무엘은 하나님의 말씀을 받아 선포하는 선지자로 활동했으며, 그가 전하는 말은 반드시 이루어졌으므로 온 이스라엘이 그를 하나님의 참 선지자로 인정했습니다.

2) 언약궤 이동(4~6장)

빼앗긴 언약궤(4장). 사무엘이 사역하는 동안 이스라엘은 에벤에셀 곁에서 블레셋과 싸우기 위해 진을 치고 있었습니다. 이스라엘 백성은 전투에서 지고 난 후 하나님의 언약궤를 가져오게 했습니다. 언약궤는 하나님이 임재하시는 보좌로서 여호수아 시대에 요단 강을 건너올 때, 여리고 성을 무너뜨릴 때 등 하나님 권능의 증거를 보이는 것이었습니다. 그래서 언약궤가 이스라엘의 진영에 들어오자 이스라엘은 크게 기뻐하고 블레셋은 두려워했지만 결과는 또 이스라엘 백성의 참패였습니다. 하나님에 대한 진정한 경외 없이 그저 인간의 욕심으로 언약궤를 주술처럼 사용한 것은 아무런 소용이 없었습니다. 결국 언약궤와 함께 있었던 홉니와 비느하스가 죽었고, 언약궤마저 블레셋 사람들에게 빼앗겼습니다. 이 소식을 들은 엘리는 충격 때문에 의자에서 넘어져 죽었고, 임신 중이던 비느하스의 아내도 충격을 받고 갑자기 해산하다 죽었습니다. 이 모든 일은 엘리 집안이 하나님을 멸시함으로 받은 저주에서 비롯된 것입니다.

언약궤의 승리(5장). 비록 이스라엘이 전쟁에서 대패하고 언약궤는 빼앗겼으나 이것이 하나님의 패배를 의미하는 것은 아닙니다. 블레셋 사람들은 언약궤를 전리품으로 여기고 자기들이 믿는 이방 신상들 앞에 바쳤는데, 하나님은 오히려 그 신상들을 파괴하셨고, 또 블레셋의 성읍 가는 곳곳마다 그들 가운데 심한 독종이 나게 하심으로 하나님의 권능을 분명하게 보이셨습니다.

언약궤의 귀환(6:1~7:2). 블레셋 사람들은 하나님의 무서움을 체험하고 두려움 가운데 하나님의 언약궤를 이스라엘 땅 벧세메스로 돌려보냈습니다. 벧세메스 사람들은 언약궤가 돌아온 것을 기뻐했지만 언약궤를 들여다본 일로 심판을 받아 많은 사람이 죽었습니다. 언약궤를 단지 승리를 위한 도구로 삼은 이스라엘 백성이나, 또는 전리품 취급했던 블레셋 사람들처럼 벧세메스 사람들도 언약궤에 대한 적절한 경의를 보이지 않고 단지 호기심으로 언약궤를 범한 것입니다. 그 후 기럇여아림 사람들이 언약궤를 옮겨다가 거룩하게 보관하였습니다.

3) 사사 사무엘(7~8장)

에벤에셀의 승리(7:3~17). 이스라엘은 블레셋에게 패한 이후 20년 동안 그들의 지배 아래 있다가 압박 속에서 비로소 여호와를 사모하고 찾았습니다(7:2). 이것은 사사 시대의 전형적인 모습이었습니다. 이때 사무엘은 온 이스라엘의 회개를 촉구하고 미스바에서 대각성 집회를 열었습니다. 이스라엘 백성이 모여 있다는 소식을 듣고 블레셋 사람들이 이스라엘을 치러 왔고, 이스라엘 백성은 하나님의 도우심으로 그들을 이겼습니다. 이에 이스라엘은 하나님의 구원을 기념하여 돌을 가져다 세우고 그곳을 "에벤에셀"(7:12, '도움의 돌')이라고 불렀습니다. 20년 전 바로 똑같은 장소에서 이스라엘이 블레셋에게 지고 엘리의 두 아들 홉니와 비느하스가 죽었으며, 언약궤마저 빼앗겼습니다(4:1이하). 그런데 이제 이스라엘은 사무엘의 지도 아래 블레셋과 싸워 이겼고, 그동안 블레셋에게 빼앗겼던 땅들을 회복하였습니다. 그리고 사무엘이 제사장이자 사사로 온 이스라엘을 잘 다스리는 가운데 평화를 누렸습니다.

왕을 요구한 이스라엘(8장). 사무엘이 사사로 다스리는 동안은 나라가 평안했는데, 그의 노년에 자신을 대신하여 사사로 세운 두 아들은 재판을 공정하게 하지 않아 백성의 원성을 샀습니다. 그래서 이스라엘의 장로들이 사무엘을 찾아와 왕을 세워 줄 것을 요청했습니다. 사무엘이 이를 기뻐하지 않고 하나님에게 물었을 때 하나님도 "그들이 너를 버림이 아니요 나를 버려 자기들의 왕이 되지 못하게 함이니라"고 했습니다. 그리고 왕을 세움으로써 파생하게 될 폐단에 대해 경고하게 하셨습니다. 하지만 백성은 아랑곳하지 않고 끝까지 왕을 요구했습니다.

※ 왕정의 출현은 하나님의 섭리에 어긋난 것인가요? 여기에서 우리는 왕정의 출현에 대한 성경의 입장을 좀 더 넓은 맥락에서 생각해야 합니다. 왕을 세우는 것은 하나님의 뜻에 어긋난 것일까요? 어떤 사람들은 하나님이 이스라엘을 직접 다스리는 신정 정치가 하나님의 뜻이므로 왕정의 출현은 잘못된 것이라고 합니다. 그러나 이런 해석은 창조부터 종말에 이르는 성경 전체의 흐름과 맞지 않습니다. 하나님은 창조하신 세상의 왕이시지만 거기에 당신의 형상으로 인간을 지으시고 그들로 세상을 다스리게 하셨습니다(창 1:26~28). 즉 하나님 나라에서 인간을 대리통치자로 세우셨습니다.

특별한 의미에서 하나님 나라인 이스라엘에서도 인간 왕은 하나님의 대리통치자입니다. 다만 시내 산에서 이스라엘 백성과 언약을 세우실 때부터 왕정을 세우지 않은 것은 아직 그들의 여건이 준비되지 않았기 때문입니다. 그러나 하나님은 〈신명기〉에서 모세를 통해 왕정을 세우는 규례를 주셨습니다(신 17:14~20). 여기에서 모세는 약속의 땅에 들어가서 이방 나라와 같이 왕을 세우고자 할 때는 어떻게 해야 할지를 구체적으로 지시했습니다. 만약 이방 나라처럼 왕을 세우는 것이 하나님의 뜻이 아니었다면 이런 식으로 왕을 세우는 규례를 줄 것이 아니라 아예 왕을 세우지 않는 것을 율법으로 정했을 것입니다.

하나님은 이스라엘의 조상 때부터 그 후손들 가운데 왕을 주시는 것을 복으로 약속하셨습니다(창 17:6, 16, 35:11, 49:8~12). 또 발람이 이스라엘을 위하여 저주 대신 축복을 할 때도 이스라엘에 강력한 왕이 나와 주변 나라들을 정복할 것을 예고했습니다(민 24:7, 17). 〈사사기〉 17~21장에서 본 바와 같이 사사 시대의 혼란은 이스라엘에 왕이 없었기 때문이라고 평가하며 이것은 왕정의 필요성을 강조하는 것입니다(삿 17:6, 18:1, 19:1, 21:25). 여기에서 왕이 없다는 것은 이스라엘이 하나님을 왕으로 모시고 살지 않았다는 의미로 해석하는 것은 어떤 근거도 없거니와 〈룻기〉, 〈사무엘서〉의 흐름과도 맞지 않습니다. 앞에서 살펴본 대로 〈사무엘서〉의 서두에 있는 한나의 기도 역시 왕정의 출현을 하나님의 뜻으로 제시하였습니다(삼상 2:10). 이렇듯이 성경은 전체적으로 왕정에 대해 긍정적으로 보고 있습니다. 더구나 예수님은 다윗의 후손으로 오셔서 다윗의 보좌에서 다스리는 메시아인데, 왕정의 출현이 하나님의 뜻이 아니라고 말하는 것은 다윗의 언약을 이루신 예수 그리스도의 구속사적 의미를 흐리게 합니다.

그렇다면 왜 백성이 왕을 요구할 때 하나님이 부정적인 반응을 보이셨을까요? 그것은 왕을 구하는 백성의 동기가 잘못되었기 때문입니다. 그들이 찾는 왕은 자기들의 앞에서 나가 싸울 왕, 즉 자신들의 인간적인 욕구와 기대를 충족시켜 줄 군사적인 영웅이었습니다(8:5, 20). 지금까지 이스라엘 앞에서 행하시고 그 대적들과 싸워 이기신 분은 하나님이셨습니다. 그런데 이스라엘은 자기들을 구원하신 하나님을 신뢰하지 않고 인간 구원자를 찾은 것입니다. 이러한 백성의 동기를 사무엘은 고별설교에서 잘 지적하였습니다. 하나님은 과거에 사사들과 사무엘을 세우셔서 그 백성을 이방 나라에서 구원했는데, 이 백성은 암몬 왕 나하스가 쳐들어오자 겁을 먹고 하나님을 떠나서 자신들을 보호해 줄 왕을 따로 세워 달라고 한 것입니다(12:11~12).

하나님이 기대하시는 왕은 백성이 구하는 왕과 다릅니다. 〈신명기〉 17장에 왕을 세울 때의 규례를 보면 하나님이 원하시는 이상적인 왕에 대해 알 수 있습니다. 왕은 반드시 하나님이 택하신 자라야 합니다(신 17:15). 다른 나라와 같이 인간적인 힘과 세력으로 왕권을 쟁취하거나 만들어지는 왕이 아닙니다. 하나님의 대리인이기 때문에 하나님이 선택하십니다. 또 왕은 병마를 많이 두거나, 은금을 많이 쌓아두거나, 아내를 많이 두지 말아야 합니다. 이것은 군사적인 힘이나 경제력, 그리고 이방인들과 정략결혼에 의한 외교력에 의지하여 나라를 다스리려고 하다가 오히려 타락하게 되는 것을 경계하는 것입니다. 왕이 해야 할 가장 중요한 덕목은 하나님을 경외하여 그의 율법을 가까이하고 그 기록된 말씀대로 지키는 것입니다(신 17:18~20). 그런 왕이 나라를 다스릴 때 하나님의 통치가 그 나라에서 온전히 이루어집니다. 〈사사기〉 17~21장의 혼란과 왕정의 필요성도 이 맥락에서 이해해야 합니다. 즉 하나님의 말씀대로 통치하여 사사 시대의 혼란을 끝내고 하나님의 통치가 이루어지도록 하는 신실한 왕이 나와야 한다는 것입니다.

결론적으로 왕정의 출현은 하나님의 섭리와 어긋난 것이 아닙니다. 하나님이 왕을 요구하는 이스라엘 백성에게 부정적인 반응을 보이신 것은 그들의 동기가 잘못된 것이기 때문입니다. 즉 이스라엘 백성은 하나님이 원하시는 이상적인 왕을 원한 것이 아니라, 자기들의 욕심을 채우는 세속적인 왕을 구한 것입니다. 왕정이 하나님과의 단절을 가져올 수도 있다는 사무엘의 경고에도 아랑곳없이 이스라엘 백성이 집요하게 왕을 구하는 것을 보면(8:18), 그들이 얼마만큼 하나님과의 관계를 무시하고 철저하게 세속적인 안정과 복만을 추구하고 있는가를 잘 알 수 있습니다. 하나님은 그 백성의 이기적인 동기를 보시고 그들이 왕을 구하는 것을 기뻐하지 않으셨습니다.

3. 사울(삼상 9~15장)

〈사무엘서〉 세 번째 장면은 사울이 기름 부음 받고 이스라엘 왕정이 시작된 것을 보여 줍니다. 그런데 사울은 초기에는 겸손한 왕이었으나 점차 하나님을 거역하고 불순종합니다. 사무엘의 계속된 경고와 질책에도 불구하고 사울은 자신의 욕심이나 체면에 급급하여 인간적인 방법을 동원하다 결국 하나님에게 버림을 받게 됩니다.

1) 왕이 된 사울(9~11장)

기름 부음 받은 사울(9:1~10:16). 사울은 아버지의 잃어버린 암나귀들을 찾는 중에 선지자에게 묻기 위해 사무엘을 찾다가 때마침 산당에 제사드리러 온 사무엘을 만났습니다. 하나님은 그 전날 이미 사무엘에게 사울을 이스라엘의 지도자로 택하셨고 또 그를 통해 그 나라를 블레셋의 손에서 건져내실 것을 말씀하셨습니다. 사무엘은 계시를 통해 사울을 알아보고 그에게 먼저 산당으로 올라가서 있다가 함께 식사할 것을 지시하고, 또 그다음 날에 사울이 알고자 하는 것을 알려 주겠다고 했습니다. 사무엘은 백성과 함께 식사하는 자리에서 사울을 상석에 앉게 하고 미리 그를 위해 준비한 특식을 주었습니다. 이와 같은 상황은 사울과 사무엘의 역할 관계를 미리 보여 주는 것입니다. 사울은 백성 앞에서 왕으로 높임을 받게 될 것입니다. 그러나 사울은 절대 권력을 행사하는 왕이 아니라 선지자 사무엘이 하나님의 지시를 전달할 때 순종해야 합니다. 적어도 이때의 사울은 충실하게 사무엘을 통해 주신 말씀을 잘 따르고 있었습니다. 다음 날 아침 사무엘은 사울에게 기름을 붓고 여호와께서 그를 이스라엘의 지도자로 삼으셨다는 것을 말해 주었습니다. 그리고 사울에게 여호와의 영이 임하심으로 그가 새롭게 변화될 것이라고 했습니다. 사무엘의 예언은 그대로 이루어져 사울은 하나님의 영을 받아 새사람이 되었습니다. 즉 여호와의 영이 임하여 그분의 뜻과 능력으로 사역하는 대리자가 된 것입니다.

왕의 선출(10:17~27). 사무엘은 미스바에 백성을 모으고 제비를 뽑아 사울을 왕으로 선출했습니다. 앞에서 기름 부음은 사무엘과 사울만의 의식이었지만, 이제 사울은 백성 앞에서 공식적인 왕의 후보로 내정되었습니다. 사울은 다른 사람보다 어깨 위만큼 큰 사람이었기 때문에 영웅 같은 왕을 기대했던 이스라엘 백성은 적극 환영하였습니다. 그러나 일부 불량한 자들은 사울을 인정하려 하지 않았습니다. 아마도 사울이 베냐민 지파 출신이었기 때문일 수 있습니다.

왕의 위임(11장). 사울은 사람들의 멸시에도 잠잠했고, 길르앗 야베스에 쳐들어온 암몬 사람들을 쳐서 큰 승리를 이끌어 냈습니다. 그러자 온 이스라엘이 사울을 떠받들고, 일부 과격한 자들은 그동안 사울을 무시했던 자들을 처단하자고 나섰습니다. 이때 사울은 오히려 반대하고 구원하신 하나님에게 영광을 돌리면서 관용을 베풀었습니다. 이때도 사울은 겸손하고 덕이 있는 왕의 모습이었습니다. 이에 사무엘은 온 백성과 함께 길갈에 모여서 제사를 드리고 정식으로 사울을 왕으로 위임하여 세웠습니다.

2) 사무엘 설교(12장)

12장은 사무엘의 고별설교와 같습니다. 사울을 왕으로 세웠으므로 이제 사무엘은 사사로서 이스라엘을 다스리던 직임을 내려놓으면서 새로 세워진 왕과 백성에게 설교하고 있습니다. 이것은 마치 모세나 여호수아가 죽기 전에 고별설교를 남긴 것과 같습니다. 앞서 간 위대한 지도자들과 같이 사무엘 역시 여호와의 말씀에 순종하고 오직 그분만 섬길 것을 권고합니다(12:14~15, 20~21). 만약 순종하지 않으면 심판이 있을 것도 경고했습니다.

3) 사울의 실책(13~15장)

13~15장은 사울이 하나님을 거역한 두 가지 사건을 기록함으로써 그가 하나님에게로부터 버림받은 이유를 설명하고 있습니다. 그 첫 번째 이유는 블레셋과의 전쟁에서 있었고, 두 번째 이유는 아말렉과의 전쟁에서 불거졌습니다.

블레셋과의 전쟁(13~14장). 사울이 블레셋과 전쟁할 때 온 이스라엘이 길갈에 모여 사울을 따랐는데, 그들은 블레셋의 어마어마한 군세를 보고 잔뜩 겁에 질려 있었습니다. 사울은 사무엘을 기다리다가 흩어지는 백성을 보고 위기의식을 느껴 섣부르게 번제를 드렸습니다. 그리고 사무엘이 나타났을 때 사울은 하나님에게 은혜를 구하기 위해 부득이하게 먼저 번제를 드렸다고 변명했습니다. 그러나 사무엘은 단호하게 사울이 여호와의 명령을 지키지 않았으므로 사울의 나라가 길지 못할 것이며, 여호와께서 그의 마음에 맞는 다른 지도자를 세우실 것이라고 했습니다(13:13~14).

여기에서 사울의 문제가 무엇일까요? 보통은 제사장이 제사를 드려야 하는데 사울이 제사를 드렸으므로 월권한 것이 문제라고 생각합니다. 그러나 다윗 역시 아라우나의 타작마당에서 번제를 드렸고, 또 솔로몬도 일천번제를 드렸다고 했습니다. 물론 이들의 제사에서 굳이 제사를 주관하는 제사장의 존재를 언급할 필요가 없었을 수도 있습니다. 만약 그렇다면 사울도 직접 제사를 드린 것이 아니라 그들 가운데 있던 다른 제사장이 주관했을 수도 있습니다(참고. 14:36). 어떤 경우에든 사울이 잘못한 문제의 본질은 제사 드리는 자의 자격이나 월권이 아닙니다. 하나님이 애초에 사울을 택하실 때 그를 통해 블레셋으로부터 이스라엘을 구원하실 뜻이 있으셨습니다(9:16). 그리고 사무엘은 사울에게 기름을 부은 후에 하나님의 영이 그에게 임하실 것을 말하고 이렇게 지시했습니다. "너는 나보다 앞서 길갈로 내려가라 내가 네게로 내려가서 번제와 화목제를 드리리니 내가 네게로 내려가서 네가 행할 것을 가르칠 때까지 칠일동안 기다리라"(10:8). 이 지시대로 사울은 블레셋과 싸우기 위해 길갈에서 사무엘을 기다리고 있는 상황입니다. 사무엘이 와서 제사를 드리는 목적은 사울이 어떻게 해야 할지에 대한 하나님의 명령을 받아 전하기 위해서입니다. 하나님의 뜻과 지시를 구하는 것이 아니라 그저 전쟁에 이기게 해달라고 은혜를 구하는 것은 주객이 전도된 것입니다. 왜냐하면 사울이 하나님의 뜻을 행하는 대리자이지, 하나님이 사울의 목적을 돕는 보조자가 아니기 때문입니다. 그러므로 사울의 문제는 백성이 흩어지는 것만 두려워하여 조급한 마음에 하나님의 지시를 기다리지 않고 멋대로 전쟁에 나서려고 했다는 것입니다.

14장에서 사울은 또한 임의대로 백성에게 명령을 내려 더 큰 문제를 만들었습니다. 사울은 군사들에게 "저녁 곧 내가 내 원수에게 보복하는 때까지 아무 음식물이든지 먹는 사람은 저주를 받을지어다"라고 맹세를 시켰습니다. 이 말을 듣지 못했던 요나단은 숲에서 꿀을 발견하고 찍어 먹었다가 먹지 못하는 다른 사람들에게서 사울의 명령을 들었습니다. 요나단은 차라리 탈취한 것을 가져다 먹으면 더 힘을 내서 잘 싸울 수 있을 것이라고 했습니다. 사울의 어리석은 명령 때문에 내내 굶주리며 싸웠던 군사들은 탈취한 가축을 잡아다가 피째 먹는 죄를 지었습니다. 그러는 가운데 사울은 하나님에게 계속 블레셋을 추격할 것인지를 물었지만 하나님은 대답하지 않으셨습니다. 그래서 사울은 누구의 죄 때문인지를 밝히자고 제비를 뽑았는데, 사울과 요나단이 뽑혔고 최종적으로 요나단이 뽑혔습니다. 요나단은 그 경위를 설명했고, 화가 난 사울은 요나단에게 저주를 퍼부었습니다. 그러나 백성은 요나단을 변호했고, 실제로 요나단에게는 아무 일도 일어나지 않았습니다. 결국 문제는 사울이었습니다. 잘못된 서원을 한 사사 입다처럼 사울 역시 승리에 급급하여 하나님의 뜻과 상관없이 백성으로 잘못된 맹세를 하게 하고 죄를 짓게 만든 것입니다.

아말렉과의 전쟁(15장). 계속되는 실책에도 사울은 정신을 못 차리고 아말렉과의 전쟁에서 결정적으로 하나님에게 버림받게 되는 죄를 범하였습니다. 사무엘이 사울에게 말하기를 "여호와께서 나를 보내어 왕에게 기름을 부어 그의 백성 이스라엘 위에 왕으로 삼으셨은즉 이제 왕은 여호와의 말씀을 들으소서"(15:1)라고 하며 하나님의 지시를 전했습니다. 그 지시는 곧 아말렉을 치고 남녀노소는 물론 그 가축들까지 다 죽이라는 것이었습니다. 이 명령은 지나치게 잔혹한 것 같으나 사실은 출애굽 때부터 이미 하나님이 정하신 심판의 실행이었습니다. 즉 이스라엘이 애굽에서 탈출한 직후 광야에서 지쳐 있을 때 아말렉이 이스라엘을 쳤으므로, 하나님이 아말렉을 완전히 멸망시키시겠다고 선언하신 말씀에 따른 심판이었습니다(삼상 15:2; 참고. 출 17:14). 그러나 사울과 그의 백성은 하나님의 명령에 순종하지 않고 탈취하기에 급급하였고, 보기에 좋은 가축들을 살려 두었습니다. 이에 대해 사무엘이 책망하자 사울은 하나님에게 제사드리기 위해 양과 소의 좋은 것을 남겨 놓았노라고 변명했습니다. 사울의 변명에 대해 사무엘은 단호하게 "순종이 제사보다 낫다"고 꾸짖으며, 사울이 하나님의 명령을 어겼으므로 하나님도 이제 사울을 버려 왕이 되지 못하게 하셨다고 선언했습니다(15:22~23).

〈출애굽기〉 17장 14절을 적어 봅시다.

결국 사울이 하나님의 말씀을 순종하지 않은 것은 왕으로서 치명적인 결격 사유입니다. 왜냐하면 왕은 하나님의 대리자로서 온 나라 안에 하나님의 뜻이 이뤄지도록 다스리는 책임을 가진 자이기 때문에 왕의 불순종은 반역죄에 해당됩니다. 이것은 마치 하나님의 형상으로 지음 받아 온 세상을 다스릴 권세를 가진 아담과 하와가 선악과를 따먹은 것이 단순한 실수가 아니라 하나님과 동등해지려는 반역인 것과 같습니다. 그래서 사무엘은 거역하는 것은 점치고 우상숭배하는 것과 다름 없는 죄와 같다고 강력하게 사울을 책망하였습니다. 이 책망을 듣고 사울은 두려워하며 사무엘을 붙잡고 자신과 함께 돌아가서 하나님에게 경배하게 해달라고 요청했습니다. 그러나 이것은 하나님 앞에 진실로 경배하려는 의도에서가 아니라 사람들로 하여금 자신이 여전히 하나님에게 인정받고 있다고 믿게 하여 스스로를 높이려는 가증한 술책이었습니다.

4. 다윗(삼상 16~31장)

〈사무엘서〉의 네 번째 장면에서 드디어 이스라엘 왕정의 진정한 시조인 다윗이 등장합니다. 사울이 버림받은 후 다윗은 사무엘을 통해 기름 부음을 받았지만 정작 사울을 피해서 오랫동안 도망 다니는 고통의 세월을 보내게 됩니다. 그러나 그 가운데서도 다윗은 하나님을 온전히 신뢰하는 신실한 자세를 보여줍니다. 반대로 사울은 끝까지 하나님에게 불순종하다 비참한 최후를 맞이합니다.

1) 다윗의 등장(16~17장)

기름 부음 받음(16장). 하나님은 사무엘에게 베들레헴에 가서 이새의 아들 중에 하나님이 택하신 자를 기름 부어 세울 것을 명령하셨습니다. 사무엘은 이새의 큰아들 엘리압을 보고 그가 적격자라고 생각했지만, 하나님은 중심을 보신다 하시고 그를 택하지 않으셨습니다. 엘리압에 이어 다른 아들 일곱을 다 하나님이 택하시지 않으셨습니다. 마지막 남은 아들 다윗이 밖에서 양을 치고 있으므로 사람을 시켜 데려오자 바로 그가 하나님이 택하신 자라 하시고 다윗에게 기름을 붓게 하셨습니다. 그 이후로 다윗은 하나님의 신에 크게 감동되었습니다. 그러나 사울은 하나님의 영이 떠나고 여호와께서 부리신 악령에 짓눌리게 되었습니다. 버림받은 사울과 새롭게 선택받은 다윗이 극명하게 대조되고 있는 것입니다. 악령에 시달린 사울은 신하들의 추천을 따라 수금을 잘 타는 사람을 찾다가 다윗을 발탁하였습니다. 이렇게 해서 다윗은 사울의 궁정으로 진출하였고, 다윗이 수금을 연주하니 사울에게 있던 악령이 떠나고 나아졌습니다.

다윗의 첫 승리(17장). 다윗은 기름 부음 받은 후에 사람들의 주목을 받으며 역사의 중심 무대에 등장합니다. 17장에서 다윗은 블레셋의 거인 용사 골리앗을 물리쳤습니다. 블레셋과 대치중인 사울의 군인들 중에 어느 누구도 선뜻 그 앞에 나서지 못할 정도로 골리앗은 무서운 존재였고 다윗은 아직 전쟁에 나가지도 못하는 어린 소년이었습니다. 다윗은 칼이나 창과 같은 외적 조건이 아닌 하나님의 이름을 의지하여 골리앗을 이겼습니다. 이 사건은 한편으로 다윗이 “용기와 무용과 구변이 있는 준수한 자”임을 확실히 보여 줍니다(16:18). 그러나 다른 한편으로 여기에서 주목받을 분은 하나님이십니다. 다윗은 하나님의 구원이 칼과 창에 있지 않고 또 전쟁은 하나님에게 속한 것이라는 믿음으로 골리앗을 대적하였고, 그 믿음대로 하나님은 다윗으로 하여금 골리앗을 이기게 하셨습니다.

2) 다윗의 도망(18~27장)

사울의 질투(18장). 다윗이 골리앗을 물리친 후 사울은 다윗을 고향으로 보내지 않고 그의 궁정에 머물게 했습니다. 그 가운데 다윗은 사울의 아들 요나단의 사랑을 받았고, 또 사울의 인정을 받아서 군대의 장이 되었습니다. 온 백성이 이것을 당연하게 생각할 정도로 그는 사람들에게 인정을 받았습니다. 그러나 사울은 사람들이 다윗을 자신보다 더 주목하자 질투하며 다윗을 죽이려고 했습니다. 그러다 자기 딸 미갈이 다윗을 사랑한다는 것을 듣고 다윗을 죽일 계책으로 그를 사위로 삼기까지 했습니다. 그러는 가운데 사울은 하나님이 다윗과 함께하심을 분명히 보았고 또 그가 사람들에게 더 사랑을 받으므로 다윗을 더 두려워하면서 그의 원수가 되었습니다.

궁정을 떠난 다윗(19~22장). 사울은 다윗을 제거하기 위해 자기 아들 요나단과 온 신하에게 다윗을 죽이도록 명령을 내렸습니다. 그러나 모두들 다윗을 도와 다윗의 생명을 유지하도록 했습니다. 사울의 딸로서 다윗의 아내가 된 미갈 역시 다윗의 도망을 도왔고, 특히 다윗과 깊은 우정을 나누던 요나단은 다윗을 위해 사울의 마음을 돌리려고 중재를 하다가 여의치 않자 다윗이 도망가도록 도왔습니다. 궁정에서 나온 다윗은 놉에 가서 제사장 아히멜렉의 도움을 받았습니다. 다윗의 상황이 워낙 절박했기에 그는 사울이 보낸 길이라고 둘러대며 먹을 것과 무기를 요청하여 받았습니다. 나중에 사울은 이 일을 알고 분노하여 제사장들이 다윗을 도와 자신을 대적했다고 하여 호위병들에게 그들을 다 죽이라고 했습니다. 그러나 그 부하들은 여호와의 제사장들을 죽이기를 싫어했고, 사울은 기어이 에돔 사람 도엑을 시켜 제사장들을 살육했습니다. 그 가운데 살아남은 제사장 아비아달은 다윗에게로 피하였고 다윗은 자신을 탓하며 그를 선대하였습니다.

광야의 다윗(23~26장). 다윗은 사울을 피해 도망 다니는 중에도 블레셋의 공격을 받는 그일라의 주민들을 도왔습니다(23장). 그의 부하들은 다윗의 급박한 처지 때문에 반대했지만 다윗은 하나님의 명령에 따라 그들을 도와 블레셋의 손에서 구원했습니다. 그런데 다윗이 그일라에 머무른다는 것을 사울이 알고 다윗을 잡으러 왔습니다. 다윗은 하나님에게 묻고 하나님의 지시를 따라 그일라에서 나와 광야의 엔게디 요새에 숨었습니다. 그즈음에 블레셋이 쳐들어오자 사울은 잠시 다윗을 추격하는 것을 그치고 블레셋과 싸우러 갔다가, 다윗이 광야에 숨어 있다는 소식을 듣고 또 다윗을 죽이러 왔습니다. 그런데 광야에서 다윗은 사울을 죽일 기회가 두 번이나 있었지만 기름 부음 받은 자를 해칠 수 없다 하여 사울을 죽이지 않았습니다(24, 26장). 이것은 다윗이 기름 부음 받은 자의 존귀성을 누구보다도 높이 평가한 것으로써, 이는 인간의 권위 때문이 아니라 하나님의 선택과 섭리에 대한 공경 때문이었습니다.

다윗이 사울을 죽이지 않고 살려 준 두 번의 사건 사이에 다윗이 나발의 아내 아비가일을 아내로 얻게 된 사연을 소개하고 있습니다(25장). 다윗은 나발에게 선의를 베풀고 그를 보호해 주었는데, 정작 나발은 다윗의 도움 요청을 거부하고 조롱했습니다. 그래서 다윗이 나발을 치려고 나섰을 때 나발의 아내 아비가일이 다윗을 영접하여 그 일을 막았습니다. 이것은 다윗으로 하여금 무죄한 피를 흘리거나 스스로 보복하지 않도록 도운 지혜로운 일이었습니다. 결국 하나님이 나발을 치셔서 죽게 하셨습니다.

3) 블레셋 망명(27~31장)

블레셋 땅 시글락에 정착함(27장). 계속되는 사울의 추격을 피하기 위해 다윗은 사울의 영토를 떠나 원수의 나라인 블레셋까지 망명을 갔습니다. 그만큼 다윗의 상황은 절박했습니다. 거기에서 다윗은 블레셋 왕의 신임을 얻어 지방의 한 성읍 시글락에 정착했습니다.

블레셋과 이스라엘의 전쟁(28~31장). 다윗이 블레셋에 정착한 이후 블레셋 왕은 이스라엘과 싸우려고 군사를 모집하는 중에 다윗도 참여시키려고 했습니다(28:1~2). 다윗으로서는 동족과 싸워야 하는 어려운 상황이었는데, 나중에 다윗이 배반할까 두려워한 블레셋 신하들이 반대하여 다윗은 위기를 피할 수 있었습니다(29장). 한편 사울은 블레셋과의 전쟁에 대해 하나님이 응답하지 않으시므로 신접한 여인을 찾아가 사무엘의 영혼을 불러내게 했습니다. 이것은 하나님 앞에 큰 범죄이며 결국 이것은 사울이 비참한 죽음을 맞이하게 되는 이유가 됩니다(참고. 대상 10:13~14).

다윗은 가까스로 동족과 싸움은 피했지만, 그가 자리를 비운 동안에 아말렉이 시글락을 쳐서 약탈하고 다윗의 아내들을 비롯해 사람들을 잡아갔습니다. 슬픔에 빠진 백성이 다윗을 돌로 쳐 죽이려고 하는 절박한 순간에도 다윗은 하나님에게 힘을 얻었고, 하나님을 의지하여 아말렉을 치고 사람들과 가축을 되찾아 왔습니다. 그러나 이와 반대로 사울은 블레셋과의 전쟁에서 크게 패하여 세 아들을 잃었고, 사울 자신도 중상을 입고 고통 가운데서 자결했습니다.

〈역대상〉 10장 13~14절을 적어 봅시다.

다윗 왕 B

〈사무엘하〉는 사울의 죽음 이후 왕이 된 다윗의 행적을 기록하고 있습니다. 그런데 사울이 죽고 곧바로 다윗이 온 이스라엘의 왕이 된 것이 아니라 먼저 자신의 친족인 유다 지파의 왕이 되었다가 사울의 집이 완전히 멸망한 후 북쪽 이스라엘을 통합해 통일왕이 되었습니다. 초기의 다윗은 예루살렘을 수도로 삼고 언약궤를 옮겨옴으로써 국가의 초석을 잘 닦았고, 또 주변의 대적들을 정복했습니다. 그런데 불의하게 밧세바를 범함으로 말미암아 심판을 받아 그의 집안에는 재난이 끊이지 않게 됩니다. 그러나 다윗은 사울과 달리 일찍 하나님 앞에 회개함으로써 죄 사함을 받았습니다. 이로써 다윗에게 약속되었던 영원한 왕권은 하나님의 은혜와 보호하심 가운데 그의 자손에게 계속 이어지게 됩니다.

〈사무엘하〉의 구조와 요점

구분	내용		
1 유다 왕 (1~4장)	**다윗은 유다 지파의 왕으로 추대되었고, 사울 집의 세력은 점차 붕괴되었습니다.**		
	1) 다윗의 애도(1장) 다윗은 사울과 요나단이 전사했다는 소식을 듣고 두 사람의 죽음을 애도했습니다.	**2) 유다 왕 즉위**(2장) 다윗은 유다 왕이 되고, 이스라엘에는 사울의 아들 이스보셋이 왕이 되었습니다.	**3) 사울 집의 몰락**(3~4장) 다윗 집과 맞선 사울 집은 점점 약해지다가, 이스보셋의 죽음으로 무너졌습니다.
2 통일왕 (5~9장)	**온 이스라엘이 다윗을 왕으로 세운 후, 다윗은 나라의 기초를 다지고 주변을 정복했습니다.**		
	1) 왕권 확립(5~6장) 예루살렘을 수도로 정하고 그곳에 언약궤를 가져와 왕권의 기초를 잘 다졌습니다.	**2) 왕권 언약**(7장) 하나님이 다윗에게 성전 건축을 허락하지 않으셨으나, 영원한 왕권을 약속하셨습니다.	**3) 다윗의 통치**(8~9장) 다윗이 밖으로는 주변 나라들을 제압하고 안으로는 공의와 인자로 통치했습니다.
3 재난 (10~20장)	**다윗이 밧세바를 범한 죄로 하나님의 심판을 받아 그의 집과 나라에 재난이 계속되었습니다.**		
	1) 다윗의 범죄(10~12장) 다윗이 밧세바를 범하고 그 남편 우리아를 죽게 하여 심판을 받았습니다.	**2) 압살롬의 난**(13~18장) 다윗의 아들 압살롬이 형을 죽이고, 또 반역을 일으켰다가 실패하여 죽었습니다.	**3) 다윗의 귀환**(19~20장) 압살롬의 반란 후에 다윗은 예루살렘에 귀환했다가 또 남북 전쟁을 겪었습니다.
4 후기 (21~24장)	**다윗은 이스라엘의 등불로서 하나님의 특별한 은혜를 받은 기름 부음 받은 왕이었습니다.**		
	1) 기도(21:1~14, 24장) 하나님이 다윗의 중보 기도를 들으시고 그 땅의 재앙을 없애셨습니다.	**2) 용사**(21:15~22, 23:8~39) 하나님이 다윗에게 용사들을 붙여 주셔서 그를 구원하고 이기게 하셨습니다.	**3) 노래**(22장, 23:1~7) 다윗은 하나님이 자기를 구원하시고 은혜 베푸신 것을 찬양합니다.

1. 유다 왕(삼하 1~4장)

다윗은 기름 부음을 받은 후에 오히려 사울 때문에 숱한 죽음의 고비를 넘기며 도망 다녀야 했습니다. 그러다 사울은 전쟁터에서 비참하게 죽었지만 아직 다윗의 때가 오지는 않았습니다. 왜냐하면 사울의 군대 장관 아브넬이 사울의 아들 이스보셋을 앞세워 정권을 유지하고 있었기 때문입니다. 이에 다윗은 하나님의 지시를 따라 헤브론에서 자신의 친족인 유다 지파의 왕이 되었습니다. 다윗은 섣불리 이스라엘을 진압하지 않고 때를 기다렸습니다. 그동안 다윗의 집은 왕성해 가고 사울의 집은 점점 쇠락하여 결국 스스로 무너지고 말았습니다.

1) 다윗의 애도(1장)

사울이 죽을 때에 다윗은 아말렉을 치고 시글락에 머물러 있었습니다. 그 때 아말렉 사람으로서 이스라엘에 거주하던 사람이 다윗에게 와서 사울의 죽음을 보고했습니다. 그는 우연히 전쟁터에서 다 죽어가는 사울을 보고 그가 살 가망이 없는 것 같아 자신이 죽이고 그의 왕관과 팔찌를 벗겨왔다고 했습니다. 〈사무엘상〉 31장의 기사와 다르기 때문에 그의 말이 사실인지 알 수가 없지만 아마도 그 사람은 다윗의 환심을 사기 위해 거짓말로 사울을 죽였다고 했을 수도 있습니다. 그러나 오히려 다윗은 여호와의 기름 부음 받은 자를 죽인 죄를 물어 그를 처형했습니다. 그러고는 다윗과 요나단의 죽음에 대해 진심으로 애도하며 애가를 불렀습니다.

2) 유다 왕 즉위(2장)

두 왕의 대립(2:1~11). 사울의 죽음 이후 누가 그의 뒤를 이어 왕이 될 것인가의 문제가 대두되었습니다. 다윗은 자기를 죽이려던 사울이 죽었으므로 적어도 이스라엘 영토로 돌아올 수 있었습니다. 다윗이 하나님에게 물어 그 뜻을 따라 자기 고향 유다 지파로 돌아와 헤브론에 머무르자, 유다 사람들이 그를 유다 지파의 왕으로 삼았습니다. 한편, 사울의 군대 장관이었던 아브넬은 사울의 남은 아들 이스보셋을 온 이스라엘의 왕으로 삼고 다윗이 다스리는 유다와 대적하였습니다. 사울이 블레셋과 싸우다 죽은 뒤 요단 서편의 주도권은 블레셋에게 빼앗긴 상태이므로, 그들은 요단 동편으로 건너갔습니다. 이렇게 해서 7년 6개월 동안 이스라엘은 두 나라로 분열되어 있었습니다.

유다와 이스라엘의 내전(2:12~32). 아브넬이 이끄는 이스라엘 군대가 유다의 북쪽 경계에 있는 기브온으로 진군하자 다윗의 신하 요압이 그들을 막기 위해 출정했습니다. 아브넬의 제안으로 처음에는 대표들만 내세워 겨루게 했는데 큰 싸움으로 번졌습니다. 아브넬의 군대가 패배하여 도망가자, 요압의 동생 아사헬이 발 빠르게 그들을 쫓아가다가 전사했습니다. 요압의 군대는 계속 아브넬을 추격하다가 다시 아브넬의 제안으로 일단 싸움은 멈췄습니다. 그러나 요압은 동생의 죽음에 대해 앙심을 품었고 결국 나중에 아브넬을 살해합니다.

3) 사울 집의 몰락(3~4장)

아브넬의 죽음(3장). 사울의 집과 다윗의 집 사이에 전쟁이 오래 지속되는 동안 다윗의 집은 더 강해지고 사울의 집은 점점 약해졌습니다. 전쟁이 길어지면서 이스라엘에서는 군대 장관 아브넬의 권세가 강해졌습니다. 그런데 아브넬이 사울의 첩을 취한 일에 대하여 이스보셋이 책망하자 아브넬은 분개하여 이스보셋을 배반하고 이스라엘을 다윗에게 돌리려고 했습니다. 비록 아브넬의 동기가 선한 것은 아니었지만 다윗의 입장에서는 이것이 북 이스라엘과 남 유다가 더 이상 피를 흘리지 않고 평화적으로 합칠 수 있는 좋은 기회였습니다. 그런데 요압은 앞서 자기 동생의 죽음에 대해 아브넬에게 앙심을 품고 화친을 위해 찾아온 아브넬에게 속임수를 써서 살해하였습니다. 요압은 개인적인 복수를 하느라 다윗의 입장을 곤란하게 만들고 또 전체 이스라엘의 평화로운 합병을 어렵게 만들었습니다. 이 일에 대해 다윗은 나중에 솔로몬에게 요압이 무고한 피를 흘린 죄를 심판하라 유언하였고, 솔로몬은 왕이 되어서 그 유언대로 요압을 처형했습니다(왕상 2:5~6, 31~33).

이스보셋의 죽음(4장). 군대 장관 아브넬이 죽었다는 소식이 전해지자 이스보셋과 온 이스라엘은 충격에 휩싸였습니다. 아브넬이 세력을 가지고 있었던 만큼 온 나라가 그의 힘을 의지하고 있었기 때문입니다. 그래서 이스보셋의 군지휘관 두 사람은 이미 대세가 기울어진 것을 보고 이스보셋을 암살하여 그 머리를 베어서 다윗에게로 가져왔습니다. 그들은 다윗에게 여호와께서 자기들을 통해 다윗의 원수를 갚게 하셨다고 하며 공을 인정받고 보상을 받으려 했습니다. 하지만 다윗은 전에 사울의 죽음을 전한 아말렉 사람을 처형했던 것을 상기시키며, 그들이 이스보셋을 암살한 죄는 더 악한 것이라고 선고하며 그들을 처형하고 이스보셋을 장사하였습니다.

2. 통일왕(삼하 5~9장)

사울의 집이 내부적인 갈등에 의해서 붕괴된 후 이스라엘은 자발적으로 다윗을 왕으로 삼았습니다. 그 후 다윗은 예루살렘을 정치와 종교의 중심이 되게 함으로써 나라의 기초를 튼튼히 하고 또 밖으로는 하나님의 도우심으로 외적들을 정복해서 이스라엘의 위상을 굳건하게 세워 나갔습니다. 이와 같은 다윗의 활약은 유다 자손 중에 용맹스러운 왕이 날 것이라는 야곱의 축복에서 예견되었고(창 49:10), 또 발람의 축복 가운데에서도 암시되었던 것입니다(민 24:7, 17~19).

1) 왕권 확립(5~6장)

예루살렘 점령(5장). 사울의 집이 붕괴된 후 이스라엘의 모든 장로가 다윗에게 찾아와 그를 온 이스라엘의 왕으로 세웠습니다. 이것은 다윗이 소년 때 기름 부음 받고 나서 사울을 피하여 도망 다닌 지 십수 년 만의 일이요, 헤브론에서 유다 왕이 된 지는 7년 6개월 만이었습니다. 오랜 세월 동안 다윗은 하나님을 믿고 의지하며 묵묵히 하나님의 때를 기다려 온 것입니다. 온 이스라엘의 왕이 된 후 다윗은 예루살렘에 살고 있는 여부스 족을 치고 시온 산성을 점령하여 거기에 성을 쌓고 살면서 다윗 성이라 하였습니다. 예루살렘을 점령하고 여부스 족을 몰아낸 것은 사사 시대부터 베냐민 지파가 이루지 못한 일을 이룬 것입니다(삿 1:21). 또 정치적으로 보면 예루살렘은 남쪽의 중심인 헤브론과 북쪽의 중심인 벧엘 사이에 위치한 중립 도시로서 남북을 아우르는 정치를 위해서 적합한 곳이었습니다. 이후로 시온-예루살렘은 이스라엘 역사의 중심에 서게 됐으며, 동시에 하나님의 구원 역사가 펼쳐지는 중대한 자리가 되었습니다.

예루살렘을 점령한 다윗은 또한 이스라엘의 오랜 숙적 블레셋을 무찔렀습니다. 블레셋은 사사 시대부터 이스라엘을 괴롭혀 온 민족이며, 다윗이 물리치기 전까지 여전히 가나안에서 세력을 잡고 있었습니다. 블레셋과의 전쟁에서도 다윗은 하나님에게 묻고 그 지시하시는 대로 작전을 수행했습니다. 그래서 하나님이 다윗에게 그보다 "앞서" 행하시며 블레셋 군대를 치신다고 약속하신 대로 다윗에게 큰 승리를 거두게 하신 것입니다.

언약궤 안치(6장). 하나님의 뜻을 이루는 사역자로서의 다윗 역할은 그가 하나님의 언약궤를 예루살렘으로 가져오려 한 데서 더욱 확실히 나타납니다. 엘리 제사장 때에 블레셋 사람들이 언약궤를 탈취했다가 하나님의 능력을 경험하고 나서 두려움에 궤를 이스라엘로 돌려보낸 후 언약궤는 아비나답의 집에 있었습니다(삼상 7:1~2). 다윗이 언약궤를 가져오려 한 것은 하나님의 뜻을 물어 나라를 다스리기 위한 목적 때문이었습니다(참고. 대상 13:3). 즉 왕으로서 절대 주권을 행사하는 것이 아니라 하나님의 대리자로서 그분의 뜻을 수행하기 위한 목적이었습니다. 그런데 불행하게도 언약궤를 수레에 싣고 오던 중, 흔들리는 언약궤를 아비나답의 아들 웃사가 붙들다 죽었습니다. 언약궤는 반드시 레위인들이 메어 이동해야 하며 함부로 만져서는 안 되는데, 이를 어겼기 때문에 생긴 결과였습니다(대상 15:2; 민 4:15; 신 10:8). 아무리 선한 뜻으로 시도한 일이라 하더라도 그 과정까지 하나님의 말씀과 뜻에 합당해야 합니다. 첫 번째 시도에서 이런 사고가 벌어지자 다윗은 두려움과 자책 때문에 언약궤를 가져오지 못했습니다. 그러고 나서 석 달 후에는 율례대로 레위인들이 언약궤를 메게 해서 예루살렘 성막에 안치시켰습니다(참고. 대상 15장). 이렇게 해서 예루살렘은 이스라엘의 정치적 중심지일 뿐만 아니라 신앙의 중심지가 되었습니다.

〈신명기〉 10장 8절을 적어 봅시다.

2) 왕권 언약(7장)

언약궤를 예루살렘에 가져오기는 했으나 다윗의 마음은 불편했습니다. 왜냐하면 자신은 화려한 왕궁에서 사는데 하나님의 언약궤는 초라한 성막에 있었기 때문입니다. 그래서 다윗은 하나님을 위한 성전을 짓고자 했지만 하나님은 이를 허락하지 않으셨습니다. 아직 때가 되지 않았기 때문입니다. 〈역대상〉은 다윗이 성전을 짓지 못하게 하신 이유에 대해 그가 전쟁을 많이 하고 피를 많이 흘린 사람이기 때문이라고 했습니다(대상 28:3). 그러나 이것은 결코 다윗을 비난하거나 흠잡는 말이 아닙니다. 다윗은 무고한 피를 흘리지 않기 위해 무던히 애쓴 사람입니다. 그러나 그가 전쟁을 하고 피를 많이 흘린 것은 그의 시대적인 사명 때문이었습니다. 성전이 세워지기 위해서는 먼저 가나안 족속을 완전히 몰아내고 또 주변 나라들을 제압하여 완전한 평화와 안식이 이뤄져야 했습니다(참고. 신 12:10, 왕상 5:3). 그래서 다윗은 하나님의 도구로서 전쟁의 사명을 감당하고 성전 건축을 위한 평화와 안식을 이룬 것입니다.

비록 다윗이 시대적 사명이 달랐기 때문에 성전을 짓지 못했지만, 하나님은 당신을 존중히 여기는 다윗의 순수한 마음을 받으시고, 선지자 나단을 통해 다윗에게 복된 약속을 주셨습니다. 하나님은 다윗을 존귀하게 하시며, 그의 후손이 그를 이어 왕이 되어 성전을 건축하게 하시며, 또 그의 왕위를 영원히 견고하게 하실 것을 보장하셨습니다. 이러한 하나님의 약속은 구속사의 흐름에서 아주 중요한 변화를 가져옵니다. 첫째, 과거 사사 시대에 배교에 따른 심판의 결과로 주변 나라들의 침략을 받았던 것과 달리 이제 이스라엘 백성은 외적에게 시달리지 않고 안전하게 그 땅에 거주하게 될 것입니다. 둘째, 사울 때와 달리 다윗 왕조가 영원히 보전되고 그의 나라가 영원히 견고하게 될 것입니다. 한마디로 다윗에게 주신 약속은 '민족'과 '땅'과 '왕권'이 영원히 보전되는 완전한 하나님 나라에 대한 약속이었습니다. 그러나 이 약속은 무조건적으로 보장된 것은 아닙니다. 왜냐하면 거기에는 징계에 대한 경고가 함께하고 있기 때문입니다.

3) 다윗의 통치(8~9장)

8장은 다윗이 하나님의 도우심으로 이룬 많은 군사적인 승리를 설명합니다(8:1~14). 이것은 다윗의 이름을 위대하게 하시고, 또 그를 원수의 손에서 벗어나게 하신다는 약속을 이루시는 것입니다. 다윗은 이렇게 외부적으로 주변의 대적을 정복할 뿐만 아니라, 내부적으로도 나라를 정의와 공의로 잘 다스리고, 행정적인 조직도 잘 세웠습니다(8:15~18). 또한 사울의 손자이자 요나단의 아들인 므비보셋에게 인애를 베풀어 그를 선대하였습니다. 이것은 요나단과의 약속을 지키는 것이며(삼상 20:14, 42), 또한 사울 집을 향한 그의 진실한 마음을 보여 주는 것입니다.

〈사무엘상〉 20장 42절을 적어 봅시다.

3. 재난(삼하 10~20장)

다윗은 숱한 역경 속에서도 인내하며 신실하게 하나님을 좇아 왕이 되었고, 또 하나님의 인도하심으로 승승장구하며 의로운 통치를 펴나가는 이상적인 왕이었습니다. 하지만 그런 다윗도 완전하지 못하고 실족했습니다. 〈사무엘하〉의 세 번째 장면은 다윗의 범죄와 그에 대한 하나님의 심판으로써 다윗의 집에 밀어닥친 재난을 설명하고 있습니다.

1) 다윗의 범죄(10~12장)

암몬과 전쟁(10장). 이 전쟁 기사는 다윗이 주변을 정복한 8장의 기사에 연결됩니다. 그러면서도 이것은 다윗이 범죄하게 된 배경을 설명함으로써 11장과 연결됩니다. 애초에 다윗은 암몬 왕과 우호적인 관계에 있었는데 그의 뒤를 잇는 아들이 다윗을 적대시하고 아람과 함께 군대를 일으켜 다윗을 대적했습니다. 다윗이 군대 장관 요압과 함께 아람-암몬 연합군을 쳐서 이기자 아람은 물러갔으나 암몬과의 전쟁은 그 이듬해까지 계속되었습니다.

은밀한 범죄(11장). 암몬과의 전쟁이 다시 시작되었을 때 어찌된 일인지 다윗은 요압과 그의 군대를 내보내고 자신은 예루살렘에 머물러 있었습니다. 그러다가 우연히 우리야의 아내 밧세바가 목욕하는 모습을 보고 반하여 그녀를 몰래 왕궁으로 끌어와 간통했습니다. 밧세바가 임신하게 되자 다윗은 자신의 죄를 감추기 위해 전쟁터에 나가 있던 우리야를 불러들여 집으로 가서 쉬도록 유도했습니다. 그러나 충직한 우리야는 전쟁 중에 있는 요압과 동료들을 생각해서 아예 집에도 들어가지 않았습니다. 이와 같은 우리야의 충정은 부하들이 목숨을 걸고 전쟁터에 나가 싸우고 있을 때 정작 후방에서 부하의 아내를 취한 다윗의 범죄와 아주 대조됩니다. 자기의 죄를 감추려는 계획이 수포로 돌아가자 다윗은 은밀하게 요압에게 편지를 보내 우리야를 전사하게 만들고 밧세바를 아내로 취하였습니다.

하나님의 심판 선고(12장). 나단 선지자는 우화를 통해 다윗의 범죄를 깨우치게 하고 하나님의 심판을 선고했습니다. 즉 다윗의 행위가 악하므로 하나님이 다윗의 집에 칼과 재화가 끊이지 않게 하실 것이라고 했습니다. 이에 다윗은 즉시 회개하여 용서함을 받고 그 자신은 죽음을 면하였으나 밧세바에게서 난 아들은 잃고 말았습니다. 이때도 다윗은 하나님의 심판을 겸허하게 받아들였습니다. 하나님은 다윗과 밧세바 사이에 또 다른 아들 솔로몬을 낳게 하시고, 선지자 나단을 통해 그 아들에게 "여디디야"(여호와께 사랑을 입음)라는 이름을 주셨습니다. 비록 심판이 진행되지만 하나님이 다윗에게 주신 영원한 왕권에 대한 약속, 즉 다윗의 후손을 하나님의 아들로 삼으시고 그 나라를 영원히 견고하게 하시겠다는 약속은 여전히 유효하다는 것입니다.

2) 압살롬의 난(13~18장)

하나님의 언약은 신실하게 이어지지만 그렇다고 다윗의 죄에 대한 책임이 완전히 사라진 것은 아닙니다. 칼과 재난이 끊이지 않을 것이라는 심판의 말씀대로 다윗의 집에는 여러 가지 비극과 참사가 일어납니다. 다윗의 집에 내려진 심판, 즉 끊이지 않는 칼과 재앙의 저주는 그의 자식들 간에 벌어진 강간과 살인으로 나타났습니다.

암논과 압살롬(13~14장). 암논은 다윗의 장자였는데 이복 여동생 다말을 사모하여 병이 들 정도였습니다. 그래서 암논은 아버지 다윗에게 요청하여 그녀를 침실로 끌어들여 겁탈했습니다. 다윗은 자신도 모르게 음모에 가담한 셈입니다.

암논은 욕정을 채운 후 마음이 변하여 다말을 박대하고 내쫓았습니다. 다윗의 셋째 아들이며 다말의 친오빠인 압살롬은 이 일에 앙심을 품고 보복을 작정했습니다. 압살롬은 만 2년을 기다렸다가 양털 깎는 축제의 자리에 왕과 다른 형제들을 초청했습니다. 다윗이 가기를 사양하자 압살롬은 암논은 꼭 가게 해달라고 요청했습니다. 다윗은 미심쩍었지만 압살롬이 간청하므로 그의 요구대로 암논을 가게 했습니다. 암논이 음모를 꾸며 다말을 유인했던 것처럼 압살롬 역시 아버지를 이용해 암논을 유인한 것입니다. 그다음에 압살롬은 잔치 자리에서 종들을 시켜 술에 취한 암논을 죽였습니다. 다윗은 암논의 죽음에 대해 슬퍼했고, 압살롬은 아버지를 피해 도망을 갔습니다. 나중에 요압의 중재로 예루살렘으로 돌아왔지만 처음에 다윗은 그를 보려하지 않았습니다. 그만큼 다윗의 마음에 상처가 깊었던 것으로 보입니다. 압살롬은 요압을 압박하여 다윗과 공식적으로 화해는 했지만, 압살롬의 귀환은 다윗의 집에 더 큰 상처와 재난을 불러오게 됩니다.

압살롬의 반역과 다윗의 도망(15:1~16:14). 예루살렘에 돌아온 압살롬은 군사력을 키우고, 백성을 위해 재판하면서 의도적으로 대중적인 지지를 얻어냈습니다. 4년을 그렇게 준비한 다음에 압살롬은 헤브론에 가서 왕이 되었음을 선포하고 다윗을 대적했습니다. 많은 백성이 압살롬을 지지했고 심지어 다윗의 모사였던 아히도벨마저 압살롬의 편에 합류하였습니다. 다윗에게는 겨우 예루살렘에 남아 있는 소수의 지지자만 있었을 뿐입니다.

반역 세력이 커가면서 다윗은 위협을 느끼고 예루살렘을 떠나야 했습니다. 가는 길에서 다윗은 두 종류의 사람을 만납니다. 위기를 맞은 다윗에게 힘을 실어 주는 사람들이 있는가 하면 반대로 그를 힘들게 하는 사람들도 있었습니다. 용병 대장 잇대가 부하들과 함께 다윗에게 합세하여 그를 도왔습니다. 사독과 다른 제사장들과 레위인들이 하나님의 언약궤를 메고 다윗과 함께하려고 했습니다. 그러나 다윗은 하나님의 언약궤를 예루살렘에 돌려보내기로 했습니다. 자신의 정통성을 확보하기 위해 언약궤를 이용하기보다 하나님의 뜻이라면 하나님이 다시 부르실 것을 믿으면서 하나님의 주권에 순종하는 자세를 가졌습니다. 또한 다윗의 친구이자 모사인 후새가 슬퍼하며 다윗을 찾아왔습니다. 다윗은 그에게 압살롬의 모사로 들어가 아히도벨의 모략을 무산시켜 줄 것을 요청했습니다.

모두가 위기에 처한 다윗을 진심으로 선대한 것은 아닙니다. 므비보셋의 종 시바는 먹을 것과 마실 것을 가지고 다윗의 군대를 영접하여 다윗의 마음을 샀습니다. 다윗이 그의 주인 므비보셋에 대해 묻자 시바는 므비보셋이 압살롬의 반란으로 사울의 왕권을 되찾게 될 희망을 품고 있다고 말했습니다. 나중에 다윗이 귀환할 때 므비보셋이 시바의 말이 사실이 아니라고 입증한 것으로 보아(19:24~30), 아마도 시바는 다윗의 긴박한 상황을 이용해 제 욕심을 챙기려고 이간질을 한 것으로 보입니다. 하지만 이 순간에 다윗은 그동안 선대했던 므비보셋에 대한 배신감은 물론, 옛 사울의 잔당에게도 쫓겨야 하는 위기감에 사로잡혔습니다. 그래서 므비보셋의 땅을 시바에게 돌렸는데, 이것은 요나단의 후손을 선대하겠다는 언약을 깨는 것이었습니다(삼상 20:14). 사울의 친족 시므이는 더 악랄하게 다윗을 대했습니다. 그는 다윗과 그의 신하들에게 돌을 던지며 사울의 피값을 다윗이 받는 것이라고 그에게 저주를 퍼부어 댔습니다. 다윗의 부하들이 분개하며 그를 처치하려고 할 때 오히려 다윗은 그들을 만류하며 모든 것을 하나님의 주권에 맡기는 신실한 모습을 보였습니다.

압살롬의 입성과 두 모사(16:15~17:23). 다윗이 예루살렘을 떠나 피난길에 괴로움을 겪고 있을 때, 압살롬은 예루살렘을 점령했습니다. 그리고 모사 아히도벨의 조언을 따라 공개적으로 다윗의 처첩들과 동침했습니다. 다윗을 멸시하는 행위를 공개적으로 실시함으로써 다윗과 완전한 단절을 선언하여 지지 세력을 결집시키자는 취지였습니다. 다른 한편으로 이것은 하나님이 다른 사람이 공개적으로 다윗의 아내를 취하게 될 것이라는 심판의 말씀이 이루어진 것입니다(참고. 삼하 12:11).

아히도벨은 또 압살롬에게 조언하기를 다윗과 그의 부하들이 지쳐 있을 것이므로 속히 공격해서 다윗 왕만 죽이면 된다고 조언했습니다. 실제로 다윗과 그의 사람들은 피곤해 있었으므로(16:14) 아히도벨의 계략대로 했으면 다윗은 꼼짝없이 당했을 것입니다. 그런데 압살롬이 후새의 의견을 묻자 그는 다윗의 부하들은 용사이므로 섣불리 공격하지 말고 온 이스라엘 군대를 모아 다윗이 머무른 성을 아예 몰살시켜야 한다고 했습니다. 압살롬은 후새의 계략을 선호했는데 이것은 아히도벨의 계획을 무산시키려는 하나님의 뜻에서 나온 것이었습니다. 그 사이에 후새는 다윗에게 전갈을 보내 다윗과 그의 군대로 하여금 요단 강을 건너 피신하도록 했습니다. 아히도벨은 압살롬의 어리석은 결정으로 반역이 패배로 끝나게 될 것을 예측하고 집에 돌아가 자살했습니다.

〈사무엘하〉 12장 11절을 적어 봅시다.

압살롬의 죽음(17:24~18:33). 후새의 기지로 위기를 모면한 다윗은 군대를 재정비하여 압살롬과 싸울 준비를 했습니다. 다윗을 보호하려는 부하들의 충성스러운 조언이 있었으므로 다윗은 후진으로 물러서면서 다만 압살롬을 관대하게 대해 줄 것을 부탁했습니다. 다윗의 군대가 압살롬의 반란군을 격퇴했고,

압살롬은 도망가다 긴머리 때문에 상수리나무에 걸렸습니다. 이 보고를 받은 군대 장관 요압은 또 다윗의 애절한 부탁을 무시하고 압살롬을 죽였습니다.

3) 다윗의 귀환(19~20장)

복귀(19:1~39). 다윗이 압살롬의 죽음에 대해 슬퍼하고 있었으므로 반란군을 평정한 다윗의 군대는 승리의 기쁨을 만끽할 수가 없었습니다. 그런데 압살롬을 죽인 요압은 오히려 다윗이 계속 슬퍼하기만 한다면 그를 지지했던 사람들이 모두 등을 돌리게 될 것이라고 다윗을 압박했습니다. 그래서 다윗은 슬픔을 억누르고 백성 앞에 나서 그들을 위로하고 격려했습니다. 그동안에 이스라엘 백성은 다윗의 귀환을 논의하기 시작했고, 다윗은 초기부터 자신의 정치적 기반이었던 동족 유다 지파에게 이 일에 앞장서 줄 것을 부탁했습니다. 그러나 이것은 나중에 유다와 다른 이스라엘 지파들 사이의 갈등을 일으키는 불씨가 되었습니다. 다윗이 요단 강을 다시 건너 본토로 귀환하려 할 때 전에 다윗을 저주했던 시므이가 다윗에게 용서를 빌며 그를 맞이했습니다. 다윗은 시므이를 처단하자는 부하들을 만류하고 피를 흘리지 않았습니다. 또한 시바의 모함으로 단절된 므비보셋과의 관계도 어느 정도 회복했습니다. 그리고 위기 때 자신을 도왔던 바르실래에게도 후사했습니다.

남북 분쟁(19:40~20장). 다윗의 복귀를 주도하는 유다 지파에 대해 다른 이스라엘 백성이 불만을 갖자 유다 지파는 자기들이 친족이기 때문에 당연하다고 반박했고, 그래서 이스라엘 백성의 마음이 다시 다윗을 떠났습니다. 그 가운데 베냐민 사람 세바가 온 이스라엘을 선동하여 다윗을 대적했습니다. 다윗은 다시 겨우 유다 지파만의 지지를 받는 어려운 상황에 놓였습니다. 다윗은 압살롬의 군지휘관이었던 아마사로 하여금 유다의 군대를 통솔하게 했는데 요압이 또 아마사를 살해했습니다. 요압은 전에 아브넬을 죽였던 것처럼 아마사를 죽임으로 다윗의 군대 안에서 독보적인 위치를 차지하려고 했습니다. 요압은 계속해서 세바를 추격하여 반란을 진압하고 결국 온 이스라엘 군대의 지휘관이 되었습니다.

4. 후기(삼하 21~24장)

다윗의 범죄와 그에 따른 심판으로 다윗의 집과 나라에는 암울한 역사가 계속되었습니다. 그러나 〈사무엘하〉 21~24장은 〈사무엘서〉 전체를 마감하는 부록 또는 후기(後記)로서 하나님 나라의 역사에서 다윗의 중요성과 그에 대한 하나님의 특별한 은혜를 강조하는 몇 가지 기사를 모아 놓았습니다. 여기에는 다윗이 그 땅을 위해 두 번 중보기도한 사건과 다윗의 용사들을 소개하는 두 개의 목록 그리고 다윗이 하나님에게 감사의 찬양을 드리는 두 편의 노래가 교차대구법(chiasm)의 형식으로 구성되어 있습니다.

1) 다윗의 기도(21:1~14, 24장)

A 다윗의 기도: 3년 기근 (21:1~14)
B 다윗의 용사들 (21:15~22)
C 다윗의 노래 (22:1~51)
C' 다윗의 노래 (23:1~7)
B' 다윗의 용사들 (23:8~39)
A' 다윗의 기도: 3일 온역 (24:1~25)

3년 기근(21:1~4). 부록의 서두에 나오는 첫 번째 다윗의 기도는 사울이 기브온 사람의 원한을 사서 비롯된 3년 기근의 상황에서 나온 것입니다. 기브온 사람은 여호수아가 가나안을 정복할 때 이스라엘과 화친을 맺었던 가나안 족속입니다(수 9:3~27). 비록 그들은 속임수를 써서 화친을 맺었지만 조약은 지켜져야 했습니다. 그런데 사울이 기브온 사람들을 죽였기 때문에 그 피흘린 죄로 말미암아 이스라엘에 3년간 기근이 온 것입니다. 다윗은 기브온 사람들의 요청에 따라 사울의 자손 중 일곱 명을 처형하도록 내어주었습니다. 이것은 단순히 개인적인 복수를 허락한 것이 아니라 눈은 눈으로 이는 이로 갚는 당시의 동해보복법(同害報復法)을 따라 내려진 판결이라고 할 수 있습니다. 반면에 다윗은 개인적으로 요나단과 사울에게 그 후손들을 선대하기로 약속했기 때문에(삼상 21:14~15, 24:21), 그 처형당한 시체들을 사울과 요나단의 뼈와 함께 장사지내도록 배려

했습니다. 이렇게 일을 처리하고 난 후 하나님은 다윗의 기도를 들으시고 그 땅을 고치셨습니다.

〈사무엘상〉 24장 21절을 적어 봅시다.

3일 온역(24장). 부록의 말미에 있는 두 번째 기도는 다윗 자신의 실책으로 말미암은 재난에서 그 땅을 회복하는 것이었습니다. 다윗이 이스라엘에서 인구조사를 하게 한 것이 하나님의 진노를 샀고 이에 따른 심판으로 3일간 온역이 온 땅에 퍼지게 되었습니다. 인구조사는 모세 때 하나님의 명령에 따라 시내 산과 모압 평지에서 이루어졌습니다(민 1~2장, 26장). 그런데 다윗이 인구조사를 한 것이 왜 문제가 되었을까요? 모세 때의 인구조사는 백성을 조직적으로 진을 치고 이동하기 위해, 또 약속의 땅을 기업으로 분배하기 위해 하나님의 명령을 따라 이루어진 것이었습니다. 그러나 다윗의 인구조사는 타당한 이유나 목적이 없었습니다. 그래서 신하들이 다윗을 말렸지만, 다윗은 인구조사를 강행하여 싸울 만한 자로 이스라엘 80만, 그리고 유다 50만이라는 조사결과를 얻었습니다. 모세 때는 대략 60만 정도였으므로 그때에 비하면 거의 두 배가 넘는 수입니다. 아마도 다윗은 자신의 치세 때 이만큼 부강했었음을 자랑하고 싶은 교만이 있었거나, 아니면 하나님을 의지하기보다 군사적인 규모를 의지하는 약한 신앙의 상태에 있었을 것입니다.

인구조사 후에 다윗은 마음에 가책을 느끼고 즉각 회개했습니다. 그래서 그는 하나님에게 용서를 받았지만 여전히 죄에 대한 책임을 져야 했습니다. 하나님은 다윗 앞에 세 가지 형벌을 제시하고 그 가운데 하나를 선택하도록 하셨습니다. 3년 기근, 3개월 원수에게 쫓김, 그리고 3일 전염병 중에 다윗은 3일

전염병을 택하였습니다. 그래서 온 이스라엘이 3일간 전염병에 시달리며 7만 명 정도가 죽었습니다. 백성의 죽음에 대해 마음 아파하면서 다윗은 하나님에게 차라리 자신과 그 집을 치시고 백성을 살려 달라고 기도하고, 또 하나님에게 단을 쌓고 번제와 화목제를 드렸습니다. 그러고 나서 하나님은 그 땅을 위한 기도를 들으시고 이스라엘에 내린 재앙을 그치게 하셨습니다. 이때 다윗이 단을 쌓았던 아라우나의 타작마당(24:18, 25)이 나중에 솔로몬이 지은 성전의 터가 되었습니다(참고. 대하 3:1 '오르난의 타작마당').

〈역대하〉 3장 1절을 적어 봅시다.

2) 다윗의 용사(21:15~22, 23:8~39)

부록에서 다윗을 돕는 용사들의 목록이 두 번 나오는데, 이것은 단지 그들의 영웅담을 늘어놓기 위한 것이 아니라, 다윗의 중요성과 그에 대한 하나님의 특별한 은혜를 설명하기 위한 것입니다.

다윗의 용사(21:15~22). 첫 목록은 다윗의 용사 네 명을 소개하고 있습니다. 이들은 블레셋의 거인들을 무찌른 용맹스러운 자들이었는데, 여기에서보다 중요한 것은 다윗이 약하여졌을 때 용감한 부하들이 그를 구했고, 또 그를 이스라엘의 등불로서 존중하고 보호했다는 것입니다.

네 부류의 용사(23:8~39). 두 번째 목록은 보다 자세하게 네 부류의 용사를 소개하고 있습니다. 첫 번째 부류는 상위급 세 용사로서, 이들은 가장 선봉에서 혁혁한 공을 세우거나, 또는 다른 병사들이 후퇴할 때도 용감하게 맞서서 블레셋 군을 막아냈습니다(23:8~12). 그런데 여기에서 성경이 강조하는 것은 이들의 용맹이 아니라 바로 여호와께서 이기게 하시고 구원을 이루셨다는 것입니다(23:10, 12).

두 번째 부류는 이름을 밝히지 않고 삼십 두목 중 세 용사로 소개하고, 이들이 다윗과 함께했던 한 전쟁의 일화를 통해 다윗과 그 부하들의 긴밀한 관계를 보여 줍니다(23:13~17). 블레셋 사람이 베들레헴에 진치고 있을 때에 다윗은 바로 자신의 고향인 그곳의 우물물을 그리워했습니다. 그래서 세 용사는 자발적으로 블레셋 진영을 뚫고 들어가 다윗이 원하던 물을 가져왔는데, 다윗은 부하들이 목숨을 걸고 가져온 물을 먹을 수 없다 하여 여호와께 부어드렸습니다.

세 번째 부류에 속한 용사들은 처음 세 용사에는 못 미치지만 삼십 두목보다 뛰어난 중간급 세 용사입니다(23:18~23). 마지막 네 번째 부류는 삼십 명의 하위급 지휘관입니다(23:24~39).

3) 다윗의 노래(22:1~51, 23:1~7)

다윗은 한 편의 긴 노래와(22:2~51) 한 편의 짧은 노래(23:1~7)를 통해 하나님의 기름 부음 받은 자로서 다윗과 그 후손에 대한 하나님의 특별한 은혜와 섭리를 찬양하고 있습니다. 첫 번째 노래는 "기름 부음 받은 자"에 대한 하나님의 은혜를 찬양함으로 끝나고(22:51), 두 번째 노래는 다윗 자신을 "기름 부음 받은 자"로 제시함으로 시작하고 있습니다. 첫 번째 노래는 다윗이 과거를 회상하며 하나님이 자신을 극한 위기에서 구원하셨음을 감사하며 찬양합니다. 두 번째 노래는 다윗 왕조의 이상적인 통치와 그에 따른 번영을 기원하고 있습니다. 다윗은 이상적인 왕으로서 그 나라를 정의와 공의로 다스리고 하나님을 경외함으로 다스렸으며, 그래서 그는 돋는 해와 맑은 아침, 그리고 새풀과 같이 번영했습니다. 이것은 다윗 당대에서만 끝나는 것이 아니라 다윗 왕조의 후손들에게 제시된 하나님의 영원한 약속이었습니다. 그러나 불행하게도 이스라엘의 역사에서 다윗 왕조의 왕들은 이상적인 왕권을 이루지 못하여 그 나라를 망하게 했고, 그 이상은 육신을 입고 다윗의 후손으로 나신 하나님의 아들 예수 그리스도께서 이루십니다.

❖ 〈사무엘서〉를 정리해 봅시다.

다윗 왕권	왕권의 형성		왕권의 흥망				왕권의 회복	
	사무엘상	사무엘하	열왕기상	열왕기하	역대상	역대하	에스라 느헤미야	에스더
	선 택	**다윗 왕**						
	엘리	(　　)						
	(　　)	통일왕						
	사울	(　)						
	(　)	후기						

※ 〈사무엘서〉 외에 나머지 빈칸은 해당 단원에 가서 차례로 정리할 것입니다.

2과

열왕기

〈사무엘서〉는 이스라엘 왕권의 형성 단계로서 사사 시대를 마감하고 왕정이 세워지는 과정, 특히 다윗 왕조가 시작되는 역사를 보여 주었습니다. 이어지는 〈열왕기〉는 다윗 이후 이스라엘 왕정의 역사가 어떻게 전개되는지를 보여 주는데 단순히 여러 왕의 치적에 대한 역사 기록물이 아니라 신학적인 선포를 담고 있습니다.

〈열왕기〉는 다윗을 계 승한 솔로몬 시대에 있었던 엄청난 부흥의 역사로부터 시작합니다. 그러다가 남북이 분열되고 북 이스라엘에 이어 남왕국 유다마저 멸망하여 이스라엘 백성이 바벨론 포로로 끌려가는 것으로 끝이 납니다. 그 후 포로 귀환이 있었지만 〈열왕기〉는 이것을 언급하지 않은 것으로 봐서 〈열왕기〉의 저자는 아직 포로 귀환을 겪지 않은 시대의 사람으로 보입니다.

이 시대에 이스라엘 백성은 좌절과 허무감에 사로잡혔고, 어쩌면 여호와 하나님의 전능하심에 대해 강한 의구심을 가졌을 것입니다. 그런 백성을 향해 〈열왕기〉 저자는 왜 하나님 나라가 멸망하게 되었는지 그 근본적인 이유를 설명합니다. 이들이 망하게 된 것은 한마디로 하나님의 법도를 지키지 않았기 때문입니다. 〈열왕기〉는 초두부터 하나님의 율례와 법도를 지켜야 한다는 것을 여러 번 강조하고 있습니3다(왕상 2:3~4, 3:14, 6:12~13, 8:25, 58, 9:4~5, 등). 분열 이후에 나라가 타락해 갈 때 하나님은 엘리야와 엘리사를 비롯해 여러 선지자를 보내셔서 그 백성으로 하여금 돌아오도록 권고하셨습니다. 그리고 돌이키지 않으면 무서운 심판이 따를 것도 강력하게 경고하셨습니다. 그러나 그 백성은 돌이키지도 않고 하나님의 명령을 지키지 않음으로 결국 북 이스라엘이 먼저 망하고 남 유다 마저 망하게 된 것입니다(왕하 17:7~20).

멸망의 역사 가운데에서도 〈열왕기〉는 하나의 소망을 제시합니다. 그것은 비록 인간 왕들은 실패했어도 하나님은 다윗과 맺으신 언약을 신실하게 지키시고 하나님 나라를 회복하실 계획을 가지고 계신다는 것입니다. 하나님은 솔로몬을 징계하실 때에도 다윗을 위해서 그 나라를 완전히 빼앗지 않으시고 유다를 남겨 두셨습니다(왕상 11:12~13, 31~39). 그리고 다윗의 자손을 징계하되 영원히 하지는 않으실 것도 말씀하셨습니다. 그래서 북 이스라엘의 왕조는 여러 번 바뀌지만 유다의 다윗 왕조는 끊이지 않고 이어집니다. 또한 〈열왕기〉의 맨 마지막은 여호야긴이 석방되어 바벨론 궁정에서 높임 받은 것을 언급하면서 다윗 왕조의 후손이 남아 있다는 데 소망을 두고 있습니다. 이와 같이 〈열왕기〉는 죄의 질책과 심판에 대한 경고, 그리고 다윗 왕조에 대한 메시아적 소망을 다루기 때문에 선지자적 관점에서 쓰인 책입니다.

Ⓐ 왕정

〈열왕기상〉은 이스라엘 왕국의 전반부 역사로서 다윗의 왕권을 계승한 솔로몬의 등극과 그의 통치로부터 시작하여, 남북 왕국의 분열, 그리고 그 이후 북 이스라엘의 가장 타락한 왕 아합이 죽기까지의 역사를 기록하고 있습니다. 솔로몬은 하나님에게 받은 지혜로 이스라엘을 잘 통치하였고, 또 성전 건축이라는 역사적인 업적도 이루었습니다. 그러나 솔로몬은 우상을 섬김으로 하나님을 배신하여 심판을 받아 남북 왕국의 분열을 초래했습니다. 이후로 〈열왕기〉에는 남북 왕들의 역사가 교차적으로 설명되고 있습니다.

〈열왕기상〉의 구조와 요점

구분	요점		
1 솔로몬 (1~8장)	**솔로몬이 다윗을 계승하여 왕이 된 후 이스라엘의 황금기를 이루면서 성전을 건축했습니다.**		
	1) 왕위 계승(1~2장) 아도니야가 스스로 왕이 되려고 했으나 솔로몬이 다윗의 계승자로 세워졌습니다.	**2) 이상적 통치**(3~4장) 솔로몬이 지혜로 나라를 잘 다스려 온 이스라엘이 번영과 평안을 누렸습니다.	**3) 성전 건축**(5~8장) 하나님이 다윗에게 약속하신 대로 솔로몬이 성전을 건축했습니다.
2 변심 (9~11장)	**솔로몬이 부귀영화 가운데 많은 처첩으로 인해 변심하여 우상을 섬기다 하나님의 심판을 받았습니다.**		
	1) 경고(9장) 하나님이 솔로몬에게 율법을 지키지 않으면 나라가 망하고 성전이 무너지게 될 것을 경고하셨습니다.	**2) 영화**(10장) 이방 나라 왕들이 솔로몬에게 조공을 바침으로 그가 부귀영화를 누렸습니다.	**3) 배교**(11장) 솔로몬이 이방 여인들에게 마음을 뺏겨 하나님을 배반함으로 심판이 선고되었습니다.
3 분열 (12~16장)	**르호보암 때 이스라엘이 남북으로 분열되고, 북 이스라엘은 여로보암의 죄로 타락하였습니다.**		
	1) 르호보암(12:1~24) 르호보암이 탄압 정책을 고집하므로 여로보암의 주도 아래 북 이스라엘이 독립하였습니다.	**2) 여로보암**(12:25~14:20) 여로보암이 정권을 유지하려고 신앙 체계를 임의로 변경시켰습니다.	**3) 분열 직후**(14:21~16장) 남북 간에 전쟁이 잦았고 그중에 이스라엘은 내란으로 왕들이 자주 바뀌었습니다.
4 엘리야 (17~22장)	**아합 왕이 바알과 아세라 우상숭배를 도입하였고 선지자 엘리야가 이에 대적해 사역했습니다.**		
	1) 대결(17~18장) 엘리야가 바알과 아세라의 선지자들과 대결하여 여호와가 참 하나님이신 것을 확증했습니다.	**2) 낙심과 재기**(19장) 이세벨의 위협을 받으며 낙심한 엘리야를 하나님이 재기하게 하셨습니다.	**3) 아합의 죽음**(20~22장) 이세벨의 영향으로 갖은 죄를 짓던 아합이 아람과 전쟁에서 죽었습니다.

1. 솔로몬(왕상 1~8장)

이스라엘의 영원한 왕권의 시조로 세움 받은 다윗의 후계자로 솔로몬이 세워졌습니다. 왕이 된 솔로몬은 하나님이 주신 지혜로 백성을 잘 다스렸을 뿐 아니라 다윗 때부터 오랜 숙원 사업이던 하나님의 성전을 완공했습니다.

1) 왕위 계승(1~2장)

하나님이 아브라함에게 땅과 자손의 복을 약속하신 후에 누가 그 약속을 이어받을지가 관건이었습니다. 마찬가지로 다윗에게 약속하신 영원한 왕권의 언약을 누가 이어 갈 것인지는 중요한 문제였습니다.

왕권 경쟁(1장). 성경은 솔로몬이 다윗의 합법적인 후계자가 된 것을 말합니다. 다윗의 장자 암논은 이복누이 다말을 강간했다가 압살롬에게 보복당해 죽었습니다. 셋째인 압살롬이 아버지 다윗을 대항해 반역을 일으켜 왕이 되려고 했다가 실패하여 죽었습니다. 이제 다윗이 늙은 다음에 넷째인 아도니야가 군대 장관 요압과 제사장 아비아달과 공모하여 왕이 된 것을 선포했습니다. 성경은 아도니야가 "스스로 높여서" 왕이 되었다고 하므로 이것은 아도니야가 왕이 된 것이 결코 하나님의 뜻이 아니라는 것을 암시합니다. 하지만 솔로몬의 경우 그가 태어났을 때 하나님이 선지자 나단을 보내 그의 이름을 "여디디야"라 하시며 그를 사랑받는 아들로 지명하셨습니다(참고. 삼하 12:24~25). 이것은 하나님이 솔로몬을 다윗의 후계자로 선택하신 것을 암시하는 것입니다. 그래서 선지자 나단은 아도니야의 음모에 동조하지 않았고, 솔로몬의 어머니 밧세바로 하여금 다윗 왕에게 나아가 솔로몬을 후계자로 확실하게 세울 것을 요청하게 했습니다. 그래서 다윗은 선지자 나단과 제사장 사독에게 지시를 내려 솔로몬에게 기름을 부어 그를 왕으로 세우게 했습니다. 이렇게 해서 솔로몬이 형들을 제치고 다윗의 영원한 왕권에 대한 약속을 이어받을 자로 세워졌습니다.

〈사무엘하〉 12장 24~25절을 적어 봅시다.

다윗의 유언(2:1~12). 솔로몬을 후계자로 세운 후 다윗은 죽음을 맞이하며 솔로몬에게 마지막 유언을 남겼습니다. 다윗은 하나님으로부터 그 자손이 영원한 왕권을 잇도록 언약을 받았습니다. 그런데 그 언약이 유지되기 위해서는 솔로몬을 비롯해 그 자손이 하나님의 명령을 지키고 그 율법에 기록된 대로 행해야 한다고 했습니다(2:3~4). 그 외에도 다윗은 무고한 피를 흘린 요압과 자신이 압살롬을 피해 도망갈 때 저주를 퍼부었던 시므이에 대한 적절한 조치를 취해 줄 것을 당부하고 죽었습니다.

정적 축출(2:13~46). 솔로몬이 왕이 되었지만 정적들의 위협은 여전히 남아 있었습니다. 아도니야는 다윗을 돌보던 아비삭을 취하고자 밧세바를 통해 솔로몬에게 청을 넣었습니다. 솔로몬은 이것을 듣고 그가 여전히 왕권에 대한 미련을 버리지 못하고 있다는 것을 알고 아도니야를 처형했습니다. 아도니야와 함께했던 제사장 아비아달은 다윗이 어려울 때 그를 도운 공적을 생각하여 죽이지는 않고 파면시켰습니다. 이것은 아비아달 자신의 죄 때문이기도 했지만 더 거슬러 올라가서 사무엘 때의 제사장인 엘리의 4대손으로서 엘리 집에 내려진 저주를 받는 것이기도 했습니다.

아도니야를 좇았던 군대 장관 요압은 아도니야의 처형과 제사장 아비아달의 파면 소식을 듣고 자기에게도 위험이 올 것을 알고 여호와의 장막으로 피신했습니다. 솔로몬은 다윗의 유언에 따라 전에 무고한 피를 흘린 죄를 물어 브나야를 보내 요압을 처형했고, 그를 대신하여 브나야를 새 군대 장관으로 세웠습니다. 또한 파면한 아비아달을 대신하여 사독을 대제사장으로 세웠습니다. 그리고 다윗에게 저주를 했던 시므이도 처형하였습니다. 이렇게 해서 솔로몬은 정적들을 다 몰아냈고 이로써 그 나라가 견고하게 세워졌습니다.

2) 이상적 통치(3~4장)

솔로몬은 우여곡절 끝에 결국 왕위에 오르기는 했는데, 과연 그가 다윗의 후계자로서 적합한 인물이었을까요? 〈열왕기상〉 3~4장에 따르면 솔로몬은 적어도 초기에는 지혜롭고 경건한 왕으로서 이상적인 통치를 하여 나라의 황금기를 이룬 인물이었습니다.

지혜(3장). 솔로몬은 여호와를 사랑하고 또 아버지 다윗이 행하였던 법도를 따라 살았습니다(3:3). 또한 그는 백성을 잘 다스릴 수 있도록 하나님에게 지혜를 구했습니다. 즉 솔로몬이 지혜를 구한 것은 자기 임의로 나라를 다스리지 않고 오직 하나님의 뜻대로 통치하는 '대리자'로서의 본분을 잘 감당하기 위한 것이었습니다. 그래서 하나님은 솔로몬이 지혜를 구한 것을 기쁘게 여기시고 그에게 지혜뿐만 아니라 그가 구하지 않은 부와 영광까지도 약속하셨습니다. 그러나 복을 약속하신 것 외에도, 우리가 주목해야 할 것은 하나님이 그에게 하나님의 법도와 명령을 지켜 행할 것을 다시 강조하셨다는 것입니다(14절). 3장 후반부는 솔로몬의 지혜로운 판결에 대한 한 실례를 설명하고 있습니다. 창기는 이스라엘 공동체에서 멸시받는 낮은 신분의 사람들이었습니다. 그런데 솔로몬은 이렇게 낮은 자들을 위해서도 하나님의 지혜로 공정하게 재판을 했습니다.

평화(4장). 솔로몬은 사법적인 지혜로 탁월한 재판을 했을 뿐만 아니라, 행정적으로도 지혜롭고 준비된 왕이었습니다. 중앙 정부의 관료들과 제사장들을 잘 조직하였고(4:1~6), 열두 지방 관장들을 세워 온 나라 구석구석까지 잘 관할하게 했습니다(4:7~19). 그래서 이 시대에 백성은 바닷가의 모래처럼 크게 번성하였고(4:20, 참고. 창 32:12), 솔로몬이 다스리는 영역은 유프라테스부터 블레셋 지역과 애굽 지경까지 이르는 광대한 땅이었습니다(4:21, 참고. 창 15:18). 이스라엘의 조상 때부터 주신 자손의 번성과 땅의 약속이 성취된 이상적인 모습이었습니다. 이스라엘은 주변의 다른 민족과 평화를 이루었으며, 또 그 백성이 각기 포도나무 아래와 무화과나무 아래에서 평안히 살았습니다(4:24~25). 더 이상 사사 시대처럼 외적에 시달리지도 않게 되었고, 또 다윗 때처럼 정복하느라 피흘릴 필요도 없이 되었으며, 각 사람들이 저마다 얻은 기업에서 완전한 자유와 안식을 누렸습니다.

〈창세기〉 32장 12절을 적어 봅시다.

3) 성전 건축(5~8장)

솔로몬 시대에 이스라엘에 완전한 평화와 안식이 이루어졌다는 것은 이제 그 땅에 하나님의 성전을 지을 때가 되었음을 의미합니다(참고. 신 12:10~11). 이에 솔로몬은 하나님이 다윗에게 약속하신 대로 다윗의 후계자로서 하나님의 집인 성전을 건축했습니다.

준비(5장). 솔로몬은 다윗이 주변 나라를 정복한 이후에 완전한 평화가 이루어진 때가 바로 성전 건축을 위한 적기라는 것을 알았습니다. 그래서 그는 다윗 왕과도 친분이 두터웠던 두로 왕 히람에게 요청하여 원조 약속을 받았고, 일꾼들과 감독들을 세워 성전 건축에 필요한 목재와 석재를 준비하게 했습니다.

건축 과정(6~7장)

건물 축조(6:1~10)
* 순종의 권고(6:11~13)
내벽, 마루, 내소(지성소)(6:14~22)
내소 안 두 그룹(6:23~28)
외소 벽, 내소 문, 외소 문(6:29~36)
* 요약 진술(6:37~38)
솔로몬 왕궁(7:1~12)
기둥, 바다, 물두멍(7:13~39)
놋 기구(7:40~47)
금 기구(7:48~50)
* 요약 진술(7:51)

공사(6~7장). 출애굽한 지 480년(40년×12세대) 만에 중앙 성소가 지어지기 시작함으로 구속사의 새 시대가 이루어졌습니다(6:1). 지금까지 하나님의 임재는 이동식 성막에서 이루어졌습니다. 그러나 이제 하나님의 영원한 처소가 한 도시, 한 장소에 정착되었습니다. 이것은 하나님 나라가 약속의 땅에 안정적으로 이루어진 것을 의미합니다.

봉헌(8장). 성전이 완성되자 솔로몬은 제사장과 레위인들로 하여금 하나님의 언약궤를 다윗의 장막으로부터 메어와 성전의 지성소로 들이게 했습니다(8:1~11). 이어서 솔로몬은 백성 앞에서 성전 건축은 선대 왕 다윗 때부터 하나님이 말씀하신 대로 이루어진 것을 선포했습니다(8:12~21). 그다음에 하나님 앞에 무릎을 꿇고 기도하면서 다윗 왕조가 영원히 지속되게 해 주실 것과, 또 백성이 성전을 향해 기도할 때 응답해 주시기를 간구했습니다(8:22~30).

그리고 솔로몬은 일곱 가지 구체적인 상황을 말하며 백성을 위한 중보기도를 했습니다(8:31~53). 즉 〈신명기〉의 저주에서처럼 이 백성이 죄를 짓고 재난을 당하거나, 적국의 땅에 끌려간 후에라도 이 백성이 회개하고 성전 있는 쪽을 향해 기도하면 용서하시고 회복해 주실 것을 기원했습니다. 기도 후에 솔로몬은 일어나서 백성을 향해 축복하며 하나님의 계명과 법도를 지킬 것을 권고했습니다(8:54~61). 마지막으로 이스라엘의 많은 무리와 함께 7일간 절기를 지키며 봉헌의 제사를 드림으로써 낙성식을 마쳤습니다(8:62~66).

2. 변심(왕상 9~11장)

솔로몬의 통치 아래 이스라엘에 평화가 이루어지고 성전이 건축됨으로써 하나님 나라의 역사가 정점에 이르렀습니다. 그러나 솔로몬은 부귀영화 속에서 하나님을 떠나 우상을 섬김으로써 이스라엘에 남북 분열이라는 큰 재앙의 씨를 뿌렸습니다.

1) 경고(9장)

응답과 경고(9:1~9). 성전 건축 후 하나님은 솔로몬에게 나타나셔서 성전에 대한 그의 기도에 응답을 주셨습니다. 하나님은 성전을 거룩하게 하시고 하나님의 눈길과 마음이 그곳에 있을 것이라고 하셨습니다. 그러나 성전 자체가 무조건적으로 그 나라의 안전을 보장하지는 않았습니다. 하나님은 다윗 왕조의 왕들이 다윗과 같이 하나님에게 순종하면 다윗 왕조를 지속되게 하실 것이고, 그렇지 않고 그들이 변심하여 다른 신을 섬기면 이 땅에서 끊어지고, 솔로몬이 지은 성전이라도 무너지게 하실 것을 경고하셨습니다.

기타 치적(9:10~28). 성전과 왕궁의 건축 외에 솔로몬의 다른 치적들을 열거하고 있는데, 여기에서도 부정적인 암시가 나타납니다. 솔로몬의 건축을 위해 자재를 제공한 두로 왕 히람에게 솔로몬은 북쪽 갈릴리 땅의 스무 성읍을 주었습니다. 하지만 히람은 그곳을 보고 만족하지 못하고 "가불 땅"(쓸모없는 땅)이라고 이름 지었습니다. 다윗 때부터 이어 온 친분이 금이 가기 시작했습니다. 성전과 왕궁 이외에 여러 곳에 건축을 하면서 솔로몬은 가나안 땅에 남아 있는 이방 역군들을 동원했습니다.

2) 위험한 영화(10장)

스바 여왕(10:1~13). 스바는 아라비아 반도 남서쪽 끝(지금의 예멘)에 있는 나라입니다. 이렇게 땅끝 먼 나라의 여왕까지 솔로몬을 예방할 정도로 솔로몬의 명성과 영광이 대단했습니다. 스바 여왕 이외에도 많은 사람이 그 명성을 듣고 예물을 가지고 솔로몬을 찾아왔고, 또 많은 물품이 이스라엘에 들어와 온 나라가 부강했습니다.

부귀영화(10:14~29). 솔로몬은 아라비아를 통한 육로무역(10:15) 그리고 두로 왕 히람과 함께한 해상무역(10:22)으로 엄청난 금과 은을 모았습니다. 그리고 애굽에서 말을 많이 들여와 병거와 마병을 많이 두었습니다(10:26~29). 인간적인 눈으로 보면 솔로몬은 국가 경제와 국방을 든든히 한 위대한 왕일 것입니다. 그러나 이렇게 은금을 많이 쌓아 두고 병마를 애굽에서 가져와 많이 두는 것은 〈신명기〉에서 왕에게 금지된 것이었습니다(신 17:16~17).

〈신명기〉 17장 16~17절을 적어 봅시다.

3) 배교와 대적들(11장)

배교와 심판 선고(11:1~13). 솔로몬은 하나님의 약속대로 지혜와 부귀 그리고 명예까지 누렸지만 불행하게도 그의 신앙은 오래가지 못했습니다. 그가 많은 이방 여인을 사랑하여 아내와 후궁으로 취하였는데 이것 역시 〈신명기〉 17장에서 왕에게 금지된 사항이었습니다. 솔로몬은 결국 이방 아내들 때문에 변심하여 하나님을 떠났습니다. 그러나 하나님은 다윗을 생각하시어 솔로몬을 바로 버리지 않으시고 다음 세대로 처벌을 유예하셨습니다. 뿐만 아니라 다윗과 예루살렘을 위하여 한 지파를 그 아들을 위하여 남겨 놓으신다고 하셨습니다.

솔로몬의 대적들(11:14~43). 다윗 왕이 주변 나라들을 정복하여 솔로몬 때에는 평화와 안식이 이루어졌습니다. 그러나 솔로몬이 변심한 이후에 하나님은 대적들을 일으키셔서 솔로몬과 그의 나라를 괴롭게 하셨습니다. 마치 사사 시대의 암흑기로 다시 돌아간 것과 같은 상황이 되었습니다. 동쪽에서는 에돔의 하닷(11:14~22), 그리고 북쪽에서는 수리아의 르손(11:23~25)이 솔로몬을 대적하였습니다. 외부의 적들뿐만 아니라 이스라엘 내부에서도 여로보암을 들어서 솔로몬의 대적이 되게 하셨습니다(11:26~40). 그는 에브라임 지파의 사람으로서 요셉 족속을 감독했던 솔로몬의 신하였습니다. 하나님은 그에게 선지자를 보내시고 솔로몬에게서 열 지파를 떼어 내 그에게 주실 것을 말씀하셨습니다. 그리고 다윗같이 하나님의 계명과 법도를 순종하면 이스라엘을 그의 통치 아래 있게 할 것을 약속하시고, 다만 그렇게 다윗 왕조를 괴롭게 하시지만 다윗 때문에 영원히 하지는 않으실 것도 말씀하셨습니다.

3. 분열(왕상 12~16장)

하나님이 선고하신 대로 솔로몬의 아들 르호보암 시대에 이르러 마침내 이스라엘은 북쪽의 이스라엘와 남쪽의 유다로 분열되었습니다. 이로 인해 이스라엘의 종교적 타락은 더욱 심화되고 따라서 그 백성은 하나님의 더 큰 심판을 받게 됩니다.

1) 르호보암(12:1~24)

솔로몬 왕이 죽고 그의 아들 르호보암이 왕이 되자 그동안 솔로몬의 왕성한 건축 활동 때문에 지친 이스라엘 백성은 새 왕에게 부역을 완화해 줄 것을 요청했습니다. 그러나 르호보암은 그 요청을 단호하게 거절하고 더 큰 억압을 하겠다고 위협했습니다. 이에 분노한 이스라엘 백성은 그들의 대표였던 여로보암을 자기들의 새 왕으로 추대하고 다윗 왕조와 결별하였습니다.

겉으로 보면 이러한 분열은 단지 정치적인 갈등의 결과인 것 같지만, 이 모든 일은 하나님에게로 말미암은 것이었습니다(12:15, 24). 하나님이 그 나라를 찢으신 것은 솔로몬이 이방 여인들을 사랑하여 하나님을 전심으로 섬기지 않고 우상을 숭배한 죄에 대한 심판의 결과였습니다(11:4~13; 30~36).

2) 여로보암(12:25~14:20)

여로보암의 죄(12:25~32). 남북이 분열되었을 때 수도 예루살렘은 여전히 남쪽 유다 왕국에 속해 있었습니다. 예루살렘은 이스라엘에 있어서 정치 중심지일 뿐만 아니라 신앙의 중심지이기도 했습니다. 왜냐하면 예루살렘에 하나님의 성전이 있으므로, 모든 제사는 반드시 예루살렘 성전에서 드려졌고, 또 절기마다 백성이 성전에 올라가야 했었기 때문입니다. 이런 상황에서 여로보암은 북 이스라엘 사람들이 예루살렘에 다니다가 그들의 마음이 남 유다로 기울어질 것을 염려했습니다. 그래서 그는 세 가지 정책을 세웠습니다. 첫째, 두 금송아지를 만들어 하나는 벧엘에 다른 하나는 단에 두게 하여 예루살렘에 버금가는 새 종교 중심지를 만들고자 했습니다.

둘째, 여로보암은 레위 자손 가운데 아론 자손을 제사장으로 삼게 하신 하나님의 규정을 무시하고 자기 멋대로 제사장을 세웠습니다(13:33).

셋째, 유다의 절기와 비슷하게 자기 마음대로 절기를 정했습니다.

여로보암은 이와 같이 차별화된 종교 정책들을 통해 다윗 왕조와 완전하게 분리되어 왕권을 유지하려고 했습니다. 그러나 여로보암의 정책은 이스라엘에 심각한 영적 타락을 초래하게 하여 그 집은 물론 이스라엘 전체가 멸망의 길로 가게 했습니다.

여로보암의 죄에 대한 경고와 심판(13:1~14:20). 하나님은 여로보암의 죄에 대하여 선지자들을 보내 분명하게 경고하셨습니다. 유다에서 한 젊은 선지자가 올라와서 벧엘 제단에서 분향하는 여로보암에게 저주를 선포하고 그 저주가 확실함을 입증하는 징조를 보였습니다. 여로보암이 손을 펴서 그 선지자를 잡으라고 할 때 그의 손이 굳어서 움직이지 못하다가, 선지자의 기도로 손이 나왔습니다. 그래서 여로보암은 선지자를 자기 집에 청하였지만 선지자는 하나님이 그곳에서 먹지도 말고 마시지도 말고 되돌아가라고 했다며 거절하고 돌아갔습니다. 그러나 이 젊은 선지자는 돌아가는 길에 벧엘의 한 늙은 선지자로부터 하나님이 그 젊은 선지자를 먹이고 마시게 하라고 했다는 말을 듣고 그의 환대를 받아들였습니다. 그러나 그 젊은 선지자는 비참하게 죽고 늙은 선지자는 그를 위해 애도했습니다.

여로보암을 향한 두 번째 경고는 처음 그에게 왕권을 예언한 선지자 아히야로부터 나왔습니다(14:1~20). 여로보암은 아들이 병들자 아내를 변장시켜 아히야에게 보냈습니다. 하나님이 아히야에게 이것을 미리 알리시고 여로보암에게 경고하게 하시기를 그가 다윗과 같이 하나님의 명령을 지키지 않고 악을 행하여 우상을 만들어 하나님을 버렸기 때문에 여로보암의 집에 재앙을 내리시고 그의 집을 끊어버리시며, 또 이스라엘까지 버리시겠다고 하셨습니다. 아히야는 또한 병든 아이가 죽고 겨우 그 아이만 묘실에 장사될 것을 예언했는데 그 예언대로 이루어졌습니다.

3) 분열 직후(14:21~16장)

르호보암 때 여로보암이 이끄는 북왕국이 다윗 왕조의 지배를 이탈한 후, 초기(주전 930~870년 경)에는 남북 간에 분쟁이 심했습니다(14:30, 15:6~7, 16, 32). 이와 같은 적대 관계는 북 이스라엘에 강력한 오므리 왕조가 들어서고 오므리의 아들 아합 왕과 유다의 여호사밧 사이에 화친이 맺어질 때까지 계속됩니다(22:44).

유다 왕(14:21~15:24). 남왕국 유다에서는 왕통이 순조롭게 아버지에서 아들로 계승되는 단일 왕조가 이어지고 있습니다. 그러나 하나님이 이렇게 은혜로 유다를 남겨 두셨어도 유다는 결코 신실하지 않았습니다. 르호보암의 통치 아래 백성은 산당과 우상과 아세라 상을 세우고 가나안 족속의 가증한 일을 따라 행했습니다. 그 가운데 르호보암은 애굽의 침입을 받아 성전과 왕궁의 보물을 빼앗겼고 또 일생 동안 북 이스라엘 여로보암과의 전쟁에 시달려야 했습니다.

르호보암의 아들 아비얌 역시 아버지의 죄를 따라가고 다윗의 본을 받지 않았습니다. 그럼에도 불구하고 하나님은 다윗 언약 때문에 왕권이 이어지게 하시고 예루살렘을 보호하셨습니다. 하지만 아비얌은 르호보암처럼 일생 동안 여로보암과의 전쟁에 시달려야 했습니다.

아사는 비록 산당을 없애지는 않았지만 다윗처럼 정직하게 했다는 긍정적인 평가를 받았습니다. 그는 그 땅에서 가증한 풍속을 몰아내고, 우상을 찍어 없앴으며, 아세라 상을 만든 조모 마아가를 태후의 위에서 폐위시키고, 또 금 그릇과 은 그릇을 성별하여 성전에 드렸습니다. 그러나 아사는 나중에 북 이스라엘의 바아사와 전쟁이 일어났을 때 하나님을 의지하지 않고 아람 왕을 의지하여 그에게 성전과 왕궁의 보물을 가져다 조공으로 바치는 죄를 저질렀습니다.

남	12:1~24	북
	12:25~14:20	여로보암
르호보암	14:21~31	
아비얌	15:1~8	
아사	15:9~24	
	15:25~32	나답
	15:33~16:7 16:8~14	바아사 엘라
	16:15~20	시므리
	16:21~28	오므리
	16:29~22:40	아합

분열 직후 남북 왕

이스라엘 왕(15:25~16장). 북왕국 이스라엘에서는 모반이 끊이지 않아 왕조가 계속 교체되어 왕실은 항상 불안정했습니다. 또한 모든 왕이 예외 없이 여로보암의 죄를 따라 하나님 보시기에 악한 짓을 했습니다. 북 이스라엘의 첫 번째 왕 여로보암이 죽은 다음에 그 뒤를 이어 그의 아들 나답이 왕이 되었습니다. 그러나 2년 만에 바아사가 반란을 일으켜 나답을 죽이고 스스로 왕이 되었습니다. 바아사는 선지자를 통해 내려진 경고처럼 여로보암의 집을 완전히 멸족시켰습니다(15:29). 바아사를 이어 그의 아들 엘라가 왕이 되었으나, 2년 만에 시므리가 모반하여 엘라를 죽이고 왕이 되었습니다. 바아사 집의 멸망 역시 선지자의 경고대로 바아사와 그의 아들의 죄를 따라 받은 심판이었습니다(16:1~4, 12).

시므리는 왕이 된 지 불과 7일 만에 오므리의 군대의 공격을 받고 패배하여 스스로 목숨을 끊었습니다(16:18). 이때 이스라엘 백성은 오므리를 추종하는 사람들과 디브니를 추종하는 사람들로 나뉘었다가, 결국 오므리가 이겨 이스라엘의 왕이 되었고, 그로부터 4대에 걸쳐 약 45년간 오므리 왕조가 이스라엘을 다스렸습니다.

오므리의 아들 아합 왕은 오므리보다 더 악했습니다. 왜냐하면 아합은 시돈 왕의 딸 이세벨을 아내로 맞이해 그 영향으로 온 나라에 바알과 아세라 숭배가 가득하게 했기 때문입니다(16:31~33, 21:25). 그의 죄에 비하면 여로보암의 죄가 오히려 가볍게 여겨질 정도였습니다. 아합과 이세벨의 악정은 다음 엘리야의 기사에서 더 자세하게 묘사되어 있습니다.

4. 엘리야(왕상 17~22장)

〈열왕기〉에는 왕들의 행적과 관련하여 이들에게 하나님의 말씀을 전하는 선지자들의 활동이 돋보입니다. 그중에서 선지자 엘리야는 이스라엘 역사에서 가장 악한 왕으로 꼽히는 아합을 대적하여 사역을 했습니다.

1) 대결(17~18장)

3년 가뭄(17장). 엘리야는 아합과 그의 아비 오므리가 바알을 섬긴 죄 때문에 이스라엘에 큰 가뭄이 있을 것을 선고했습니다.

가뭄 동안에 엘리야 자신은 하나님의 명령에 따라 요단 강 동편의 한 시냇가에 숨어서 까마귀가 물어다 주는 음식을 먹고 지냈습니다. 그리고 그 시내마저 마른 후에 엘리야는 하나님의 말씀에 따라 시돈의 한 지방 사르밧에 가서 가난한 과부의 집에 머물렀고 그 집에 가루와 기름이 끊이지 않게 하고 또 과부의 죽은 아들을 살리는 기적을 베풀었습니다. 시돈은 바로 이세벨의 고국이었습니다. 시돈에서 온 왕비의 영향으로 이스라엘은 바알을 섬기다 굶어 죽는데, 역설적으로 하나님은 선지자를 시돈에 보내어 풍요와 생명의 기적이 일어나게 하셨습니다. 이 기적들을 겪고 나서 그 가난한 과부는 엘리야가 참 선지자이며, 그를 통해 주시는 여호와 하나님의 말씀이 참된 것임을 고백합니다(17:24). 이 기사는 이방 여인이라도 하나님의 기적을 보고 이렇게 고백하는데, 하나님의 백성 이스라엘이 하나님을 잊고 헛된 이방 신들을 섬기는 것은 참으로 어리석은 짓임을 말하는 것 같습니다.

바알 선지자들과 대결(18장). 삼 년의 가뭄이 지난 후에 하나님은 엘리야를 아합에게 보내시면서 이제 비를 내릴 것을 말씀하셨습니다. 엘리야는 아합에게 요청해 온 이스라엘 백성과 바알 선지자 450명과 아세라 선지자 400명을 갈멜 산에 모았습니다. 그리고 백성에게 바알과 여호와 하나님 사이에 머뭇거리는 것을 책망하고 바알 선지자에게 도전하기를 각각 자기 신을 부르되 불로 응답하는 신이 참 하나님이라고 했습니다. 바알의 선지자들은 하루 종일 바알을 불렀으나 실패했고, 엘리야가 번제단에 물을 붓고 기도하자 단숨에 불이 내려왔습니다. 이에 모든 백성이 엘리야가 섬기는 여호와가 참 하나님이신 것을 인정했습니다. 그다음에 엘리야는 백성에게 바알 선지자들을 처형하게 했고, 다시 기도해서 큰 비를 내리게 했습니다.

2) 낙심과 재기(19장)

엘리야는 갈멜 산 대결에서 크게 승리하고 가뭄으로 고통 받는 이스라엘에 큰 비를 내리게 했지만, 이세벨은 엘리야가 바알 선지자들을 죽인 일을 듣고 그를 죽이겠다고 위협했습니다. 이에 크게 낙심한 엘리야는 광야로 도망가 로뎀나무 아래 앉아서 하나님에게 죽기를 구하였습니다. 이때 천사가 나타나 그에게 먹을 것과 마실 것을 주고 힘을 얻게 하여 그가 갈 길을 가도록 도왔습니다. 40일의 여정 끝에 엘리야가 최종적으로 도착한 곳은 호렙 산이었습니다.

하나님은 엘리야에게 나타나셔서 그가 왜 여기 있느냐고 물으셨습니다. 엘리야가 백성에게 하나님의 말씀을 선포하고 깨우치는 자리에 있어야 할 것을 왜 사명의 자리에서 떠나와 있는지를 물으시는 것입니다. 이에 엘리야는 이스라엘 백성이 언약을 어기고 하나님을 떠났다는 것과 선지자들을 죽이고 지금은 자기까지 죽이려고 한다고 대답했습니다. 엘리야는 그 옛날 모세 때 여호와 하나님이 이스라엘 백성과 언약을 맺으셨던 호렙 산에 찾아와서 이스라엘 백성이 언약을 깨트렸음을 고발하고 있는 것입니다. 이런 상황인데도 왜 하나님이 직접 역사하시지 않는지를 항변하는 것일 수도 있습니다.

엘리야의 대답을 들으시고 하나님은 엘리야 앞에 지나가시는 것으로 반응하셨습니다. 이것은 마치 모세 앞에 영광을 지나가게 하셨던 것을 연상하게 합니다(출 33:18~23).

그런데 하나님은 강한 바람과 지진과 불 가운데 계시지 아니하셨고 그 후에 세미한 소리만 있었습니다. 하나님이 고요한 가운데 지나가신 것입니다. 하나님은 갈멜 산에서 불을 내리신 것처럼 눈에 띄게 역사하실 때도 있지만, 반대로 은밀하게 역사하실 때도 있습니다.

즉 엘리야가 보기에 하나님은 이스라엘의 타락이나 이세벨의 악행에 대해 잠잠하시는 것 같지만 하나님은 여전히 일하고 계신다는 것을 암시합니다. 그 후에 하나님은 다시 한 번 엘리야를 향해 왜 여기 있냐고 질문하셨고 엘리야는 똑같은 대답을 했습니다. 이번에 하나님은 엘리야에게 직접 명령하시기를 하사엘을 기름 부어 아람 왕으로 세우고, 예후를 기름 부어 이스라엘의 왕으로 세울 것이며, 엘리사를 기름 부어 그의 후계 선지자로 세우라고 명령하셨습니다. 즉 다음 세대의 사역을 준비하게 하시고, 그들을 통해 하나님의 심판을 반드시 이루실 것을 말씀하셨습니다. 엘리야는 힘을 얻고 돌아와 엘리사를 만나 제자를 삼았습니다.

3) 아합의 죽음(20~22장)

〈열왕기상〉의 마지막 세 장은 아합의 죽음을 공통점으로 연결됩니다.

아합과 아람 왕 벤하닷의 전쟁(20장). 이스라엘 북쪽 아람에서 벤하닷의 군대가 쳐들어와 아합을 위협하며 사마리아를 약탈했습니다. 아합은 처음에 굴복했지만 나중에는 장로들과 백성의 격려에 힘입어 아람 군대에 대항하기로 했습니다. 하나님이 한 선지자를 보내 아합에게 승리를 약속하셨고 이로써 "내가 여호와인 줄 알리라"고 하셨습니다. 하나님의 약속대로 아합은 벤하닷을 크게 이겼습니다. 그런데 다음 해 벤하닷이 또 군대를 몰고 쳐들어왔습니다. 그들은 여호와가 산의 신이라 처음 싸움에서 이스라엘이 이겼지만 평지에서 싸우면 자신들이 이길 것이라고 믿었기 때문이었습니다. 아람 군대와 맞서기 위해 아합은 이스라엘 군대를 소집했지만 엄청난 규모의 아람 군대에 대항하기에는 턱없이 부족했습니다. 그러나 하나님은 하나님의 사람을 통해 아람 군대를 아합의 손에 넘기신다 하시고 이로써 그들이 "내가 여호와인 줄 알리라"고 하셨습니다. 하나님의 말씀대로 이스라엘 군대가 아람을 크게 이겼습니다. 갈멜 산의 대결에서처럼 여호와가 참 하나님이신 것을 입증하신 것입니다. 그러나 아합과 이스라엘 백성이 여호와를 인정했다거나 감사했다는 기록은 없습니다. 그 대신 아합은 벤하닷이 와서 화친을 요청하며 이전에 아람이 빼앗은 성읍을 돌려주고 수도 다메섹에 아합을 위한 거리를 만든다고 하자 조약을 맺고 벤하닷을 살려 주었습니다. 이와 같은 조약은 하나님의 뜻이 아니었기 때문에 하나님은 아합의 죽음을 선고하셨습니다.

나봇의 포도원(21장). 아합은 궁궐 가까이에 있는 나봇의 포도원을 욕심내고 팔기를 강요하며 다른 곳에 더 좋은 포도원을 주겠다고 했습니다. 그러나 나봇은 조상으로부터 물려받은 유업을 파는 것은 하나님이 금지하신 것이라 하여 아합의 제안을 거부했습니다. 이를 안 이세벨이 음모를 꾸며 나봇을 누명 씌워 죽이고 아합은 나봇의 포도원을 차지했습니다. 아합은 자기 욕심 때문에 정작 죽여야 할 아람 왕은 살려 주고, 하나님의 법을 지키려는 선량한 백성을 죽이고 그 기업을 빼앗았습니다. 이에 대해 하나님은 아합과 이세벨이 처참하게 죽게 되고 또 그 집안의 모든 남자를 쓸어버리시겠다고 하셨습니다. 그런데 아합이 하나님의 엄중한 책망의 말씀을 듣고 회개하자 그 겸비함을 보시고 최소한 그의 집안의 멸망을 다음 세대로 연기하셨습니다. 그래서 이 심판은 나중에 예후가 아합의 아들 여호람(요람)을 죽이고 그 시체를 나봇의 포도원에 던지는 것으로 이루어졌습니다(왕하 9:25~26).

아합의 죽음(22:1~40). 아합이 벤하닷과 화친 조약을 맺고 두 나라가 전쟁 없이 3년을 지냈는데 또 전쟁이 일어났습니다. 아합이 원래 이스라엘의 영지였던 길르앗 라못을 아람으로부터 되찾기 위해 남쪽 유다의 여호사밧을 선동하여 전쟁을 일으켰기 때문이었습니다. 조약대로라면 벌써 돌려받았어야 할 땅이었습니다. 게다가 아합은 이미 적은 수로 아람의 대군을 이긴 전적들이 있었기 때문에 자신만만하게 나섰습니다. 그런데 경건한 여호사밧은 아합에게 이 전쟁에 대해 여호와의 말씀을 먼저 물을 것을 권고했고, 아합은 그가 모은 선지자 400명에게서도 승리할 것이라는 약속을 받았습니다. 여호사밧은 아합에게 다른 선지자를 찾기를 요청했고, 그래서 아합은 평소 왕에게 쓴소리를 잘하던 미가야의 예언을 들어보았습니다.

참 선지자인 미가야는 처음에 다른 선지자들과 같이 아합의 승리를 예고했지만 이것이 그의 진심은 아니었습니다. 아합이 진실을 캐묻자 미가야는 이 전쟁에서 반드시 아합이 죽게 될 것을 예언했습니다. 그러나 아합은 정작 미가야를 믿지 않고 그를 감옥에 가두고 여호사밧과 함께 출정하였습니다. 아람 왕은 특공대를 세워 아합만을 죽이라고 특별 명령을 내렸습니다. 아합은 여호사밧에게 왕복을 입고 나가게 하여 공격을 받게 하고 자신은 변장을 하고 나갔지만, 한 사람이 무심코 쏜 화살에 맞아 죽었습니다. 이것은 결코 우연이 아니라 미가야의 예언대로 이루어진 것입니다. 그리고 엘리야가 예언한 바와 같이 아합의 피가 고였던 병거를 씻을 때 개들이 그 피를 핥아먹었습니다(22:38; 참고. 21:19). 아합의 죽음은 결코 하나님의 심판을 피할 수 없다는 것과 그의 선지자들의 말이 참되다는 것을 보여 줍니다.

유다 왕 여호사밧(22:41~50). 아합의 죽음에 대한 기록에 이어 〈열왕기〉 기자는 아합과 동시대에 살면서 그와 화친을 맺었던 유다 왕 여호사밧의 행적에 대해 간략하게 설명합니다. 여호사밧은 선왕 아사를 본받아 신실하게 나름대로 개혁적인 정치를 폈지만, 악한 이스라엘 왕 아합과 가까운 것은 그의 실책으로 남았습니다. 그 자신이 아합의 일에 적극적으로 협조하면서 유다를 이스라엘의 속국처럼 내세울 정도였습니다(22:4, 참고. 왕하 3:7). 아마도 오므리 왕조에 들어서 이스라엘이 부강했으므로 여호사밧은 그 힘 앞에 굴복한 것으로 보입니다. 그뿐만 아니라 여호사밧은 아합의 딸 아달랴를 며느리로 맞아 들였는데 이로써 아합집의 죄악된 영향이 유다의 왕들에게까지 미치게 되었습니다(왕하 8:18, 27).

〈열왕기하〉 3장 7절을 적어 봅시다.

이스라엘 왕 아하시야(22:51~53). 〈열왕기상〉의 마지막은 아합의 뒤를 이은 아하시야에 대한 간략한 평가를 내립니다. 그는 아버지 아합의 길과 어머니 이세벨의 길 그리고 여로보암의 길로 갔다고 했습니다. 그의 이야기는 〈열왕기하〉에서 계속됩니다.

<table>
<tr><td>통일 왕국</td><td colspan="3">① 다윗 (1010~970)
② 솔로몬 (970~930)</td></tr>
<tr><td rowspan="5">분열 왕국</td><td colspan="2">유 다</td><td>이스라엘</td></tr>
<tr><td>③ 르호보암(930~909)
④ 아비얌(913~910)
⑤ 아사(910~869)</td><td>분쟁:
북 이스라엘이 독립하고 직후에 남과 북 사이에 많은 전쟁</td><td>*여로보암(930~909)
나답(909~908)
*바아사(908~886)
엘라(886~885)
*시므리(885)</td></tr>
<tr><td>⑥ 여호사밧(872~848)
⑦ 여호람(852~841)
⑧ 아하시야(841)</td><td>야합:
남북이 야합하여 아합의 죄가 심하고, 아람과 자주 전쟁</td><td>*오므리(885~874)
아합(874~853)
아하시야(853~852)
여호람(852~841; 요람)</td></tr>
<tr><td>[* 아달랴 여왕 (841~835)]
⑨ 요아스(835~796)
⑩ 아마샤(796~767)
⑪ 아사랴(792~740; 웃시야)</td><td>개혁:
남북에서 개혁이 이루어져 아합의 죄에서 떠나고, 영토를 확장</td><td>*예후(841~814)
여호아하스(814~798)
요아스(798~782)
여로보암 II(793~753)
스가랴(753)</td></tr>
<tr><td>⑫ 요담(750~732)
⑬ 아하스(735~715)
⑭ 히스기야(729~686)</td><td>쇠퇴:
신흥 앗수르 제국의 침략으로 북 이스라엘 쇠퇴하며 멸망</td><td>*살룸(752)
*므나헴(752~742)
브가히야(742~740)
*베가(752~732)
*호세아(732~722)</td></tr>
<tr><td>유다 왕국</td><td colspan="2">⑮ 므낫세(697~642)
⑯ 아몬(642~640)
⑰ 요시야(640~609)
⑱ 여호아하스(609)
⑲ 여호야김(609~598)
⑳ 여호야긴(598~597)
㉑ 시드기야(597~586)
⇨ 예루살렘 함락(586)</td><td>*표는 자연적으로 왕위를 계승하지 않고 반란으로 왕위에 오른 경우를 말한다.</td></tr>
</table>

이스라엘 열왕의 연대와 시대적 특징

몰락 B

〈열왕기하〉는 왕정 후기의 역사로써 분단 이후 남북 왕국이 몰락해 가는 과정을 다루고 있습니다. 첫 장면은 엘리사가 엘리야의 뒤를 이어 활동하는 것으로 시작합니다. 그리고 예후가 등장하여 오므리 왕조를 제거하고 남과 북에 개혁이 일어나고 얼마 동안 번영의 시대가 있었습니다. 그러나 그 번영은 오래가지 못하고 이스라엘과 유다는 점점 부패하고 쇠퇴하여 북왕국과 남왕국이 차례로 멸망했습니다.

〈열왕기하〉의 구조와 요점

구분	요점	1)	2)	3)
1 엘리사 (1~8장)	아합의 아들이자 아하시야의 아우 여호람 때 엘리사가 엘리야를 계승하여 활동했습니다.	**1) 이스라엘 왕**(1~3장) 아하시야가 죽은 후 여호람이 왕이 되고, 엘리사는 엘리야를 계승한 선지자가 되었습니다.	**2) 엘리사 사역**(4~8:15) 엘리사는 안으로 회복 사역을 하면서, 밖으로는 아람을 상대하며 활동했습니다.	**3) 유다 왕**(8:16~29) 여호람과 아하시야는 아합의 사위로서 아합 집과 같이 하여 악했습니다.
2 개혁 (9:1~15:12)	예후 정변 이후 남북에서 아합의 죄를 청산하는 개혁을 하고 번영을 이루었습니다.	**1) 예후**(9~10장) 예후가 이스라엘의 왕이 되어 아합 집의 우상과 사람들을 처단하면서 개혁을 펼쳤습니다.	**2) 요아스**(11~12장) 요아스가 제사장 여호야다의 교훈을 따라 통치하며 유다의 개혁을 이루었습니다.	**3) 번영기**(13:1~15:12) 북 이스라엘과 남 유다가 하나님의 은혜로 각각 영토를 회복하고 번영을 누렸습니다.
3 북 말기 (15:13~20장)	앗수르의 침략으로 북 이스라엘은 멸망하고 유다에는 히스기야가 앗수르를 이겨냈습니다.	**1) 쇠퇴기**(15:13~16장) 이스라엘은 신흥 앗수르 제국의 침략에 시달리고, 유다는 앗수르의 속국처럼 되었습니다.	**2) 북 멸망**(17장) 이스라엘이 하나님의 명령을 지키지 않아 호세아 때 앗수르 침략으로 멸망했습니다.	**3) 히스기야**(18~20장) 히스기야는 앗수르 침략과 죽을병의 위기를 기도로 하나님에게 의지해 이겼습니다.
4 남 말기 (21~25장)	요시야가 개혁을 이루었으나 오래가지 못하고 유다마저 바벨론에 의해 멸망했습니다.	**1) 악정**(21장) 므낫세와 아몬은 우상숭배와 가증한 풍속을 행하여 유다에 심판을 가져오게 했습니다.	**2) 요시야 개혁**(22~23:30) 요시야가 성전을 수리하는 중에 발견한 율법책을 따라 나라를 개혁했습니다.	**3) 멸망**(23:31~25장) 요시야의 죽음 이후 유다가 약해졌다가, 결국 바벨론에 의해 멸망당했습니다.

1. 엘리사(왕하 1~8장)

〈열왕기상〉의 말미에서 이스라엘의 악한 왕 아합이 죽고 그 아들 아하시야가 이스라엘의 왕이 되었습니다. 아하시야는 자식을 남기지 못한 채 병들어 죽고 그 아우 여호람이 왕이 되었습니다. 이 시기에 엘리사가 엘리야의 뒤를 이어서 선지자로 사역을 했습니다.

1) 이스라엘 왕(1~3장)

아하시야(1장). 아하시야는 아버지 아합의 죄와 어머니 이세벨의 죄, 그리고 여로보암의 죄까지 다 따라가는 악한 왕이었으며 바알을 섬겨 하나님을 진노하시게 했습니다(왕상 22:51~53). 그는 병이 들었을 때 사자를 보내 에그론의 신 바알세붑에게 병이 낫겠는지 묻게 하였습니다. 엘리야는 아하시야가 이 일 때문에 죽을 것을 예언했고, 아하시야는 그 예언대로 병상에서 일어나지 못하고 죽었습니다. 아하시야가 아들 없이 죽었기 때문에 아합의 다른 아들 여호람이 이스라엘의 왕이 되었습니다.

〈열왕기상〉 22장 51~53절을 적어 봅시다.

엘리사의 승계(2장). 아하시야의 죽음을 예언한 것을 마지막으로 엘리야는 사역을 마치고 하나님 앞에 부르심을 받을 때가 되었습니다. 그래서 엘리야는 엘리사와 헤어지려고 길갈과, 벧엘과 여리고에서 시도하였습니다. 그러나 엘리사는 그때마다 끝까지 엘리야를 떠나지 않겠다고 하여 두 사람은 요단 강까지 갔습니다. 엘리야는 모세가 홍해를 가르고 이스라엘 백성을 지나가게 했던 것처럼 겉옷을 가지고 요단 강을 갈라 두 사람은 마른 땅으로 지나갔습니다. 건너가서 엘리사는 그의 마지막 소원을 묻는 엘리야에게 "당신의 성령이 하시는 역사가 갑절이나 내게 있게 하소서"라고 요청을 했습니다. 이것은 엘리야보다 갑절의 능력을 원하는 것이 아니라 장자가 두 몫을 받는 것처럼 엘리야의 적법한 계승자가 되기를 소망하는 것이었습니다(참고. 신 21:17). 엘리야는 하나님이 자기를 데려가시는 것을 엘리사가 본다면 그 일이 이루어질 것이라고 말했습니다. 그다음에 엘리사는 엘리야가 회오리바람 가운데 승천하는 것을 보았고, 그때 엘리야에게서 떨어진 겉옷을 받아 들었습니다. 엘리사는 그 옷으로 엘리야가 했던 것처럼 요단 강을 가르고 건너왔습니다. 이것은 그가 엘리야의 적법한 후계자가 된 것을 의미하며 실제로 엘리사가 요단을 건너오는 것을 보고 "엘리야의 성령이 하시는 역사가 엘리사 위에 머물렀다" 하고 엘리사의 권위를 인정했습니다.

엘리사가 가나안 본토로 돌아와 여리고에 머물러 있을 때 사람들이 그에게 그 성의 물이 나빠 열매를 맺지 못한다고 하였습니다. 엘리사는 물 근원으로 가서 소금을 던지며 "여호와의 말씀이 내가 이 물을 고쳤으니 이로부터 다시는 죽음이나 열매 맺지 못함이 없을지니라 하셨느니라"고 선포하고 그 물을 고쳤습니다. 이것은 앞으로 펼쳐질 엘리사의 회복 사역에 대한 전조이며, 더 나아가 하나님은 이 땅을 고치시고 풍성하게 하실 분이라는 것을 보여 줍니다. 그런데 바로 그다음에 엘리사는 벧엘에 가서 자신에게 "대머리여 올라가라"고 조롱하는 아이들에게 저주하였고 이에 곰이 나와서 그 아이들 가운데 42명을 찢어 죽였습니다. 비극적인 이 사건은 앞서 여리고의 샘물 정화의 기적과 정반대로 하나님의 엄중한 심판을 경고하는 것입니다. 이스라엘은 하나님이 보내신 선지자와 선견자를 무시하고 하나님을 버리고 우상숭배하다 결국 이 아이들처럼 심판을 받았습니다(참고. 왕하 17:13~18).

여호람(3장). 여호람은 아하시야와 달리 부모의 죄를 답습하지는 않고 아합이 섬기던 바알의 주상을 없앴습니다. 그러나 그도 역시 여로보암의 죄를 떠나지는 않았습니다. 아합이 죽은 후 아하시야 때 모압이 이스라엘을 배반하였는데(1:1), 여호람 때도 배반하였습니다(3:5). 여호람은 여호사밧에게 모압을 치는데 도와달라고 요청했고 여호사밧은 아합 때와 마찬가지로 기꺼이 동조하여 이스라엘과 유다와 에돔의 동맹군이 함께 모압을 치러 나갔습니다. 그런데 이들의 군대가 가는 길에 물이 없어 위기의 순간을 맞았고, 이에 여호사밧은 선지자에게 묻도록 제안했습니다. 엘리사는 경건한 여호사밧을 보고 이들이 물을 얻도록 도왔고, 또 그들이 모압을 이길 것이라고 예언했습니다. 엘리사의 예언은 그대로 성취되었습니다.

2) 엘리사 사역(4:1~8:15)

엘리야가 승천한 후에 엘리사는 엘리야의 후계자로서 사역을 했습니다. 엘리사의 사역은 한편으로 엘리야의 사역과 많이 유사하지만, 다른 한편으로 엘리야와 대조되는 부분도 있습니다. 엘리야의 사역은 질책과 심판이 특징인 반면 엘리사의 사역은 회복과 치유의 특성을 보입니다. 또한 엘리야는 이스라엘의 왕실과 적대적인 관계에 있었으나, 엘리사는 왕들과의 관계가 그렇게 나쁘지는 않았습니다(참고. 4:13, 6:9~10).

회복의 사역(4:1~6:7). 엘리사의 사역에 대한 기사에서 전반부는 가난한 선지자 생도나 혹은 이방인들을 대상으로 한 회복의 사역을 보여 주고 있습니다. 여기에는 엘리사가 행한 7가지 기적이 소개되어 있는데, 이 기적들을 통해 엘리사는 사람들이 가난과 궁핍, 그리고 질병이나 심지어 죽음을 극복하고 새로운 삶을 살 수 있도록 도와주었습니다. 그의 첫 기적이 여리고 성의 샘물을 고쳐서 그 땅으로 열매 맺게 했던 것처럼 엘리사는 이 땅과 백성을 치유하시는 하나님의 역사를 보여 주는 것입니다. 또한 이 기적들은 그가 참 "하나님의 사람"인 것을 입증하기도 합니다.

(1) 선지자 생도의 미망인을 도움(4:1~7). 엘리사의 제자들 중에 한 생도가 죽고 그 미망인이 엘리사를 찾아와 도움을 요청했습니다. 빚 때문에 두 아들을 종으로 빼길 상황에 있었기 때문입니다. 엘리사는 그 집에 오직 기름 한 그릇만 남아 있다는 말을 듣고 동네에 모든 그릇을 가져다가 기름을 붓도록 했습니다. 엘리야가 사르밧 과부의 집에 머물면서 기름과 곡식 가루가 떨어지지 않게 기적을 베풀었던 것처럼, 모든 그릇이 다 찰 때까지 기름이 떨어지지 않아 그 기름을 팔아 빚을 갚고 생활비로 쓰게 했습니다.

(2) 무자한 수넴 여인으로 아들을 갖게 함(4:8~16). 수넴에 엘리사를 잘 영접하는 한 귀부인이 있었습니다. 그 부인은 엘리사를 위해 따로 방을 마련해 두고 그가 올 때마다 쓸 수 있게 하고 또 음식으로 대접했습니다. 엘리사는 그 부인에게 아들이 없고 남편은 늙었다는 말을 듣고 그 부인이 1년 후에 아들을 낳게 될 것이라고 예언했습니다. 부인은 아브라함의 아내 사라와 같이 처음에 믿지 않았지만 엘리사의 예언대로 아들을 낳았습니다.

(3) 죽은 수넴 여인의 아들을 소생시킴(4:17~37). 수넴 여인이 기적적으로 얻은 아들이 어느 정도 자랐을 때에 추수밭에 나가 아버지와 함께 있었습니다. 그런데 갑자기 머리가 아프다고 해서 아버지가 집으로 돌려보냈는데 집에 와서 어머니의 품에 안겨 있다가 죽었습니다. 여인은 죽은 아이를 엘리사의 침상에 놓고 즉시로 엘리사를 찾아가 사정을 말했습니다. 엘리사는 여인과 함께 그 집으로 와서 죽은 아이를 보고 여호와께 기도하고 죽은 아이를 살리는 기적을 행했습니다. 이 기사는 엘리야가 사르밧 과부의 죽은 아들을 살렸을 때와 많이 유사합니다. 사르밧 과부는 죽은 아들이 살아난 기적을 보고 "내가 이제야 당

신은 하나님의 사람이시오 당신의 입에 있는 여호와의 말씀이 진실한 줄을 아노라"(왕상 17:24)고 했는데, 수넴 여인은 먼저 엘리사를 "하나님의 거룩한 사람"으로 알고 대접했으며(왕하 4:9), 또 엘리사가 죽은 아들을 살릴 수 있다는 믿음을 가지고 그를 찾아가 도움을 요청했습니다.

(4) 독이 들어간 국솥을 해독하여 선지자 생도들을 먹임(4:38~41). 엘리사는 제자들을 모아 놓고 국을 끓이게 했습니다. 흉년이 들어 먹을 것이 귀했으므로 한 사람이 들에서 구한 열매를 가져다가 무엇인지 알지도 못하고 썰어서 국을 끓이는 솥에 넣었습니다. 사람들이 국을 먹다가 거기에 치명적인 독이 있는 것을 알고 "하나님의 사람"을 부르며 호소했습니다. 엘리사가 여리고의 샘물을 고칠 때 소금을 뿌렸던 것처럼, 가루를 솥에 넣고 다시 국을 떠다 먹이자 해독이 되었습니다.

(5) 보리떡 20개와 채소로 100명을 먹임(4:42~44). 어떤 사람이 보리떡 20개와 채소 한 자루를 엘리사에게 드렸습니다. 엘리사는 사환을 시켜 그것을 무리에게 먹이라고 했지만 100명을 먹이기에 부족하다 하여 주저했습니다. 그러나 엘리사가 먹고 남을 것이라는 하나님의 말씀을 전하며 다시 나눠 주라고 했고 그 말씀대로 이루어졌습니다.

(6) 아람 왕의 군대 장관 나아만을 치유함(5:1~27). 나아만은 아람을 구하고 왕의 신임을 받는 큰 용사였지만 심각한 피부질환(성경에는 나병)이 있었습니다. 이스라엘에서 포로로 잡혀 온 시녀를 통해 사마리아의 선지자가 그의 병을 치료할 수 있을 것이라는 말을 듣고 이스라엘 왕을 찾아 왔습니다. 나아만의 병을 치료해 달라는 아람 왕의 편지를 받고서 이스라엘 왕은 아람이 괜한 시비를 걸고 있다고 통분했습니다. 포로로 끌려온 시녀로부터 아람 왕까지 모두 다 이스라엘의 선지자를 믿고 나아만이 이곳에 오게 했지만, 정작 이스라엘 왕은 그만한 믿음이 없었습니다. 이 소식을 듣고 엘리사는 왕에게 사람을 보내 나아만을 오게 한 다음 요단에서 씻게 하여 그 병을 치료하였습니다. 나아만은 "이스라엘 외에는 온 천하에 신이 없는 줄을 아나이다"라고 고백하였습니다.

(7) 선지자 생도의 도끼를 물 위에 떠오르게 함(6:1~7). 엘리사의 제자들이 공동체 생활을 하는 중에 사람이 많아져 주거지가 좁아지자 새 집을 짓기로 했습니다. 그런데 나무를 하던 한 생도가 쇠도끼를 물에 잃어버렸습니다. 그 도끼는 빌려 온 것이라 가난한 생도는 탄식하고 있었는데, 엘리사가 쇠도끼를 떠오르게 하여 다시 찾았습니다.

국제 정치 속의 엘리사(6:8~8:15). 엘리사 사역에 대한 기사 후반부는 주로 국제적인 정치 상황에서 엘리사의 활동을 다룹니다.

(1) 엘리사를 잡으러 온 아람 군대를 물리침(6:8~23). 엘리사 시대에 이스라엘과 아람 사이에 전쟁이 많았습니다. 그런데 아람이 이스라엘을 치려고 하면 "하나님의 사람"이 이스라엘 왕에게 아람의 전략을 가르쳐 주어 미리 방비하게 한 적이 여러 번 있었습니다. 아람 왕은 이런 사정을 파악하여 먼저 엘리사를 잡아들이려고 군대를 보냈습니다. 아람의 군대를 보고 사환이 무서워하자 엘리사는 기도로 그의 눈을 열어 엘리사를 둘러 보호하고 있는 불말과 불마차를 보게 했습니다. 엘리사는 또 기도하여 아람 군대의 눈을 어둡게 하여 그들을 사마리아로 유인한 다음 거기에서 눈이 열리게 했습니다. 이스라엘 왕은 아람의 군대를 치려고 했지만 엘리사는 만류하고 오히려 그들에게 음식을 먹이고 무사히 돌아가게 했습니다.

(2) 사마리아 성이 아람의 공격을 받았다가 구원받음(6:24~7:20). 이야기는 다시 아람과 이스라엘의 전쟁 상황으로 돌아갑니다. 앞의 기사는 아람이 이스라엘을 더 이상 공격하지 않았다고 마무리하였기 때문에 이 기사는 그 전의 상황을 묘사하는 것이라고 볼 수 있습니다. 아람 군대가 사마리아를 포위하고 있을 때 성안의 형편은 처참하였습니다. 그 실례로 사람들이 먹을 것이 없어 아들을 삶아 먹고 그 일로 분쟁할 정도였습니다. 이러한 상황은 〈신명기〉에서 하나님을 배반하였을 때 당할 것이라고 했던 저주가 그대로 이루어진 것입니다(신 28:52~57). 그런데 왕은 이런 비참한 상황에 대한 책임을 엘리사에게 돌

리고 엘리사를 저주하며 그를 죽이려고 사람을 보냈습니다. 엘리사에 대해 왕이 이렇게 분노한 이유는 "이 재앙이 여호와께로부터 나왔으니 어찌 더 여호와를 기다리리요"라는 그의 말에서 찾을 수 있을 것입니다. 왕은 하나님을 원망하며 하나님의 사람을 죽이려고 한 것으로 보입니다. 이때 엘리사는 하루가 지나기 전에 구원이 이루어질 것을 암시하는 하나님의 말씀을 전했습니다. 그러나 엘리사가 예언할 때 왕의 장관은 믿지 않았고 엘리사는 그가 구원이 이루어지는 것을 보되 그 혜택을 받지 못할 것이라고 했습니다. 엘리사가 예언한 대로 하나님이 아람 군대를 하룻밤에 쫓아내셔서 사마리아는 다시 평정을 찾았고 그 장관은 사람들에게 밟혀 죽었습니다.

(3) 수넴 여인이 소유지와 재산을 되찾음(8:1~6). 엘리사는 그를 잘 영접하였던 수넴 여인에게 7년 동안 기근이 있을 것이므로 그동안 피난해 있으라고 조언을 했습니다. 그래서 그 여인은 블레셋에 있다가 돌아왔는데 땅이 다른 사람에게 넘어가 있었으므로 이를 되찾기 위해 왕에게 호소했습니다. 왕은 엘리사의 사환 게하시로부터 엘리사가 이 여인에게 한 일을 듣고 그 여인의 땅과 재산을 돌려주도록 조치를 했습니다.

(4) 하사엘이 아람 왕이 될 것을 예언함(8:7~15). 엘리사가 다메섹을 방문했을 때 병들어 있던 아람 왕 벤하닷이 신하 하사엘을 보내 엘리사에게 자기 병이 낫겠는지를 물어 오게 했습니다. 이 하사엘은 하나님이 엘리야더러 기름을 부어 아람 왕으로 삼으라고 했던 바로 그 사람입니다(왕상 19:15). 엘리사는 하사엘에게 왕이 낫지 않겠지만 나을 것이라고 말하라고 하고 또 그가 아람 왕이 되어 이스라엘을 공격하고 박해할 것도 예언했습니다. 하사엘은 벤하닷에게 그가 살 것이라고 말하고 그다음 날 그를 죽이고 아람 왕이 되었습니다.

3) 유다 왕(8:16~29)

성경 저자는 북왕국 이스라엘에서 남왕국 유다로 초점을 옮겨 엘리사가 활동하던 시기의 유다 왕들에 대해서 이야기합니다.

남		북
	16:21~28	오므리
	16:29~22:40	아합
여호사밧	22:41~50	
	왕상 22:51 ~ 왕하 1:18	아하시야
	3:1~9:26	여호람(요람)
여호람	8:16~24	
아하시야	8:25~29	

오므리 왕조 시대 남북 왕들

여호람(8:16~24). 이스라엘 왕 요람 5년에 여호사밧의 아들 여호람이 유다의 왕이 되었습니다. 북 이스라엘의 요람 이름도 원래 여호람이었지만, 유다 왕 여호람과 구분하기 위해 요람으로 짧막하게 부릅니다. 북 이스라엘과 화친을 맺었던 여호사밧은 이스라엘 왕 아합의 딸 아달랴를 며느리로 맞이했는데 이것이 큰 화근이었습니다. 왜냐하면 여호람이 그 아내의 영향을 받아 아합의 사위로서 아합 집의 죄를 그대로 따라가고 있었기 때문입니다. 그러나 여호람의 악행에도 불구하고 하나님은 다윗과의 언약 때문에 유다를 멸망시키지는 않으셨습니다.

아하시야(8:25~29). 여호람이 죽고 그 아들 아하시야가 왕이 되었습니다. 아하시야 역시 그 어미 아달랴의 영향으로 아합 집의 죄를 답습했습니다. 당시 이스라엘 왕 요람이 그에게는 외삼촌이었고, 그래서 요람이 병들었을 때 직접 병문안할 정도로 친선 관계를 유지했습니다.

2. 개혁(왕하 9:1~15:12)

엘리야와 엘리사가 활동하던 시기는 북왕국 오므리 왕조 시대로서, 특히 아합 때에 이세벨의 영향으로 바알 숭배가 이스라엘에 만연하였습니다. 또한 남왕국 유다 왕 여호사밧이 북 이스라엘과 화친하며 아합의 딸 아달랴를 며느리(여호람의 아내)로 맞아들여 유다에도 아합의 집과 같은 죄가 극성을 부렸습니다. 그렇게 남왕국과 북왕국이 함께 타락해 가다가 예후가 북 이스라엘과 남 유다의 두 왕을 모두 죽이고 나서 이스라엘의 역사는 새로운 국면에 접어들게 됩니다. 비록 짧으나마 남북 왕국에 개혁의 시대가 열린 것입니다. 북에서는 예후가 아합의 집을 멸절하고 바알 숭배를 배격했으며, 남에서는 요아스의 후견인인 제사장 여호야다가 아합의 딸 아달랴를 죽이고 바알 숭배를 종식시키는 개혁 정책을 폈습니다.

1) 예후(9~10장)

하나님은 전에 엘리야에게 하사엘을 기름 부어 아람 왕으로 세우고, 예후를 기름 부어 이스라엘 왕으로 세우며, 엘리사를 기름 부어 엘리야를 대신할 선지자로 세우라고 하셨습니다(왕상 19:15~16). 말씀을 받은 직후 엘리야는 엘리사를 제자로 삼았고(왕상 19:19~21) 엘리야의 승천 후에 엘리사는 이스라엘에서 많은 이적을 베풀며 선지자로 사역했습니다. 그 가운데 엘리사는 다메섹에서 하사엘을 만나 그가 왕이 될 것을 예언했고, 하사엘은 벤하닷을 죽이고 아람 왕이 되었습니다(왕하 8:13, 15). 이제 이스라엘의 왕이 될 예후의 차례입니다.

기름 부음 받은 예후(9:1~13). 엘리사는 제자 중 하나를 예후에게 보내 기름 부어 왕으로 삼게 했습니다. 예후가 군대 장관으로서 다른 장관들과 함께 있는 중에 선지자 청년이 그를 따로 불러내어 기름을 붓고 예언의 말씀을 전했습니다. 하나님이 그를 이스라엘의 왕으로 삼으셨으니 아합의 집을 치고 아합에게 속한 모든 자를 멸절하라는 말씀이었습니다. 이 말씀을 전한 후에 젊은 선지자는 부리나케 도망갔습니다. 다른 군대 장관들이 그가 무슨 말을 했는지 묻자 예후는 하나님이 자기에게 기름 부어 이스라엘 왕으로 삼는다고 했습니다. 이에 군대 장관들은 예후를 왕으로 추대하며 따랐습니다.

숙청과 개혁(9:14~10:29). 신탁의 말씀에 고무된 예후는 자기의 주군 요람을 배반하여 반역하고 대대적인 숙청과 함께 개혁을 일으켰습니다. 여기에는 일곱 단계의 숙청 과정이 묘사되어 있습니다.

(1) 이스라엘 왕 요람을 죽임(9:14~26). 요람이 아람과 싸우다 부상을 입고 치료차 이스르엘로 돌아왔던 때에 예후가 그를 죽이고 그의 시체를 나봇의 포

도원에 던졌습니다. 이것은 나봇을 억울하게 죽게 한 아합의 죄에 대한 하나님의 심판이 이루어진 것입니다.

(2) 유다 왕 아하시야를 죽임(9:27~29). 요람의 부상 소식을 듣고 병문안 왔던 유다 왕 아하시야는 반란을 보고 도망갔지만 결국 예후에게 쫓기다 죽었습니다.

(3) 이세벨 왕후를 죽임(9:30~37). 예후는 이스라엘 왕과 유다 왕을 죽인 후 이세벨을 찾았습니다. 이세벨은 예후를 시므리라고 부르며 평안하냐고 조롱했습니다. 시므리는 반역을 일으켰다가 오므리에게 7일 만에 축출당한 인물로서 이세벨은 예후 역시 곧 죽게 될 것이라고 저주를 한 것이었습니다. 예후의 사주를 받은 내시들이 이세벨을 창밖으로 던져 죽이고, 그 시체는 겨우 두개골과 손, 발만 찾을 정도로 처참하게 되었습니다. 엘리야가 예언한 대로 이세벨은 비참한 종말을 맞이한 것입니다.

(4) 아합의 아들들과 이스르엘에 남은 아합 잔당들을 죽임(10:1~11). 아합의 아들 70명이 사마리아에 있었는데 예후는 그들의 후견인들과 귀족들에게 편지를 보내 그들 가운데 왕을 세워서 한번 싸워보자고 도전했습니다. 그들이 항복 의사를 밝히자 예후는 그들에게 아합의 아들들의 머리를 가지고 오도록 해서 그들을 다 죽게 했습니다. 그리고 이스르엘에 남아 있는 아합의 잔당들을 다 죽였습니다.

(5) 아하시야의 형제들을 죽임(10:12~14). 예후는 이스르엘을 떠나 사마리아로 가는 길에 유다 왕 아하시야의 형제 42명을 만나 그들을 다 죽였습니다.

(6) 사마리아에 남은 아합의 잔당들을 죽임(10:15~17). 예후는 레갑의 아들 여호나답을 만나 그를 영입하여 함께 사마리아에 가서 거기에 있는 아합의 잔당들을 죽였습니다.

(7) 바알 신당과 목상을 헐고 바알 숭배자들을 죽임(10:18~29). 예후는 최종적으로 바알을 섬기는 자들을 처단하려고 했습니다. 그래서 그는 바알을 섬기는 자들을 속여 바알에게 큰 제사를 드린다 하여 그들을 모두 모아 대대적

으로 처형하였습니다. 그리고 바알의 신당을 헐어서 변소를 만들고 바알의 목상을 불살랐습니다.

예후에 대한 평가(10:30~36). 바알을 숭배함으로 여호와를 진노하시게 했던 아합 집을 멸절한 공로로 예후는 그 이후 왕위가 4대에 걸쳐 계속될 것을 약속받았습니다. 그러나 예후 역시 여로보암의 죄를 떠나지 못했습니다. 요단 강 동편의 땅을 하사엘에게 빼앗겼다는 언급은 예후에 대한 하나님의 책망을 암시하는 것이라고 할 수 있습니다.

2) 요아스(11~12장)

아달랴(11장). 예후의 정변으로 북 이스라엘 아합 집만 멸망한 것이 아니라 남왕국의 아하시야와 그 형제들까지 몰살당했습니다. 이때를 틈타 아합의 딸 아달랴가 다른 왕자들을 죽이고 유다의 왕권을 장악했습니다. 다윗의 자손으로 하여금 영원히 왕권을 잇게 하시겠다고 하신 약속이 위기를 맞게 되었습니다. 하나님은 이때에도 다윗의 후손인 요아스를 그의 고모 여호세바를 통해 보호하시고 훗날 왕이 되게 하심으로써 다윗 언약을 지키셨습니다. 요아스는 극적으로 살아남은 후 고모의 남편이자 제사장인 여호야다의 보호 아래 성전에 숨어 지냈습니다. 요아스가 일곱 살이 되었을 때 여호야다는 그를 왕으로 앞세우고 개혁을 일으켜 아달랴를 몰아냈습니다. 그리고 바알 신당을 파괴하고 그 제사장들을 죽임으로 아합 집의 잔재를 떨쳐 냈습니다.

성전 수리(12장). 요아스는 왕이 되었지만 너무 어려 여호야다의 인도를 따라 왕정을 펼쳤습니다. 그리고 적어도 요아스가 여호야다의 교훈을 받을 동안은 바른 정치를 했습니다. 그는 아달랴가 파괴한 성전 일부를 복원하기 위해 기금을 모아서 수리를 하게 했습니다. 그러나 요아스는 말년에 암살당하는 비참한 종말을 맞이했습니다. 〈역대하〉의 기록에 의하면 여호야다가 죽은 후에 요아스가 그를 배신하고 타락하였기 때문이라고 했습니다(대하 24:15~27).

3) 번영기(13:1~15:12)

이 단원은 개혁 1세대인 예후와 요아스 이후의 남북 왕들에 대한 기사로서 예후 왕조가 끝날 때까지 역사를 다루고 있습니다. 이 시기에는 아람이 쇠퇴하고 아직 앗수르가 강국으로 등장하지 않은 상태에서 북 이스라엘과 유다는 각각 영토를 회복하고 번영을 누렸습니다.

이스라엘 왕 여호아하스(13:1~9). 예후를 이어 그의 아들 여호아하스가 왕위에 올랐습니다. 그가 여로보암의 죄에서 떠나지 않았으므로 하나님이 그의 백성을 아람 왕의 학대에 시달리게 하셨습니다. 여호아하스는 하나님에게 간구하여 아람의 공격에서 벗어났지만, 그 후에 다시 여로보암의 죄를 짓고 또 아세라 목상까지 그대로 두었으므로 다시 아람 왕의 공격을 받아 국력이 급격히 약해졌습니다.

이스라엘 왕 요아스(13:10~25). 여호아하스의 뒤를 이어 아들 요아스가 왕이 되었습니다. 요아스도 여로보암의 죄에서 떠나지 않았지만, 아람에게 시달리던 여호아하스와 달리 요아스는 아람과 전쟁에서 우위에 있었습니다. 엘리사는 임종하면서 요아스가 아람을 진멸할 것이라고 예언했습니다. 그런데 엘리사가 화살로 땅을 치라고 할 때 요아스는 세 번만 쳤으므로, 아람을 다 진멸하지 못하고 세 번만 치게 될 것이라고 했습니다. 이 예언대로 요아스는 아람을 세 번 쳐서 여호아하스 때 빼앗긴 성읍들을 회복했습니다.

유다 왕 아마샤(14:1~22). 유다 왕 요아스는 말년에 신하들에게 암살당했는데, 그의 아들 아마샤가 왕위에 올라 충분히 권세를 얻은 후에 요아스를 죽인 신하들을 처형했습니다. 아마샤는 에돔과 전쟁에서는 이긴 후에, 이스라엘 왕 요아스에게 싸움을 걸었다가 크게 패하여 성전의 기물까지 약탈당했습니다. 숙적인 요아스는 평안히 죽고 그 아들 여로보암 2세에게 왕위를 물려 주었지만, 아마샤는 비록 그보다 15년을 더 살았더라도 부왕 요아스처럼 반역도들에게 비참하게 살해당했습니다.

이스라엘 왕 여로보암 2세(14:23~29). 여로보암 2세는 41년 동안 이스라엘을 다스리면서 그 영토를 솔로몬 시대에 버금가도록 회복했습니다. 사실 그는 악한 왕이었지만 하나님이 그 백성을 불쌍하게 여기시고 여로보암을 통해 그들을 구원하셨던 것입니다(14:26~27). 그럼에도 불구하고 이스라엘 백성은 물질적인 풍요 속에서도 오히려 영적으로 부패하였습니다.

유다 왕 아사랴(15:1~7). 아마샤를 이어 그의 아들 아사랴(=웃시야)가 왕이 되어 52년 동안 유다를 다스렸습니다. 웃시야는 강한 왕으로서 엘랏을 건축하여 유다에 복귀시켰습니다(14:22). 그런데 그는 나중에 교만해져서 제사장의 고유 권한인 분향의 직무를 임의대로 시행하다 심판을 받아 나병에 걸렸습니다. 그 후 죽을 때까지 별궁에서 살았고, 그 아들 요담이 왕정을 대행했습니다.

이스라엘 왕 스가랴(15:8~12). 여로보암 2세의 아들 스가랴는 왕이 된 지 불과 여섯 달 만에 살룸의 반역 가운데 암살당했고, 이로써 거의 1세기 동안 계속되었던 예후 왕조가 끝이 났습니다.

남		북
	9~10장	예후
[아달랴] 요아스	11장 12장	
	13:1~9	여호아하스
	13:10~25	요아스
아마샤	14:1~22	
	14:23~29	여로보암II
아사랴	15:1~7	
	15:8~12	스가랴

예후 왕조 시대 남북 왕들

3. 북 말기(왕하 15:13~20장)

〈열왕기하〉의 세 번째 장면은 분열 왕국 말기의 역사로서 이스라엘이 앗수르에 의해 멸망되기까지 과정을 설명합니다. 앗수르는 이스라엘을 멸망시키고 남 유다까지 쳐서 예루살렘을 함락시키려 했는데 유다는 경건한 왕 히스기야의 기도로 위기를 이겨냈습니다. 그러나 히스기야의 병과 바벨론 사절단 기사는 아직 바벨론의 위협이 남아 있음을 예고하고 있습니다.

1) 쇠퇴기(15:13~16장)

예후 왕조가 끝나고 이스라엘은 다시 모반에 의해 계속 왕실이 바뀌게 되는 혼란의 정국을 맞으며 국력이 쇠퇴합니다. 게다가 외부적으로는 앗수르 제국이 신흥 강국으로 일어나 여러 차례 이스라엘을 괴롭혔습니다.

이스라엘 왕 살룸, 므나헴, 브가히야, 베가(15:13~31). 예후 왕조의 마지막 왕인 스가랴를 죽이고 살룸이 왕이 되었으나 그도 역시 한 달 만에 므나헴의 모반에 의해 제거되었습니다(15:13~16).

므나헴은 10년을 통치하였는데, 그때에 앗수르 왕 불(Pul)이 쳐들어왔습니다(15:17~22). 불은 앗수르 제국의 전성기를 시작한 디글랏 빌레셀 3세로서 그로부터 이스라엘과 주변 나라에 대한 침략이 시작되었습니다. 므나헴은 부자들에게 강탈한 은으로 앗수르 왕에게 뇌물을 바쳐 위기를 모면했습니다. 므나헴의 사후 그의 아들 브가히야가 왕위에 올랐으나 2년 만에 베가가 반란을 일으켜 브가히야를 죽이고 왕이 되었습니다(15:23~26).

베가는 앗수르에 저항하고, 아람과 연합하여 아하스가 다스리는 남 유다를 침공했습니다(16:5~9). 아하스는 앗수르에게 도움을 요청했고 이에 앗수르 왕 디글랏 빌레셀이 이스라엘에 쳐들어와 북쪽 영토를 점령하고, 또 상당수의 이스라엘 백성을 포로로 잡아갔습니다. 그 후 호세아가 반란을 일으켜 베가를 죽이고 왕이 되었습니다(15:27~31).

유다 왕 요담, 아하스(15:32~16:20). 웃시야의 아들 요담은 여호와 보시기에 정직히 행했지만, 산당을 제거하지는 않았습니다(15:32~38). 그는 성전의 윗문을 건축한 왕으로 기록되었으며, 그의 시대에 이스라엘 왕 베가와 아람 왕 르신이 쳐들어왔습니다. 이 전쟁은 다음 왕 아하스 때 본격적으로 일어났습니다.

남		북
	15:13~16	*살룸
	15:17~22 15:23~26	*므나헴 브가히야
	15:27~31	*베가
요담	15:32~38	
아하스	16:1~20	
	17:1~6	*호세아
히스기야	18:1~20:21	

분열 왕국 말기의 남북 왕들

요담의 아들 아하스는 여호와 보시기에 정직하게 행하지 않은 악한 왕이었습니다. 더욱이 성경은 그가 이스라엘의 여러 왕의 길로 행했다고 평가하고 있습니다(16:3). 아하스와 동시대 북 이스라엘의 마지막 왕 호세아를 평가할 때 "여호와께서 보시기에 악을 행하였으나 다만 그전 이스라엘 여러 왕들과 같이 하지는 아니하였더라"(17:2)고 한 것과 비교해 본다면, 아하스의 죄악은 더 부끄러운 것이 아닐 수 없습니다. 아하스 때 이스라엘과 아람의 연합군이 쳐들어와 예루살렘을 포위했습니다. 그들은 반앗수르 동맹을 결성하고 유다까지 참여시키려 했으나 아하스가 거부했기 때문에 유다를 먼저 공격한 것입니다. 웃시야가 회복했던 엘랏은(14:22) 이미 아람에게 빼앗겨 점령당한 상태였습니다. 선지자 이사야가 아하스에게 하나님을 의지하고 두려워하지 말 것을 권고했지만(사 7:1~17), 아하스는 하나님을 의지하지 않고 앗수르 왕에게 도움을 요청했습니다. 그는 스스로 앗수르 왕의 종이요 아들이라 하고 성전과 왕궁 곳간의 보물을 뇌물로 그에게 바쳤습니다. 심지어 앗수르 왕을 두려워해서 성전의 구조까지도 바꿨습니다. 한마디로 아하스 때문에 유다는 이미 앗수르의 속국으로 전락한 것입니다.

아하스의 요청을 빌미로 앗수르 군대가 쳐들어와 아람을 멸망시키고(주전 732년), 북 이스라엘의 북쪽을 점령하였으며 이스라엘 백성을 포로로 잡아갔습니다(15:29). 그 후로 앗수르는 북 이스라엘을 아예 멸망시키고(주전 722년) 히스기야 때에는 유다 예루살렘까지 쳐들어왔습니다(주전 701년). 이와 같은 이스라엘의 민족적 비극은 하나님을 버리고 앗수르를 의지하여 끌어들인 아하스에게도 책임이 있습니다(사 7:16~20, 8:5~8). 그 외에도 아하스는 다메섹의 단을 본떠서 단을 만들고 우상을 섬기는 등 갖은 배교의 행위를 다 했습니다.

2) 북 멸망(17장)

예후 왕조 이후 이스라엘은 약 20년 동안 수차례의 모반으로 불안정한 시기를 보내더니, 결국 호세아 때 앗수르의 공격으로 멸망했습니다(주전 722년). 호세아는 유다 왕 아하스 12년에 왕위에 올랐습니다. 호세아는 앗수르의 봉신으로 왕위에 올랐습니다. 그래서 처음에 앗수르에 조공을 바쳤는데, 나중에 애굽과 교통하면서 애굽을 의지하고 앗수르에 보내는 조공을 끊었습니다. 앗수르 왕은 호세아의 배반을 보고 쳐들어와서 그를 옥에 가두고 많은 사람을 포로로 잡아갔습니다. 또한 이방 사람들을 사마리아에 이주시켜 와 거주하게 함으로써 인종 혼합 정책을 썼습니다. 이와 같은 불행은 하나님을 버리고 다른 신들을 섬기며 그의 율례를 지키지 않고, 또 선지자들의 경고를 무시하고 회개하지 않았기 때문에 생긴 심판의 결과였습니다(7~18절). 성경은 유다 역시 하나님의 명령을 지키지 않고 이스라엘 관습을 좇아갔으므로 심판을 받아 그 땅에서 쫓겨났다는 것을 지적합니다(19~20절).

3) 히스기야(18~20장)

북왕국 이스라엘이 앗수르에 의해 멸망되는 것은 유다 백성에게 큰 충격이었습니다. 하나님의 백성 열 지파가 멸망하고 약속의 땅이 이방 족속에게 짓밟히고 있었기 때문입니다. 이런 시기에 신실하게 하나님을 의지한 유다의 히스기야는 백성에게 희망을 갖게 합니다.

히스기야의 선정(18:1~8). 히스기야는 안으로는 산당을 제거하고 이방 신상을 부수며 개혁을 하고, 밖으로는 앗수르를 배척하면서 영토를 넓혔습니다. 북이스라엘은 "그들의 하나님 여호와의 말씀을 듣지 아니하고 그의 언약과 여호와의 종 모세가 명령한 모든 것을" 지키지 않았기 때문에 멸망했지만(18:12), 히스기야는 "여호와께 연합하여 그에게서 떠나지 아니하고 여호와께서 모세에게 명령하신 계명"을 신실하게 지켰으므로 하나님이 그와 함께하시고 그가 어디로 가든지 형통하게 하시어 전쟁에서 승리하게 하셨습니다(18:6~9).

앗수르 침공에서 구원받음(18:9~19:37). 히스기야가 유다에서 선한 통치를 하는 동안 앗수르가 이스라엘을 멸망시켰습니다(9~12절). 그런데 앗수르 침공의 여파가 히스기야에게도 미쳤습니다. 히스기야가 앗수르를 섬기지 않으므로 앗수르 왕 산헤립이 쳐들어와 유다 여러 성을 점령했고, 이때 히스기야는 앗수르 왕에게 항복하고 그가 요구하는 조공을 바쳤습니다(13~16절). 그러나 그 후 앗수르 왕은 대군을 예루살렘으로 보내 히스기야를 치게 했습니다. 예루살렘을 포위하고 있는 앗수르 군대의 총사령관 랍사게는 긴 연설로 히스기야와 유다 백성의 항복을 받아내려고 했습니다.

히스기야는 랍사게의 말을 듣고 통분하며 이사야에게 사람을 보내 기도를 부탁했고, 이사야는 하나님이 앗수르 왕을 본국에 보내어 죽게 할 것을 말씀하셨다고 응답했습니다. 그러나 앗수르 왕은 히스기야에게 편지하기를 자기가 여러 나라를 진멸했어도 아무 신도 구원하지 못했다고 하며 여호와의 구원의 메시지가 거짓이라고 했습니다. 히스기야는 앗수르 왕의 편지를 가지고 성전에 가서 기도하기를 자기들을 구원하시면 "천하 만국이 주 여호와가 홀로 하나님이신 줄 알리이다"(19:19)고 했습니다. 여호와가 참 하나님이시라는 〈열왕기〉의 중요한 주제가 반복되고 있습니다. 하나님은 다시 이사야를 보내셔서 구원을 확증하셨습니다. 특히 다윗을 위하여 예루살렘을 보호하실 것을 말씀하시며 다윗 언약의 유효성을 강조하셨습니다(19:34, 참고. 20:6). 하나님이 말씀하신 대로 하룻밤 사이에 앗수르 군인들이 몰살하고, 앗수르 왕은 니느웨로 돌아갔다가 신전에서 암살당했습니다.

〈열왕기하〉 20장 6절을 적어 봅시다.

히스기야의 기적적인 치유와 바벨론의 사절단(20장). 히스기야는 죽을병에 걸렸다가 하나님에게 간절히 기도함으로 15년의 생명을 연장받았습니다. 바벨론에서는 히스기야가 병들었다는 소식을 듣고 사절단을 보냈습니다. 이때의 바벨론은 아직 변방의 한 나라에 불과했습니다. 히스기야는 사절단에게 자기 왕궁의 모든 것을 자랑스럽게 다 보여 주었습니다. 선지자 이사야는 장차 왕궁의 모든 것이 바벨론으로 옮겨지게 되고 왕의 자손도 바벨론으로 잡혀가게 될 것을 예언했습니다.

4. 남 말기(왕하 21~25장)

〈열왕기하〉 네 번째 장면은 이스라엘의 멸망 이후 유다만 홀로 남았다가 유다마저 멸망하기까지의 역사를 기록하고 있습니다. 히스기야 아들 므낫세와 그 아들 아몬의 악정으로 유다가 크게 타락하여 심판이 불가피했습니다. 그러다 요시야의 개혁으로 나라가 새롭게 되는 것 같았는데, 요시야가 갑자기 전사하고 그의 아들들은 악한 통치를 하다가 결국 바벨론에 의해 유다 왕국도 무너졌습니다.

1) 악정: 므낫세와 아몬(21장)

므낫세(21:1~18)는 아버지 히스기야가 헐어 버린 산당을 다시 세우고, 이스라엘의 악한 왕 아합을 따라 바알과 아세라의 단을 쌓고 숭배했습니다. 뿐만 아니라, 성전에 우상을 세우고 가증한 이방 풍속들을 좇아 행하기를 이방인들보다 더 심하게 했습니다. 그래서 하나님은 이스라엘을 심판하셨던 것처럼 유다 역시 그 땅에서 쓸어버리시겠다고 선고하셨습니다.

아몬(21:19~26)이 므낫세의 뒤를 이어 왕이 되었습니다. 그는 아버지같이 우상을 숭배하여 하나님 앞에 악을 행하다가 결국 자신의 신복들에 의해 암살당했습니다. 유다 백성은 반역자들을 처단하고 아몬의 아들 요시야를 왕으로 세웠습니다.

므낫세	21:1~18
아몬	21:19~26
요시야	22:1~23:30
여호아하스	23:31~35
여호야김	23:36~24:7
여호야긴	24:8~17
시드기야	24:18~25:7
포로	25:8~30

유다 왕국 말기의 왕들

2) 개혁: 요시야(22:1~23:30)

아몬이 갑작스레 암살되는 바람에 그 아들 요시야는 겨우 8세에 왕이 되었습니다. 왕이 된 지 18년 장성한 요시야는 성전 수리를 지시하였고, 이때 성전에서 율법책이 발견되었습니다. 요시야는 율법책의 말씀을 듣다가 이 나라와 백성이 율법에 기록된 대로 살지 못한 것을 통탄해하며 회개했습니다. 나아가 그는 이 율법책을 온 백성에게 낭독하게 한 후 백성과 함께 그 말씀을 지키기로 맹세했습니다. 그래서 온 나라에 우상을 타파하고 더러운 이방 풍속들을 근절했습니다. 솔로몬부터 아하스, 므낫세, 아몬에 이르기까지 유다 왕들이 남긴 여러 가지 죄의 유산을 과감히 청산했습니다.

요시야 개혁의 열풍은 유다에서 뿐만 아니라 이미 멸망한 북 이스라엘의 땅에까지 이르렀습니다. 요시야는 벧엘에 가서 여로보암이 세운 단과 산당을 헐고 아세라 목상을 불태웠으며, 산의 무덤에 해골을 가져다가 제단 위에 불살라 그 제단들을 더럽게 하였습니다. 여로보암 때 유다에서 온 젊은 선지자의 예언대로 성취된 것입니다(왕상 13:2). 그 외에도 이스라엘 왕들이 사마리아 각 성읍에 지어 놓았던 산당들을 제거하고 그 제단들을 더럽힌 후 예루살렘에 돌아왔습니다.

유다로 돌아온 요시야는 율법책에 기록된 말씀대로 성대하게 유월절을 지켰고, 계속해서 유다 땅과 예루살렘에서 각종 우상과 모든 가증한 것을 제거하여 율법의 말씀이 이루어지게 했습니다. 이렇게 요시야는 율법책에 따라 여호와 신앙을 쇄신하는 개혁 정치를 실행함으로써 이스라엘 역사에서 전무후무하게 율법을 온전히 준행한 왕으로 인정되었습니다. 그러나 불행하게도 요시야는 앗수르 왕을 도우려고(왕하 23:29; 개역개정 성경은 "치고자"라고 오역함) 올라오는 애굽의 바로 느고를 막으려고 맞서다가 므깃도 전투에서 전사하였습니다. 요시야의 갑작스러운 죽음으로 유다의 개혁은 동력을 잃어버렸습니다.

3) 멸망: 바벨론 침공(23:31~25장)

요시야가 죽은 후 유다는 급격히 타락하고 국력도 쇠약해졌습니다. 국제적으로는 앗수르가 힘을 잃어가고 그 대신 바벨론이 강대한 새 제국 세력으로 떠오르고 있었습니다. 유다는 바벨론에게 여러 차례 침공을 당하다가 결국 시드기야 때 멸망했습니다.

여호아하스(23:31~35). 요시야의 후계자로 사람들은 그의 아들 가운데 형 엘리아김(25세)을 제쳐 두고 동생 여호아하스(23세)를 왕으로 세웠습니다. 여호아하스는 아버지 요시야의 본을 따르지 않고 악을 행하였습니다. 여호아하스가 다스린 지 겨우 세 달이 지났을 때, 애굽의 바로 느고가 쳐들어와 여호아하스를 애굽으로 끌어갔고, 그의 형 엘리아김을 왕으로 세우고 이름을 여호야김으로 고쳤습니다.

여호야김(23:36~24:7). 여호야김은 11년을 통치하며 여호와 보시기에 악을 행하였습니다. 그때에 바벨론의 세력이 강해지기 시작해서 여호야김은 처음에 바벨론을 섬기다가 애굽을 의지하고 바벨론을 배반했습니다. 바벨론은 갈그미스에서 애굽과 앗수르의 연합군을 무찌르고 유다에까지 쳐들어와 사람들을 포로로 잡아갔습니다(주전 605년, 1차 침공).

여호야긴(24:8~17). 여호야김이 죽고 그 아들 여호야긴이 왕이 되었습니다. 그는 18세에 왕이 되었고 그의 아버지를 따라 여호와 보시기에 악을 행했습니다. 여호야긴이 왕이 된 지 3개월 만에 바벨론 왕 느부갓네살이 또 쳐들어와 성전과 왕궁의 모든 보물을 약탈해 가고 여호야긴과 다른 왕족들을 바벨론으로 잡아갔습니다(주전 597년, 2차 침공). 바벨론 왕은 여호야긴 대신 그의 삼촌, 곧 요시야의 아들 맛다니야를 왕으로 세우고, 그 이름을 시드기야라고 고쳤습니다.

시드기야(24:18~25:7). 시드기야는 11년간 통치했고, 여호야김을 따라서 여호와 보시기에 악을 행하였습니다. 그는 바벨론에 의해서 왕위에 올랐는데 그가 바벨론 왕을 배반하자 시드기야 9년에 바벨론 군대가 다시 쳐들어와 예루살렘 주변에 토성을 쌓고 시드기야를 압박했습니다(587, 3차 침공). 성 안에 기근이 들어 양식은 떨어지고, 성벽마저 파괴되어 왕의 군대는 뿔뿔이 흩어졌습니다. 포위된 지 2년 만에 시드기야는 바벨론 군대에게 붙잡히고, 그의 아들들은 그가 보는 앞에서 다 처형되었으며, 시드기야 자신은 눈이 뽑힌 채 바벨론으로 끌려갔습니다.

포로 유수(25:8~30). 시드기야를 끝으로 다윗 왕조가 무너진 후, 또 한 차례 바벨론의 군대가 쳐들어와 성전과 왕궁을 불사르고 예루살렘 성벽을 헐었으며, 귀인들을 포로로 끌고 갔습니다(주전 586년). 유다 땅에 남아 있는 자들을 위해 느부갓네살 왕은 그달리야를 총독으로 세워 그들을 관할하게 했습니다. 그런데 일부 과격한 무리들이 그달리야를 죽이고 그와 함께한 유다 사람들과 바벨론 사람들을 죽이고, 바벨론의 보복을 피해 애굽으로 도망갔습니다.

〈열왕기〉 저자는 〈열왕기〉를 마무리하면서 여호야긴의 석방을 언급함으로써 다윗의 왕권이 완전히 끊어지지 않고 남아 있다는 것에 소망을 둡니다(27~30절). 다윗의 후손이 살아남음으로 그 가운데 스룹바벨이 나와서 그를 중심으로 이스라엘 회복이 시작되었으며, 그 후손으로 예수 그리스도가 나셔서 최종적으로 다윗의 왕권에 대한 약속을 성취하십니다.

❖ 〈열왕기〉를 정리해 봅시다.

다윗 왕권	왕권의 형성		왕권의 흥망				왕권의 회복	
	사무엘상	사무엘하	열왕기상	열왕기하	역대상	역대하	에스라 느헤미야	에스더
	선 택	**다윗 왕**	**왕 정**	**몰 락**				
	엘리	유다 왕	솔로몬	( )				
	사무엘	통일왕	( )	개혁				
	사울	재난	분열	( )				
	다윗	후기	( )	남 말기				

※ 〈열왕기〉 외에 나머지 빈칸은 해당 단원에 가서 차례로 정리할 것입니다.